权威·前沿·原创

皮书系列为
"十二五""十三五"国家重点图书出版规划项目

B

BLUE BOOK

智库成果出版与传播平台

甘肃蓝皮书

BLUE BOOK OF GANSU

甘肃经济发展分析与预测（2022）

ANALYSIS AND FORECAST ON ECONOMIC DEVELOPMENT OF GANSU (2022)

主　编／安文华　王晓芳

社会科学文献出版社
SOCIAL SCIENCES ACADEMIC PRESS（CHINA）

图书在版编目（CIP）数据

甘肃经济发展分析与预测. 2022／安文华，王晓芳
主编. －－北京：社会科学文献出版社，2022.1
（甘肃蓝皮书）
ISBN 978－7－5201－9377－1

Ⅰ.①甘… Ⅱ.①安… ②王… Ⅲ.①区域经济－经
济分析－甘肃－2021②区域经济－经济预测－甘肃－
2022 Ⅳ.①F127.42

中国版本图书馆 CIP 数据核字（2021）第 232409 号

甘肃蓝皮书
甘肃经济发展分析与预测（2022）

主　　编／安文华　王晓芳

出 版 人／王利民
组稿编辑／邓泳红
责任编辑／宋　静
责任印制／王京美

出　　版／社会科学文献出版社·皮书出版分社 （010）59367127
　　　　　　地址：北京市北三环中路甲 29 号院华龙大厦　邮编：100029
　　　　　　网址：www.ssap.com.cn
发　　行／市场营销中心 （010）59367081　59367083
印　　装／天津千鹤文化传播有限公司

规　　格／开　本：787mm×1092mm　1/16
　　　　　　印　张：18　字　数：268 千字
版　　次／2022 年 1 月第 1 版　2022 年 1 月第 1 次印刷
书　　号／ISBN 978－7－5201－9377－1
定　　价／158.00 元

本书如有印装质量问题，请与读者服务中心（010－59367028）联系

甘肃蓝皮书编辑委员会

甘肃蓝皮书编辑委员会办公室

主要编撰者简介

安文华　甘肃省社会科学院副院长，主要研究领域为政治学、哲学社会学史、科研管理等。主要专著有《中国社会科学论纲》《丝绸之路三千里》《华夏文明八千年》《反贫困之路》《中国国情丛书——百县市经济社会调查：静宁卷》《传统农业县的变迁》等。主要论文有《试论领导干部的"参用"思想》《敦煌艺术哲学论要》《中国美学的新起点》《社科管理的性质及对管理者的素质要求》《科学、社会科学的由来与发展》《自然科学与社会科学的融合是科学体系健康发展的必然》《中国社会科学的历史追寻》《传承优秀文化，构建中国特色社会主义话语体系》《当代中国哲学社会科学话语体系研究》等。主编出版《甘肃经济发展分析与预测》（2017～2021年共五卷）、《甘肃社会发展分析与预测》（2012～2018年共七卷）、《甘肃文化发展分析与预测》（2014～2016年共三卷）、《甘肃县域和农村发展报告》（2021）。

王晓芳　甘肃省社会科学院区域经济研究所所长、研究员，甘肃省领军人才。主要从事区域经济学、信息经济学、流通经济研究。主要著作包括《西部欠发达地区县域经济研究》《西北地区少数民族信息资源开发与阅读文化构建》《西北地区信息用户满意度与信息素质教育》《甘肃向西开放务实合作·中亚篇》等10余部，在《中国农村经济》《甘肃日报》《甘肃社会科学》等刊物发表论文60余篇。先后主持完成国家社科基金项目、甘肃省社科规划项目、甘肃科技基金软科学项目、"陇原青年创新人才扶持计划"

项目、兰州市科技基金软科学项目、福特基金项目等 20 多项。先后获第十届、第十一届、第十四届甘肃省社会科学优秀成果奖，中国社会科学情报学会论文奖，甘肃省图书情报学会论文奖等奖项 10 多项。作为首席专家主编出版《甘肃商贸流通发展报告》（2016～2021 卷）、《甘肃经济发展分析与预测》（2020～2021）。

总　序

时代是思想之母，实践是理论之源。站在"十四五"开局之年的新起点，甘肃省社会科学院在习近平新时代中国特色社会主义思想的指引下，在省委省政府的正确领导和有关部门、单位的大力支持下，传承伟大建党精神，赓续红色血脉，砥砺奋进，守正创新，继续倾力打造"甘肃蓝皮书"这一陇原智库著名品牌。

"甘肃蓝皮书"作为甘肃经济社会各领域发展的年度性智库成果，从研究的角度记录了甘肃经济社会的巨大变迁和发展历程。2006年《甘肃经济社会发展分析与预测》《甘肃舆情分析与预测》面世，标志着"甘肃蓝皮书"正式诞生。至"十一五"末，《甘肃社会发展分析与预测》《甘肃县域和农村发展报告》《甘肃文化发展分析与预测》相继面世，"甘肃蓝皮书"由原来的2种增加到5种。2011年，我院首倡甘肃、陕西、宁夏、青海、新疆西北五省区社科院联合编研出版《中国西北发展报告》。从2014年起，加强与省直部门和市州合作，先后与省住房和城乡建设厅、省民族事务委员会、省商务厅、省统计局、酒泉市合作编研出版《甘肃住房和城乡建设发展分析与预测》《甘肃民族地区发展报告》《甘肃商贸流通发展报告》《甘肃酒泉经济社会发展报告》。2018年与省精神文明办、平凉市合作编研出版《甘肃精神文明发展报告》《甘肃平凉经济社会发展报告》。2019年与省文化和旅游厅、临夏州合作编研出版《甘肃旅游业发展报告》《临夏回族自治州经济社会发展形势分析与预测》。2020年与兰州市社会科学院合作编研出版《兰州市经济社会发展形势分析与预测》，沿黄九省区——青海、四川、甘肃、宁夏、内蒙古、陕西、山西、河南、山东等地社科院合作编研《黄河流域蓝皮书：黄河流域生态保护和高质量发展报告》。2021年与省人力资源和社会保障厅合作编研出版《甘肃人力资源和社会保障发展报告》。至此"甘肃蓝皮书"的编研出版规模发展到17种，形成"5+2+N"的格局，涵盖了经济、社会、文化、生态、舆情、住建、商贸、旅游、民族、人力资源和社会保障等领域，地域范围从酒泉、临夏、平凉、兰州等省内市州拓展到"丝绸之路经济带"、黄河流域以及西北五省区等主要相关区域。

十六年筚路蓝缕，十六年开拓耕耘。如今"甘肃蓝皮书"编研种类不断拓展，社会影响力逐渐扩大，品牌效应日益凸显，已由院内科研平台，发展成为众多省内智库专家学者集聚的学术共享交流平台和省内外智库研究成果传播转化平台，发展成为社会各界全面系统了解甘肃推进"一带一路"建设、西部大开发形成新格局、黄河流域生态保护和高质量发展等国家战略实施，以及甘肃经济发展、生态保护、乡村振兴、文化强省等领域生动实践和发展成就的重要窗口，成为凝结甘肃哲学社会科学最新成果的学术品牌，体现甘肃思想文化创新发展的标志品牌，展示甘肃有关部门、行业和市州崭新成就的工作品牌，在服务省委省政府重大决策和全省经济社会高质量发展中发挥了越来越突出的重要作用。

2021年"甘肃蓝皮书"秉持稳定规模、完善机制，提升质量、扩大影响的编研理念，始终站位大局、融入大局、服务大局，始终服务党委政府决策，始终坚持目标导向和问题导向，坚定不移走高质量编研之路。在编研过程中遵循原创性、实证性和专业性要求，聚焦省委省政府中心工作和全省经济社会发展中的热点难点问题，充分运用科学方法，深入分析研判全省经济建设、社会建设、生态建设、文化建设总体趋势、进展成效和存在的问题，提出具有前瞻性、针对性的研究结论和政策建议，以便更好地为党委政府决策提供事实依据充分、分析深入准确、结论科学可靠、对策具体可行的参考依据。

2022年，甘肃省社会科学院将高举中国特色社会主义伟大旗帜，深入学习贯彻习近平新时代中国特色社会主义思想，全面落实习近平总书记对甘肃重要讲话和指示精神，坚持为人民做学问，以社科之长和智库之为，积极围绕国家发展大局和省委省政府中心工作，进一步厚植"甘肃蓝皮书"沃土，展现陇原特色新型智库新风貌，书写好甘肃高质量发展新篇章，为加快建设幸福美好新甘肃、不断开创富民兴陇新局面贡献社科智慧和力量。

　　此为序。

王福生

2021 年 12 月 6 日

摘　要

2021 年，甘肃省坚持把优化营商环境作为推动经济高质量发展的重要支点，努力盘活存量、引入增量、做大总量、提高质量、增强能量，实现营商环境大改善大提升、经济大增长大跨越的发展预期。全书重点研究了甘肃经济总体运行、行业发展和重大专题等，分析和总结了 2021 年甘肃经济发展现状和问题，预测和展望了 2022 年甘肃经济发展走势与前景，并针对现状、问题、发展目标提出了理论与实践相结合的应用对策建议。

《甘肃经济发展分析与预测（2022）》共分为总报告、行业发展篇、专题研究篇三大部分 14 个专题。总报告分析了 2021 年甘肃农业、工业、服务业、投资、消费、进出口、财政金融、居民收入等主要指标变化情况，指出了甘肃还存在投资、消费和出口三大需求不振，拉动国民经济增长的"三驾马车"动力严重不足等突出问题，提出 2022 年要以优化营商环境为总抓手，千方百计扩大经济总量；以重大项目投资为基石，构筑经济运行的"压舱石"和经济增长的"动力源"；以扩大内需为战略基点，增强消费对经济发展的基础性作用；以增强出口新动能为核心，必须解决当前甘肃对外贸易结构性失衡问题等对策建议。行业发展篇主要针对甘肃农业与农村经济、工业经济、服务业、固定资产投资、集成电路产业等五个方面，进行深度调查分析，提出了促进发展相关产业的理论对策。专题研究篇主要针对"十四五"时期经济高质量发展、"新基建"、提升科技创新能力、兰州—西宁城市群、消费对经济增长的贡献、传统产业与绿色产业融合发展、国有控股上市公司发展、混合所有制改革等进行了专题研究。

《甘肃经济发展分析与预测（2022）》认为，2021 年甘肃十大生态产业增加值占比接近 1/4，绿色低碳转型发展取得初步成效；农业生产结构持续优化，粮食及六大特色农产品稳定增长；工业生产加快增长，新产业新动能进一步显现；服务业活力逐渐恢复，物流快递与文旅产业高速增长；固定资产投资增长较快，高技术产业和民间投资升温；消费市场恢复加快，进口拉动对外贸易高速增长；财政收入稳步增长，金融存贷保持稳定；居民收入平稳增长，消费支出增长率快于收入增长率。本书指出甘肃经济发展最大的瓶颈问题是需求不振，经济增长的"三驾马车"动力不足；分析预测了 2022年甘肃主要经济发展指标，提出了相应的理论对策建议。

关键词： 甘肃经济　产业发展　投资消费　国内外贸易　营商环境

Abstract

In order to achieve an expectation of great improvement in business environment and great leap forward in economic growth, Gansu Province adheres to the optimization of business environment as an important fulcrum to promote high-quality economic development, and strives to revitalize the economic stock, introduce the economic increment, expand the total economic amount, improve economic quality and enhance economic energy in 2021. This book focuses on the overall economic operation, industry development and important special topics of Gansu Province, it analyzes and summarizes the current situation and problems of economic development in Gansu Province in 2021, and it forecasts the trend and prospect of economic development in Gansu Province in 2022, and it puts forward application countermeasures combining theory and practice according to the current situation, problems and development objectives.

The book is divided into three parts: general report, industry development and special research, with 14 special topics. The general report analyzes the changes of major indicators such as agriculture, industry, service industry, investment, consumption, import and export, finance and resident income in Gansu Province in 2021. It is pointed out that there are still prominent problems in Gansu Province, such as the weak demand for investment, consumption and export, and the serious lack of power of the troika driving national economic growth. On this basis, it is proposed that we should focus on optimizing the business environment and try our best to expand the total economic output in 2022, also we should be built a "ballast stone" for economic operation and a "power source" for economic growth based on major project investment, and we should take expanding domestic demand as the strategic base point and enhance the basic role of consumption in economic development, we should focus on enhancing the new mromentum of exports and must solve the current structural imbalance of foreign trade in Gansu Province, The industry development part mainly analyzes five aspects of agriculture and rural economy, industrial economy, service industry, fixed asset investment, integrated circuit industry in Gansu Province, and puts forward theoretical countermeasures to promote the development of related industries. The special research section mainly focuses on high-quality economic development during the 14th Five Year Plan period, improving scientific and technological innovation ability, new infrastructure, Lanzhou-Xining urban agglomeration, the contribution of consumption to economic growth, the integrated development of traditional industries and green industries, state-controlled Listed Companies and the reform of mixed ownership.

According to Economic Development Analysis and Forecast of Gansu Province (2022), we found that the added value of the top ten ecological industries in Gansu Province account for nearly 1/4 in 2021, it has achieved preliminary results in the development of green and low-carbon transformation; The agricultural production structure was continuously optimized, and grain and six characteristic agricultural products increased steadily; The growth of industrial production was accelerated, and new industries and new driving forces have further emerged; The vitality of the service industry is gradually restored, and logistics express and cultural tourism industry are growing at a high speed; Investment in fixed assets grew rapidly, and high-tech industries and private investment warmed up; The recovery of the consumer market has accelerated, and imports have driven the rapid growth of foreign trade; Fiscal revenue grew steadily and Financial deposits and loans remained stable; Residents' income grew steadily, and the growth rate of consumer expenditure was faster than that of income. Finally, it points out that the biggest bottleneck problem of economic development in Gansu Province is weak demand and insufficient power of the "troika" of economic growth, analyzes and forecasts the main economic development indicators of Gansu Province in 2022, and puts forward corresponding theoretical countermeasures and suggestions.

Keywords: Economy of Gansu Province; Industrial Development; Investment and Consumption; Domestic and Foreign Trade; Business Environment

目　录　↖

Ⅰ　总报告

Ⅱ　行业发展篇

Ⅲ 专题研究篇

皮书数据库阅读**使用指南**

CONTENTS

I General Report

II Industry Development Reports

Ⅲ   Special Research Reports

总 报 告

General Report

B.1

2021～2022年甘肃经济运行
分析与预测

王晓芳[*]

摘　要： 2021年前三季度，甘肃省生产总值同比增长8.5%。十大生态产业增加值占比接近1/4，绿色低碳转型发展取得初步成效；农业生产结构持续优化，粮食及六大特色农产品稳定增长；工业生产加快增长，新产业新动能进一步显现；服务业活力逐渐恢复，物流快递与文旅产业高速增长；固定资产投资增长较快，高技术产业和民间投资升温；消费市场恢复加快，进口拉动对外贸易高速增长；财政收入稳步增长，金融存贷保持稳定；居民收入平稳增长，消费支出增长率快于收入增长率。当前，甘肃经济发展最大的瓶颈问题是需求不振，经济增长的"三驾马车"动力不足。预计2021年全年GDP增长率会保持在8%左右，2022

---

[*] 王晓芳，甘肃省社会科学院区域经济研究所所长、研究员，研究方向为区域经济、信息经济、流通经济。

年能实现9%～10%。

关键词: 甘肃经济 营商环境 高质量发展

一 2021年甘肃经济运行分析

2021年,甘肃省坚持把优化营商环境作为推动经济高质量发展的重要支点,努力盘活存量、引入增量、做大总量、提高质量、增强能量,实现营商环境大改善大提升、经济大发展大跨越的发展预期。

(一)十大生态产业增加值占比接近1/4,绿色低碳转型发展取得初步成效

2021年1～9月,甘肃省地区生产总值7401.0亿元,同比增长8.5%。初步核算,前两个季度全省十大生态产业增加值1149.9亿元,同比增长21.5%,占全省地区生产总值的24.2%,比上年同期提高3.1个百分点,表明甘肃绿色低碳转型发展取得初步成效。

1. 第二产业占比有所提升,三次产业结构持续优化

2021年1～9月,第一产业增加值1041.7亿元,同比增长9.8%,两年平均增长7.4%;第二产业增加值2453.2亿元,同比增长9.1%,两年平均增长6.8%;第三产业增加值3906.1亿元,同比增长7.9%,两年平均增长4.5%。2021年1～9月,三次产业结构为14:33:53(见图1),与2020年全年的13:32:55相比,第一产业和第二产业比重有所提升,第三产业比重有所下调。

2. 服务业增长加速,产业发展基础趋于稳固

2021年1～9月,农林牧渔业增加值1076.4亿元,同比增长9.6%,两年平均增长7.1%;规模以上工业增加值同比增长9.8%,两年平均增长8.0%。上半年,建筑业增加值269.8亿元,同比增长10.7%;批发零售业

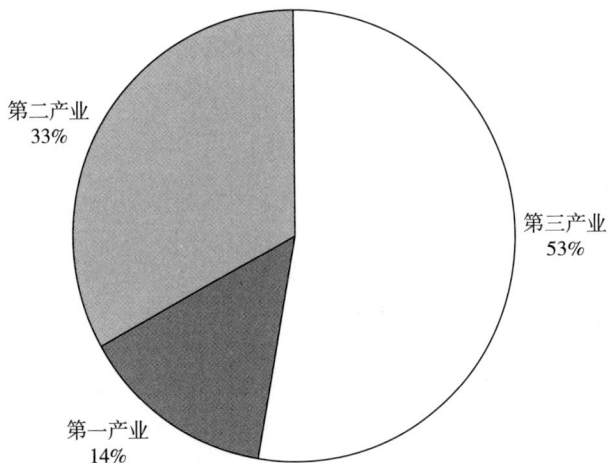

图1 2021年1~9月甘肃三次产业结构

增加值383.8亿元,同比增长15.9%;交通运输、仓储和邮政业增加值242.1亿元,同比增长17.6%;住宿和餐饮业增加值83.0亿元,同比增长33.4%;金融业增加值498.3亿元,同比增长1.0%;房地产业增加值294.4亿元,同比增长10.8%;其他服务业增加值1264.7亿元,同比增长11.0%。

3. 兰州市占全省GDP的1/3强,金昌市增长迅猛

2021年上半年,兰州市实现生产总值1628.4亿元,占全省的34.3%,处于全省绝对领先之地;庆阳市、天水市、酒泉市均超过300亿元,分别为373.3亿元、333.8亿元、326.1亿元,3市合计占全省的1/5多,处于全省经济总量第二方阵中;白银市、武威市、陇南市、平凉市、张掖市、定西市、金昌市均超过200亿元,分别为263.1亿元、256.1亿元、238.0亿元、233.2亿元、233.0亿元、215.1亿元、207.1亿元,7市合计占全省的1/3多,与兰州市相当,处于全省经济总量第三方阵;临夏州、嘉峪关市、甘南州均在200亿元以下,分别为169.9亿元、158.0亿元、113.1亿元,3市州合计不到全省的1/10。从增长率看,全省12市州增长率均为两位数,其中金昌市以24.0%独居鳌头,酒泉市以17.9%居次席,平凉市以16.8%位居第三,甘南州以10.0%殿后。

（二）农业生产结构持续优化，粮食及六大特色农产品稳定增长

2021 年是全面实施乡村振兴战略开启之年，农村和农业经济进入一个高质量、高效率、可持续、更安全的新发展阶段，甘肃大农业产业发展也出现了新变化。

1. 农业内部结构调整步伐加快，种植业与牧业并重特征明显且牧业加速发展

2021 年 1～9 月，农林牧渔业增加值 1076.4 亿元，同比增长 9.6%，两年平均增长 7.1%。从 1～6 月增长率来看，牧业增长最快，高达 27.4%，种植业和农林牧渔服务业平稳增长，分别为 5.6% 和 4.7%，渔业略有增长，林业出现负增长；从内部构成看，牧业与种植业分别占 43.8% 和 40.9%，两者共占农林牧渔业总产值的 84.7%，其中牧业占比比全国同期平均水平 36.7% 高 7.1 个百分点，种植业占比比全国同期平均水平 42.5% 低 1.6 个百分点（见表 1），说明甘肃农业内部以种植业为主转向以种植业与牧业并重，且牧业进入加速发展的新时期。

表 1　2021 年 1～6 月甘肃省农林牧渔业总产值及增长率

单位：亿元，%

分类	绝对数	增长率	占比
农林牧渔业总产值	681.0	13.8	100
种植业	278.5	5.6	40.9
林业	4.1	−0.1	0.6
牧业	298.0	27.4	43.8
渔业	0.9	1.0	0.1
农林牧渔服务业	99.5	4.7	14.6

资料来源：依据甘肃省统计局《2021 年 6 月统计月报》整理。

2. 夏粮生产持续稳定，全年粮食有望再获丰收

2021 年夏粮总产量 328.8 万吨，同比增长 2.7%。据预测，全年粮食总产量有望达到 1223.0 万吨，略有增加。

3. 牛羊菜果薯药六大特色产品增产较快，牛奶和禽肉产量增长迅猛

2021年前三季度，蔬菜播种面积和产量分别为432.1万亩和445.9万吨，同比分别增长7.6%和10.0%。园林水果产量同比增长11.0%，中药材产量预计为126.0万吨。猪牛羊禽肉产量94.3万吨，同比增长35.5%，其中猪肉、羊肉、牛肉、禽肉产量同比分别增长45.6%、30.0%、14.0%和59.7%；牛奶产量增长51.0%，禽蛋产量增长7.0%。生猪、牛、羊、家禽出栏分别增长34.8%、14.5%、27.3%和57.8%。第三季度末，生猪存栏660.1万头，同比增长26.7%；其中能繁殖母猪存栏58.5万头，同比增长8.1%。

（三）工业生产加快增长，新产业新动能进一步显现

2021年甘肃省工业以供给侧结构性改革为主线，加快推进传统工业向绿色低碳融合转型发展，工业新动能潜力进一步释放，支柱行业加快发展，重点企业经营状况改善，工业利润总额净增234.3亿元。

1. 工业增加值平稳增长，战略性新兴产业和高技术产业高速增长

2021年1~8月，规模以上工业增加值增长10.5%，比全国平均水平5.3%高5.2个百分点。

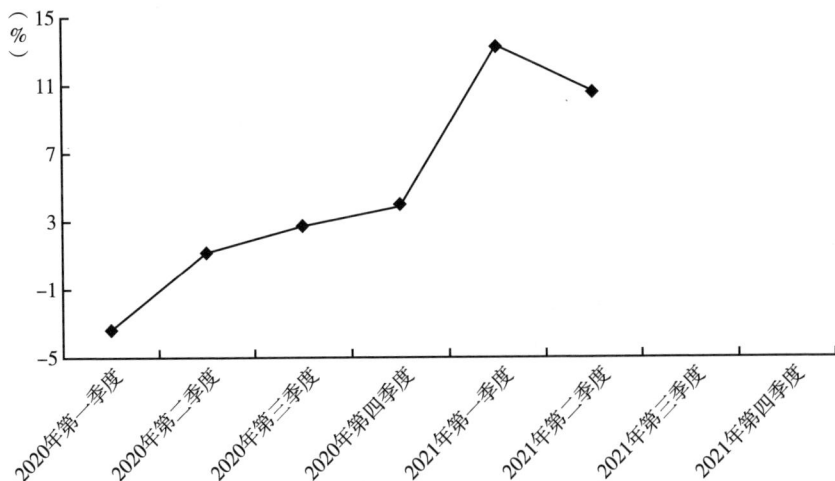

图2 2020~2021年工业增加值增长对比

从工业内部结构看，轻工业增长 13.0%，重工业增长 10.0%；从工业企业规模看，大型企业增长 9.4%，中型企业增长 13.9%，小型企业增长 12.3%，微型企业增长 8.9%；从工业企业经济类型看，国有及国有控股企业增长 9.2%，非公有制企业增长 15.2%。前三季度，全省规模以上工业战略性新兴产业、高技术产业、装备制造业增加值同比分别增长 19.9%、35.8% 和 11.4%，两年平均分别增长 15.0%、26.8% 和 15.8%。

2. 装备制造业较快增长，医药、电子工业强势增长

2021 年 1~8 月，采矿业，制造业，电力、热力、燃气及水生产和供应业分别增长 7.2%、10.3%、14.2%，分别比全国平均水平高 4.7 个百分点、4.8 个百分点、7.9 个百分点，其中装备制造业增长 11.6%。

全省 12 个重点行业中除纺织工业下滑 2.8% 外，其他 11 个行业均表现出较好的增长势头，其中，医药工业以 40.2% 的增长率傲居龙头，电子工业以 34.8% 的增长率紧随其后，有色、煤炭、电力工业也分别有 17.3%、16.2%、12.5% 的较高增长率，冶金、食品、石化、建材工业增长相对平缓，分别为 8.1%、6.4%、5.8%、1.4%。

3. 集成电路产品产销稳居全国第二位，主要工业品产销两旺

2021 年 1~8 月，全省主要工业产品均有所增长，其中，集成电路、生铁、粗钢三类产品增长最为喜人，分别增长 44.3%、30.5%、26.8%。尤其是随着中美芯片大战愈演愈烈，偏居西北的甘肃省集成电路产业产销两旺，2017 年至 2021 年上半年均超越上海、广东，跃升到全国第二位。2020 年甘肃集成电路产量为 457.3 亿块，是 2016 年的 2.3 倍。主要工业产品产销率达 99.7%，其中轻工业为 98.4%，重工业为 99.9%。

4. 企业经营状况不断改善，利润总额成倍增长

2021 年 1~7 月，全省工业企业总数 1994 家，增长了 11.2%；在市场主体持续扩大的同时，65.8% 的企业处于盈利状态；营业收入 5201.3 亿元，增长 31.9%；利润总额 360.9 亿元，增长 185.1%；税金总额 349.6 亿元，增长 20.0%；2021 年是近三年来表现最好的年份，企业经营活力进一步体现和放大。资产负债率降低 1.9 个百分点，每百元营业收入中的成本降低

1.8 元。有色、石化、冶金、医药、煤炭、电子行业利润总额增长率分别为 69.0%、68.3%、30.2%、29.8%、14.7%、10.0%，只有建材、机械行业利润增长缓慢。

表2　2021年1~7月工业企业经济效益主要指标

单位：亿元，%

项目	营业收入	营业成本	四项费用	利润总额	税金总额
总额	5201.3	4305.6	327.5	360.9	349.6
增长率	31.9	29.1	11.6	185.1	20.0

资料来源：甘肃省统计局工业处。

（四）服务业活力逐渐恢复，物流快递与文旅产业高速增长

2021 年 1~8 月，全省服务业增加值 2797.3 亿元，同比增长 10.7%。

1. 交通运输业加快发展，公铁货运量增长较快

2021 年 1~8 月，货运量 49972.7 万吨，增长 18.2%，其中铁路货运量 4268.8 万吨，增长 10.6%；公路货运量 45703.3 万吨，增长 19.0%。

2. 邮政电信业务量同步提升，快递业务量持续走高

2021 年 1~8 月，邮政业务量 28.2 亿元，增长 25.5%；电信业务量 163.4 亿元，增长 25.1；1~7 月完成快递业务量 9406.4 万件，增长 39.8%（见图3）。

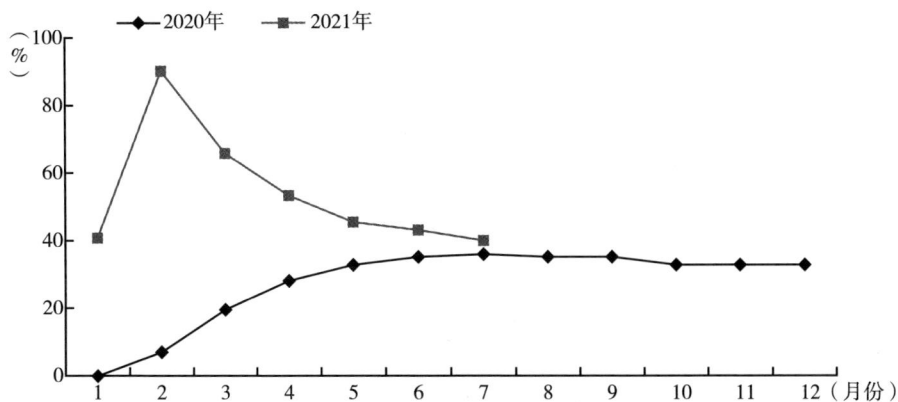

图3　2021年快递业务量增长速度

3."百年华诞"红色旅游和节日旅游火爆，旅游收入快速增长

2020年甘肃省共接待游客2.13亿人次，实现旅游收入1455亿元。"十三五"期间，全省累计接待游客13.2亿人次，实现旅游收入8995亿元，分别是"十二五"的2.5倍和2.82倍。2021年，甘肃省推出"百年华诞"红色旅游瞻仰主题线、"岐伯故里"养生文化体验线、"陇上江南"跨年亲子旅游寻根线等八大主题线路，各地也纷纷开发形式多样的度假休闲、民俗文化、冰雪温泉等旅游产品和服务。2021年1~8月，全省接待游客2.14亿人次，实现旅游综合收入1426.0亿元，分别较上年同期增长56.8%和56.7%。其中，春节期间，甘肃省接待游客712万人次，实现旅游收入45.3亿元，旅游市场接待规模恢复至2019年春节同期六成以上。五一期间，全省接待游客1690万人次，实现旅游总收入104.5亿元，分别较2020年同期增长59.4%和59.7%；国庆假期，全省共接待游客1700万人次，实现旅游综合收入102.6亿元，分别较2020年同期增长17%和21.7%。

（五）固定资产投资增长较快，高技术产业和民间投资升温

2021年1~8月，全省固定资产投资同比增长14.2%，两年平均增长10.1%。

1.三次产业投资恢复性增长，工业投资成为主要拉动力

第一产业投资同比增长2.2%，低于全省固定资产投资12个百分点；第二产业投资增长27.3%，其中工业投资增长28.4%，与全省固定资产投资增幅相比高14.2个百分点，与全国工业投资增速相比高18.7个百分点；第三产业投资增长12.2%，低于全省固定资产投资2个百分点。

2.基础设施和制造业投资回升，房地产投资趋暖

基础设施投资同比增长9.5%；制造业投资增长9.7%，高于2020年全年增长率4.7个百分点；房地产开发投资增长18.2%，高于2020年全年增长率10.4个百分点，商品房销售面积增长32.9%，高于2020年全年增长率17.5个百分点。

3. 高技术产业投资成倍增长，民间投资持续增温

以信息传输、软件和信息技术服务业为主的高技术产业投资增长124.3%；电力、热力、燃气及水生产和供应业增长55.0%；水利、环境和公共设施管理业投资增长27.7%。民间投资同比增长16.2%，高于2020年全年增长率10.1个百分点。

（六）消费市场稳定恢复，进口拉动对外贸易高速增长

在国内外贸易方面，甘肃不仅立足扩大内需这个战略基点，激发消费潜力和活力，优化流通网络布局，而且从利用好国内国际两个市场两种资源角度出发，深化"一带一路"经贸合作，稳住外贸外资基本盘，促进内外贸一体化发展。

1. 以扩大内需为战略基点，国内贸易呈现良好的复苏势头

2021年1～8月，全省社会消费品零售总额2680.5亿元，同比增长20.3%，高于全国平均水平2.2个百分点。

2. 餐饮消费趋旺，网络消费持续高速增长

2021年1～8月，甘肃省限额以上单位消费品零售总额833.0亿元。其中，餐饮收入39.2亿元，增长43.4%，比全国平均水平高9.0个百分点，餐饮消费持续火爆；商品零售793.8亿元，增长20.0%，比全国平均水平高3.5个百分点。全省限额以上单位23类商品中有22类零售额实现同比增长，19类商品实现两位数增长，其中建筑及装潢材料类、日用品类、金银珠宝类、汽车类商品零售额同比分别增长168.2%、56.5%、51.5%、20.6%。全省限额以上批零住餐业通过公共网络实现零售额同比增长1.02倍。

3. 以稳住外贸基本盘为重点，对外贸易总体呈恢复性增长势头

2021年1～6月，甘肃省进出口总额255.1亿元，增长44.9%，比全国平均水平高21.5个百分点。其中，出口41.2亿元，增长3.0%，比全国平均水平低25.1个百分点；进口213.9亿元（见表3），增长62.5%，比全国平均水平高36.6个百分点。截至第三季度末，甘肃省进出口总额378.3亿

元，同比增长 36.2%。其中，出口 62.9 亿元，增长 1.4%，进口 315.4 亿

元，增长 46.2%。

表 3　2021 年 1~6 月西北五省区进出口状况

单位：亿元，%

区域	进出口总额	进口	出口	出口增长率
全国	180650.6	82157.3	98493.3	28.1
陕西	2229.8	1107.6	1122.2	27.3
新疆	658.7	157.1	501.6	50.0
宁夏	73.5	19.9	53.6	27.8
甘肃	255.1	213.9	41.2	3.0
青海	14.8	7.9	6.9	64.4

资料来源：依据国家统计局网站有关资料整理。

4. 进口增速提升，出口止跌回稳

2021 年 1~8 月，甘肃省进口额分别比 2019 年、2020 年同期增加了
117.8 亿元、48.6 亿元；出口额比 2019 年同期减少了 31.9 亿元，比 2020
年同期增加了 0.7 亿元。

**5. 与共建"一带一路"国家进出口增速位列全国前列，哈萨克斯坦稳居甘
肃第一大贸易伙伴国**

2021 年上半年，甘肃对共建"一带一路"国家进出口 118.7 亿元，同
比增长 51%，高于全国平均水平 16.9 个百分点，占全省外贸进出口总额
的 46.5%。

2021 年上半年，甘肃省主要贸易伙伴为哈萨克斯坦、俄罗斯、蒙古国、
欧盟，与这四个国家/地区进出口总额分别为 51 亿元、23.9 亿元、20.6 亿
元和 16.8 亿元，分别占甘肃省对外贸易总额的 15.4%、7.2%、6.2%、
5.1%。自 2017 年以来，哈萨克斯坦一直是甘肃第一大贸易伙伴国，其地位
愈加巩固。近五年来，甘肃与哈萨克斯坦贸易额合计达 271.7 亿元，占甘肃
对外贸易总额的 15.1%，占甘肃与亚洲地区贸易总额的 25.5%。

（七）财政收入稳步增长，金融存贷保持稳定

2021年1~8月，全省一般公共预算收入620.5亿元，同比增长14.3%，税收收入与非税收入的比为70∶30。

1. 税收收入较快增长，烟草税、耕地占用税、契税和资源税大幅度增长

2021年1~8月，甘肃完成税收收入435.2亿元，同比增长18.4%，其中，国内增值税199.2亿元，占全部税收的45.8%，仍是甘肃主要的收入来源；其次是企业所得税60.7亿元，占全部税收的13.9%。从增长率看，烟草税、耕地占用税、契税和资源税分别增长241.3%、74.2%、38.4%、36.9%，个人所得税、土地增值税、印花税、增值税、城市建设维护税、企业所得税都有所增长，分别为22.3%、18.3%、18.0%、17.7%、16.6%、15.0%。

2. 公共预算支出略有增长，灾害防治及应急管理支出大幅增长

2021年1~8月，一般公共预算支出2560.7亿元，同比增长1.4%。在11类民生支出中，灾害防治及应急管理、卫生健康、住房保障、粮油物资储备、教育、社会保障和就业等支出分别增长63.3%、13.2%、12.4%、9.7%、6.2%和4.1%。

3. 存贷款保持稳定，中长期贷款较快增长

2021年8月末，本外币存款余额22362.5亿元，同比增长6.6%，其中住户存款13128.2亿元，增长8.5%；非金融企业存款5002.7亿元，下降2.3%。贷款余额23655.4亿元，增长7.8%，其中短期贷款1800.5亿元，增长3.7%，中长期贷款4749.9亿元，增长13.1%。

（八）居民收入平稳增长，消费支出增长率快于收入增长率

2021年上半年全体居民人均可支配收入10149元，增长10.2%，其中工资性收入占57.3%，增长9.4%；转移净收入占20.8%，增长9.9%；经营净收入占15.7%，增长12.3%；财产净收入占6.2%，增长12.4%。

1. 工资性收入是城镇居民第一大收入来源，经营净收入和财产净收入增长较快

从收入来源看，城镇居民工资性收入、转移净收入、经营净收入、财产净收入分别占67.2%、16.7%、8.2%、7.9%，工资性收入是城镇居民最主要的收入来源。从增长率看，工资性收入、转移净收入分别增长7.6%、7.4%，经营净收入、财产净收入分别增长11.5%、11.3%（见表4）。

表4　2021年1~6月城乡居民收入构成及增长状况

单位：元，%

收入构成	城镇居民		农村居民	
	绝对数	增长率	绝对数	增长率
人均可支配收入	17142	8.2	5011	13.3
工资性收入	11512	7.6	1635	14.4
经营净收入	1414	11.5	1720	12.9
财产净收入	1359	11.3	92	13.4
转移净收入	2857	7.4	1564	12.8

资料来源：甘肃省统计局官网。

2. 经营净收入、工资性收入和转移净收入共同构成农村居民三大收入来源，均同步均衡增长

从收入来源看，农村居民经营净收入、工资性收入、转移净收入、财产净收入分别占34.3%、32.6%、31.2%、1.8%，经营净收入、工资性收入、转移净收入是农村居民三大收入来源，各占1/3左右。从增长率看，工资性收入、财产净收入、经营净收入、转移净收入分别增长14.4%、13.4%、12.9%、12.8%。农村居民财产净收入仅占人均可支配收入的1.8%，成为影响农民增收的主要因素。

3. 城乡居民收入差距大，实现共同富裕任重道远

城乡居民人均可支配收入相差12131元，农村居民人均可支配收入还不到城镇居民的1/3。其中，工资性收入差距大是主要影响因素，城乡居民工资性收入相差9877元，农村居民工资性收入还不到城镇居民的15%，注重第一次分配即市场分配的公平性，走向共同富裕仍面临很大挑战和困难。农村居民转移性收入是城镇居民的一半多，二次和三次分配，即税收调节和扶贫攻坚、慈善捐赠等政策性、公益性非市场分配调节仍还有很大提升空间。

4. 居民消费价格总体平稳，食品和居住价格指数小幅增长

2021年1~8月，居民消费价格指数同比上涨0.7%。其中，食品同比上涨0.6%，鸡蛋上涨14.8%，鲜果上涨5.1%，粮食和蔬菜上涨幅度很小，分别只有1.8%和1.6%，猪肉价格同比下降45.5%，环比下降2.8%；居住同比上涨0.5%；生活用品及服务上涨0.2%；医疗保健上涨0.1%；衣着下降0.1%。

5. 食品烟酒支出占比高，教育文化娱乐支出增长快

2021年上半年，全体居民人均消费支出7957元，增长15.0%。从支出额看，食品烟酒支出2503元，占31.5%；居住支出1574元，占19.8%；交通通信支出1053元，占13.2%。这三项支出占总支出的64.5%。从增长率看，教育文化娱乐支出增长47.1%，医疗保健支出增长22.2%，衣着支出增长16.3%。

6. 城乡居民消费支出同水平增长，教育文化娱乐支出增长最快

城镇居民生活消费支出占人均可支配收入的69.8%，农村居民高达99.9%。从增长率看，城乡居民教育文化娱乐居第一位，分别为43.4%、52.2%，其次是医疗保健，分别为26.7%、17.4%。从占比看，用于城乡居民食品烟酒支出比例相差不大，城乡消费支出占比差异明显的是医疗保健，相差5.1个百分点；其次是居住，相差3.4个百分点（见表5）。可见，城乡居民消费差别不是很大，收入差距是城乡差别最主要的标志和最大的鸿沟。

表5 2021年上半年城乡居民人均生活消费支出

单位：元，%

项目	城镇居民			农村居民		
	支出额	增长率	占比	支出额	增长率	占比
人均支出	11971	14.7	69.8	5007	14.3	99.9
食品烟酒	3863	14.3	32.3	1504	9.8	30.0
衣着	953	15.7	8.0	325	16.0	6.5
居住	2516	5.4	21.0	881	7.7	17.6
生活用品及服务	736	11.2	6.1	311	17.0	6.2
交通通信	1513	11.9	12.6	715	7.4	14.3
教育文化娱乐	1118	43.4	9.3	513	52.2	10.2
医疗保健	986	26.7	8.2	666	17.4	13.3

注：人均支出占比是指人均生活消费支出占人均可支配收入的比重。

资料来源：甘肃省统计局官网。

二 需求不振，经济增长的"三驾马车"动力不足

2021年，国内外风险挑战增多，全球疫情扩散蔓延，世界经济恢复势头有所放缓，国际大宗商品价格高位运行，甘肃省主要经济指标处于快速恢复增长阶段，结构调整稳步推进，质量效益持续提升，民生继续改善，为实现全年经济社会发展目标打下了良好基础。但下半年甘肃省部分地区受到疫情、汛情的多重冲击，能源供应趋紧，大宗商品涨价加剧，经济转型调整和持续增长压力均有可能显现，经济高质量发展中仍存在一些突出问题。甘肃经济高质量发展除受历史地域、经济总量小等客观因素影响外，更重要的是受投资、消费和出口三大需求不振，拉动国民经济增长的"三驾马车"动力严重不足的影响。

（一）固定资产投资明显下滑，工业投资增长低迷

改革开放40多年来，甘肃固定资产投资总体上一直处于上升时期，保持了长达30多年的两位数高增长，其中1993年投资增长率达43.4%，2011

年为40.2%。但"十三五"时期却呈现剧烈波动,第二产业投资下滑明显,尤其是工业投资严重低迷(见表6)。2021年上半年资料显示,固定资产投资回暖,尚无法形成即时生产力,对2021年下半年及2022年经济增长还不能带来实质性、明显性影响。

表6 2015~2020年甘肃固定资产投资增长状况

单位:%

年份	2015	2016	2017	2018	2019	2020
固定资产投资	11.2	10.5	−40.3	−3.9	6.6	7.8
一产	30.8	26.8	−43.7	18.0	−9.7	37.0
二产	−2.7	−0.6	−63.1	−10.8	23.8	0.4
工业		−3.7	−54.9	−10.9	24.5	−0.3
三产	21.9	21.0	−26.8	−12.0	−0.1	8.0

资料来源:2015~2019年数据来源于相关年份《甘肃发展年鉴》,2020年数据来源于甘肃省统计局官网。

(二)内需市场规模偏小,消费增长空间受限

"十三五"时期,甘肃社会消费品零售总额占全国的比重分别为0.96%、0.94%、0.97%、0.89%、0.93%(见表7)。2021年1~8月为0.95%,在最近三年来表现最好,但仍低于2018年。

按社会消费品零售总额增量占GDP增量的比重计算消费贡献率,2016~2020年,消费对甘肃经济增长的贡献率分别为76.6%、46.1%、44.6%、4.3%、−22.8%,呈不断下滑态势。一般来说,对甘肃经济发展水平而言,消费对甘肃经济增长的贡献率保持在50%~55%相对合理,超出这个区间,则极不正常,说明相应年份甘肃投资及净出口增量很小甚至是负增量。可见,对甘肃来说,不仅要持续扩大经济总量和提升经济增长速度,而且要稳固和改善消费对经济增长的贡献度。

表7　2016～2020年甘肃省社会消费品零售总额及占全国的比重

单位：亿元，%

年份	甘肃省	全国	甘肃占全国比重
2016	3184.4	332316	0.96
2017	3426.6	366262	0.94
2018	3680.2	380987	0.97
2019	3700.3	411649	0.89
2020	3632.4	391981	0.93

资料来源：依据国家统计局官网、甘肃省统计局官网有关数据整理。

（三）出口动能转换效能低下，外贸逆差逐年扩大

自中国经济进入新常态以来，甘肃进出口结构严重失衡，对外贸易中进口不断走强走重，出口连年减额趋弱，长期处于贸易逆差状态，且贸易逆差逐年扩大，并呈凝固化方向发展。甘肃出口从2016年的263.3亿元大幅度降到2020年的85.7亿元，"十三五"时期减少了177.6亿元，平均每年减少35.5亿元。进出口结构比从2016年的41∶59，演变为2017年的65∶35、2018年的63∶37、2019年的65∶35、2020年的77∶23、2021年1～8月的83∶17，六年期间，出口在对外贸易中的份额从初期差不多60%降到现在的不足20%，净出口对经济增长的贡献率、拉动力不断减弱，说明甘肃经济增长的外在动力来源严重不足。

自1978年以来，截至2004年前甘肃对外贸易一直保持顺差，自2004年产生36.9亿元逆差后连续数年高走，2007～2011年逆差分别高达165.5亿元、198.8亿元、162.2亿元、279.3亿元、303.2亿元，2013～2016年为顺差年，但2017～2020年又进入逆差状态，逆差额分别为94.3亿元、102.9亿元、117.1亿元、201.4亿元，再次出现逆差逐年扩大态势，2021年1～8月为172亿元，预计全年仍会达到200亿元以上。长期存在较大的贸易逆差，对甘肃经济发展与经济结构调整都带来不小的影响，比如，会带来甘肃省企业生产成本提高、削弱出口商品的国际竞争力、企业经营风险增大等诸多问题。

三 2022年甘肃经济发展走势预测及对策建议

国际货币基金组织（IMF）预测亚洲仍是全球经济增长最快地区，该地区的经济增长将由中国和印度引领，其中，中国2021年将再次成为全球经济增长的最大贡献者。但IMF提醒，新一波疫情、供应链中断和通胀压力，以及美联储"任何不合时宜"的政策调整都将对亚洲经济前景构成下行风险，自然对中国宏观经济运行带来一定影响。中国经济正处在转变发展方式、优化经济结构、转换增长动力的攻关期。人工智能、大数据、云计算、区块链等新技术新应用快速发展，为新业态新模式的勃发进行赋能，从购物到服务，从生产到销售，各行各业加速"上线""上云"，传统生产组织模式和产业供应链、价值链不断重构，创新发展正为经济增长引擎提供越来越多新动能，"新经济"逐步取代"旧经济"成为中国经济增长的主要推动力量，必将为包括甘肃在内的中国经济持续增长带来活力和动力。

（一）2021年及2022年甘肃主要经济指标预测

在排除突发重大疫情等不可抗因素外，2021年及2022年，甘肃各项经济指标将持续向好。

一是2021年甘肃GDP增长率会保持在8%左右，略高于全国平均增长水平。受2021年固定资产投资增长，尤其是工业投资增长上升到28.4%的影响，2022年能够形成一定的生产能力，并释放出一定的增长动能，GDP增长率会有所提高，预计能达到9%~10%。

二是不考虑自然灾害因素，乡村振兴战略深入实施，农村和农业生产经营条件进一步改善，粮食等主要农产品有望继续保持稳定增产的势头；在新业态和线下线上融合销售、扶贫消费等利好环境政策的影响下，牛羊菜果薯药六大特色产品会迎来更好的产销两旺的新局面。

三是受大宗原料涨价、能源动力供应不足等因素影响，工业生产必然存在极大的起伏，工业增加值增长也随之出现大的调整，确保工业企业开工率、满负荷运转，降低企业能耗就成为重中之重。甘肃工业增长有可能回落，企业效益提升难度加大。

四是由于疫情对服务业冲击最大，服务业发展将深受影响。如果疫情控制效果显现，服务业迅速回稳趋高可能性很大，反之，疫情区域性发作、反弹，则对批发零售、餐饮住宿、文化旅游、交通运输等带来全面的影响，服务业回落也在预想之中。

五是在工业企业效益普遍好转的背景下，项目投资及民间投资有可能继续放大，固定资产投资增长率要好于2021年，有望在2022年实现两位数增长。

六是随着甘肃资源型城市转型发展，对境外原材料、燃料的依赖性进一步增强，甘肃进口贸易依然会保持强劲的增长势头，带动甘肃对外贸易增长，但出口乏力的问题短时间内还无法缓解，出口低迷仍将持续数年。

七是在共同富裕政策引导下，甘肃居民收入依然会维持总体增长的局面，但农村居民工资性收入增长阻力增大，农村居民增收有可能趋缓。在工业原材料大幅涨价的市场环境下，城乡居民生活消费支出会有较大的提高。

八是在房地产调整政策趋紧和银行不良率剧增的情形下，税收收入和非税收入增长均会非常困难，财政收入增长会受到很大影响，银行存贷款增长将会进一步放缓。

（二）2022年甘肃经济发展的对策建议

"十四五"时期，甘肃经济发展有多重叠加机遇，面对共建"一带一路"、新一轮西部大开发、黄河流域生态保护和高质量发展、"关中平原城市群"规划建设、兰州—西宁城市群建设等重大机遇，2021年甘肃省把优化营商环境作为推动经济高质量发展的重要支点，努力盘活存量、引入增量、做大总量、提高质量、增强能量，取得了初步成效。因此，2022年，甘肃仍要以优化营商环境为重点，带动重大项目投资，引大招强，民间投资不断增长，并加快形成新的生产能力，带动全省经济迈向高质量运行新时期。

一是以优化营商环境为总抓手，千方百计扩大经济总量，营造"重商""兴商""富商""护商""亲商"法治化、常态化、高效化的营商环境，激发市场主体活力和社会创造力，力争在"十四五"时期，使甘肃经济总量占全国的比重提高到1%以上。

二是以重大项目投资为基石，把重大项目建设作为稳定经济运行的"压舱石"、拉动经济增长的"动力源"，发挥投资对优化供给结构的关键作用，加大基础设施、农业农村、公共服务、生态环保、防灾减灾、民生保障等领域投资，努力建设投资有支撑、增长有动能、发展有源泉的经济增长环境，带动农业、工业和服务业内部结构调整和提质增效，扩大税源，促进居民增收。

三是以扩大内需为战略基点，深度参与国家产业链、供应链布局，改善供给质量，促进消费升级，增强消费对经济发展的基础性作用。应着眼满足多样性、精细化、品质化消费需求，提供适销对路的产品和服务，建设一批商业和文旅特色街区、特色小镇、田园综合体，发展城市夜经济、农村电商经济。放宽服务消费领域市场准入，拓展远程教育、远程医疗、健康检测、数字文化等服务空间。瞄准新消费需求，构建"互联网＋"消费生态体系。落实带薪休假制度，扩大节假日消费。

四是以增强出口新动能为核心，必须解决当前甘肃对外贸易结构性失衡问题，着力扭转贸易逆差逐年扩大的现状，努力把工业产品出口作为推进出口结构性改革的重点任务，进一步培育农产品出口集聚新动能，为高原夏菜、中药材、特色农产品出口持续提供新动力。

行业发展篇

Industry Development Reports

B.2

2021～2022年甘肃农业与农村
经济发展形势分析与预测

潘从银 *

摘　要： 通过对2021年甘肃农业和农村经济发展面临的新形势和2010～2020年及2021年前三季度甘肃农业与农村经济发展数据进行分析，得出2021～2022年甘肃农业与农村经济将呈现如下发展形势：一是将面临诸多政策机遇；二是主要仍呈现在量的增长上，质的提升尚有待加快；三是农业发展总体仍处在低水平、低效率、低质量发展阶段；四是粮食产量稳步增长，粮食安全得到有效保障；五是农产品生产与市场对接不充分，个别农产品价格波动幅度加大；六是农村居民收入稳定增长，但收入增长率有下降趋势，农村居民净收入增长难度较大。

关键词： 甘肃　农业　农村经济

---

* 潘从银，甘肃省社会科学院农村发展研究所助理研究员，主要研究方向为农村区域经济发展。

2020 年是具有里程碑意义的一年，我国全面建成小康社会，实现第一个百年奋斗目标。2020 年也是脱贫攻坚决战决胜之年，甘肃省 75 个贫困县，其中 58 个是国家集中连片特困地区贫困县，17 个是省定插花型贫困县，全部摘帽退出。2020 年受新冠肺炎疫情冲击，在全球经济出现严重下滑的严峻态势下，甘肃省农业和农村经济发展稳中有升，成为甘肃经济发展的"压舱石"。2021 年是我国第二个百年奋斗目标——全面建成社会主义现代化强国的开局之年，也是全面实施乡村振兴战略的开启之年，农业和农村经济发展步入新发展阶段，要求深入贯彻新发展理念，农业和农村经济要高质量、高效率、可持续、更安全地发展。在两个百年奋斗目标交汇之际，乡村振兴战略的全面实施以及国际、国内市场变化，对甘肃省农业和农村经济发展提出了新要求和新挑战。

一 2021年甘肃农业和农村经济发展面临的新形势

2021 年，甘肃农业和农村经济发展面临的新形势主要是：政策环境变化，脱贫攻坚后乡村振兴战略与精准扶贫政策的有效衔接；产业环境变化，新冠肺炎疫情期间及疫情后世界产业发展开始深度调整，我国乡村振兴战略也要求农业产业进行结构调整，走高质量、安全、绿色发展之路；市场环境变化，受新冠肺炎疫情影响及贸易保护主义抬头等因素影响，国际农产品市场正在改变，同时国内消费市场由于受新冠肺炎疫情影响也正悄然发生改变。这几方面的新形势要求甘肃农业与农村经济发展做出新的调整。

（一）政策环境变化

1. 全面实施乡村振兴战略

民族要复兴，乡村必振兴，全面实施乡村振兴战略，开启农业与农村经济发展新征程，是我国实现第一个百年奋斗目标开启第二个百年奋斗目标时的必然选择。一是全面实施乡村振兴战略的深度、广度、难度都不亚于脱贫攻坚。二是全面实施乡村振兴战略，"要坚持全面振兴，抓重点、补短板、强弱项，实现乡村产业振兴、人才振兴、文化振兴、生态振兴、组织振兴，推动农业全面升级、农村全面进步、农民全面发展"。三是全面实施乡村振兴战略，促进农业稳定发展和农民增收。

2. 乡村振兴战略与精准扶贫政策的有效衔接

相对精准扶贫政策，乡村振兴战略对农业和农村经济发展提出了更高的目标要求，考虑到脱贫攻坚后贫困地区经济社会发展基础相对不稳固、发展条件仍需进一步提升，中央和国家给出 5 年的巩固拓展期，在这期间要求：一是有效巩固拓展脱贫攻坚成果，防止规模化返贫和贫困发生；二是为全面实施乡村振兴战略打基础、筑根基、转理念，在脱贫攻坚成果有效巩固拓展的基础上筹划乡村振兴蓝图。

3. 从特惠到普惠的均等化转变

一是在精准扶贫阶段，我国对贫困地区和贫困人口实施一定的特惠政策，全面推进乡村振兴阶段在政策实施上要求普惠及均等化；二是从福利经济学的角度及世界各国均等化实践来看，普惠条件下的均等化同时需要一定的特惠政策协同实施；三是对于具体特惠政策而言，其具有排他性和非排他性两种属性，非排他性特惠政策对于特定区域和人的实施并不造成其他区域或人的福祉降低或减少，社会总福祉增加，如养老、医疗等保障。排他性特惠政策主要是由于竞争性的存在，对特定区域和人的特惠政策实施会造成其他区域或人的福祉减少或降低，总社会福祉的增加或提升存在不确定性，如产业发展、教育培训等特惠政策。在全面推进乡村振兴战略与精准扶贫政策有效衔接的巩固拓展期，对于已脱贫和贫困人口最重要的是落实好非排他性特惠政策，对于特定区域仍需要以非排他性特惠政策为主的辅以适当的排他性特惠政策，并逐步实现排他性特惠政策的普惠化，从而完成乡村振兴战略与精准扶贫政策的有效衔接，进而确保乡村振兴的普惠化、均等化及平等性。

4. 贯彻新发展理念及高质量发展要求

全面实施乡村振兴战略，意味着农业与农村经济发展步入新阶段，乡村振兴战略对农业与农村经济发展提出高质量发展要求，因此，甘肃农业与农村经济发展必须深入贯彻创新、协调、绿色、开放、共享的发展理念。

（二）产业环境变化

精准扶贫阶段，甘肃省贫困地区乡村农业主导产业实现了从无到有的蜕变，村集体产业也实现了"从0到1"的转变，通过清理一批"空壳社""家庭社""挂名社"等措施，同时加大了对实体社的支持力度，农民合作组织也得到有效发展。同时在精准扶贫阶段，由于农业生产基础设施的改善、农业技术支撑力度增大，农产品生产、加工、销售等环节也得到很大程度改善，但甘肃省贫困地区农产品生产主要集中在量的发展上，而乡村振兴战略主要要求质的提升，确保农业与农村经济高质量、安全、绿色发展。

1. 高质量发展

精准扶贫阶段甘肃省贫困地区农业产业发展主要解决了从无到有的制约，但大部分贫困地区产业发展仍采用传统生产模式，发展质量相对较低，发展速度相对较慢，发展效率相对较低，相对乡村振兴战略目标要求差距较大。在乡村振兴阶段，甘肃农业更需要高质量发展。一是结合资源禀赋、环境阈值优化产业结构；二是加快产业优化升级，逐步实现农业发展的现代化；三是绿色安全发展，确保农产品的安全性，不断提升农产品质量。

2. 安全发展

乡村振兴战略下农业安全发展主要集中在三方面：一是确保粮食安全；二是食品安全，确保农产品及加工后的食品安全性；三是农业生产过程的安全性，实现人与自然和谐统一发展，降低自然环境因素带来的自然灾害风险。

3. 绿色发展

相对于农业发展而言，绿色发展理念主要强调农业生产与自然环境协调统一发展。一是生态优先、绿色发展；二是"绿水青山就是金山银山"，甘肃农业发展既要产业生态化，又要生态产业化；三是甘肃农业绿色发展过程中还需注重碳汇储备，搭建碳汇交易平台，实现农业绿色发展过程中的碳汇交易，增加绿色发展效益。

（三）市场环境变化

由于新冠肺炎疫情、国际贸易保护主义及贸易制裁、我国"一带一路"倡议深入推进等因素影响，甘肃农业与农村经济发展市场环境也发生了深刻变化，对甘肃农业与农村经济发展既是挑战也是机遇。

1. 农产品进出口贸易

一是受新冠肺炎疫情影响，世界经济下滑，国际消费能力不足，农产品进出口贸易受限，如何扩大"内循环"成为甘肃农产品销售面临的新问题；二是由于国际贸易保护主义抬头及贸易制裁加剧，大国之间的贸易存在很大不确定性，成为甘肃农产品生产和销售面临的新挑战；三是随着"一带一路"建设的深入推进，甘肃加大与共建"一带一路"国家的农产品贸易，农业生产技术、资源合作，以甘肃省中药材、种业、蔬菜、水果、节水技术等优势展开多渠道、多方位合作，构建"一带一路"国家以农产品贸易、农业生产技术、农业生产资源等为基础的自由贸易区，将甘肃打造成"一带一路"发展中的自由贸易主战场，这将是市场环境变化为甘肃农业与农村经济发展带来的新机遇。

2. 农产品价格

由于国际消费能力不足、世界贸易存在很大不确定性，在今后一段时间内，农产品价格将会存在很大的不确定性，甚至出现较大幅度的波动，这将是甘肃农业与农村经济发展面临的又一个新挑战。为确保农产品价格稳定、农民增收则需要：一是加快建立健全农产品销售的应急保障机制；二是扩大"内循环"，实现国际国内"双循环"。

二 2021～2022年甘肃农业与农村经济发展形势分析与预测

2020年底及2021年初，甘肃省委省政府对甘肃农业与农村经济发展面临的新形势做出精准预判，及时厘清发展思路、确定发展方向、出台相关政策文件，2021年到目前为止，甘肃农业与农村经济发展持续向好、稳中有进。

（一）第一产业固定资产投资增长

1.2021年前三季度基本运行状况

2020年甘肃省由于脱贫攻坚任务处于关键时期，第一产业固定资产投资增长幅度较大。2021年前三季度，第一产业固定资产投资呈逐步缩减态势，截至2021年9月，第一产业固定资产投资增长率为－1.3%，较2020年出现大幅缩减，同时相对于第一产业，第二产业及第三产业固定资产投资增长率30.8%、10.7%（见表1）。

表1 2020年及2021年1~9月甘肃固定资产投资增长率

单位：%

时间	第一产业固定资产投资增长率	第二产业固定资产投资增长率	第三产业固定资产投资增长率
2020年	37.0	0.4	8.0
2021年1~2月	23.5	21.4	31.4
2021年1~3月	3.1	35.9	30.6
2021年1~4月	15.8	34.7	24.8
2021年1~5月	19.0	28.9	20.7
2021年1~6月	13.0	30.3	15.8
2021年1~7月	6.4	29.0	13.9
2021年1~8月	2.2	27.3	12.2
2021年1~9月	－1.3	30.8	10.7

资料来源：甘肃省统计局官网，2021年1~9月统计月报。

2.2021~2022年第一产业固定资产投资增长率预测

2021年第一产业固定资产投资增长率预测为－13.5%，置信下限为－93.1%，置信上限为66.1%；2022年第一产业固定资产投资增长率预测为24.2%，置信下限为－55.4%，置信上限为103.7%（见图1）；相对于

2010～2020年，2021～2022年影响第一产业固定资产投资增长率因素相对变化不大。2021年初，中央多次强调坚持"三农"重中之重的地位，优先发展农业农村，同时要求加大农业与农村投资力度，政策层面呈现积极影响。但由于甘肃省地方财政规模限制，甘肃省吸引外资能力不强，同时存在客观不利因素影响。因此，2021～2022年第一产业固定资产投资增长率应略高于趋势预测值（见图1）。

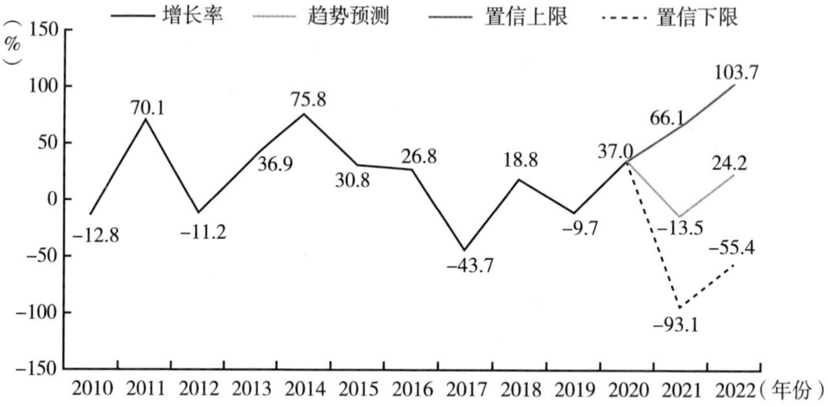

图1 2010～2022年甘肃第一产业固定资产投资增长率及预测

资料来源：甘肃省统计局官网，2010～2020年《甘肃发展年鉴》，2021年《甘肃统计提要》。

3.第一产业固定资产投资分析

从2010年到2020年第一产业固定资产投资增长率曲线可以看出，甘肃省第一产业固定资产投资增长率变化幅度较大，而从产业发展的经济学角度来看，特别是产业处于快速发展阶段，需要持续稳定的固定资产投资增长，固定资产投资增长变化幅度较大，往往会引起产出量、产品价格、规模调整等不断变化，不利于产业快速稳定发展。

（二）第一产业生产总值

1.2021年前三季度基本运行状况

相对于2020年第一产业生产总值增长率5.4%，2021年第一季度甘肃省第一产业生产总值增长率为7.4%，上半年生产总值增长率为11.6%，前三季度生产总值增长率为9.6%，呈现良好的增长形势（见表2）；同时第一产业生产总值占三次产业生产总值的比重相对于2020年的13.3%，第一季度为7.5%，上半年为7.1%，前三季度为6.9%，三次产业占比更为合理。

表2　2020～2021年甘肃第一产业产值、增长率及比重

单位：亿元，%

时间	第一产业生产总值	第一产业生产总值增长率	第一产业占总产值比重
2020年	1198.1	5.4	13.3
2021年第一季度	164.8	7.4	7.5
2021年上半年	337.7	11.6	7.1
2021年前三季度	1076.4	9.6	6.9

资料来源：甘肃省统计局官网，2021年1～9月统计月报。

2.2021～2022年第一产业生产总值增长率预测

2021年第一产业生产总值增长率预测为5.1%，置信下限为4.3%，置信上限为6.0%；2022年第一产业生产总值增长率预测为5.0%，置信下限为4.2%，置信上限为5.9%；相对于2010～2020年，2021～2022年影响第一产业生产总值增长率因素相对变化较大，其中较为积极的影响因素有：一是政策层面呈现积极影响，二是农业科技支撑力度加大，三是农业产业结构进一步优化；而较为不利的影响因素主要有市场环境变化引起的农产品价格下滑。结合以上因素综合测算，2021～2022年第一产业生产总值增长率应介于趋势预测与置信上限均值附近，即2021年与2022年均在5.5%左右（见图2）。

3.第一产业生产总值分析

从2010年到2020年第一产业生产总值增长率曲线可以看出，甘肃省第一产业生产总值增长率从2010年到2018年，总体呈现下行趋势，2019年出现向上趋势，但趋势是否确立，拐点是否成立，仍有待2020年、2021年

图2　2010～2022年甘肃第一产业生产总值增长率及预测

资料来源：甘肃省统计局官网，2010～2020年《甘肃发展年鉴》，2021年《甘肃统计提要》。

及2022年实际增长率数据验证和支撑。就目前甘肃省第一产业生产总值增长率曲线趋势所反映出的问题主要为甘肃省第一产业仍处在相对低水平、低效率、低质量发展阶段。

（三）主要农产品产量

1.2021年第一季度、上半年基本运行状况

从2021年第一季度和上半年现有统计数据的主要农产品蔬菜、猪牛羊禽肉产量来看，均高于2020年产量增长率，发展形势相对较好，但猪肉产量出现快速增长。2021年第一季度，蔬菜产量增长率为6.2%，猪牛羊禽肉产量增长率为6.2%，猪肉产量增长率为10.7%；2021年上半年，蔬菜产量增长率为8.1%，猪牛羊禽肉产量增长率为26.7%，主要是猪肉产量增长导致其过快增长，猪肉产量增长率为30.5%；2021年前三季度，蔬菜产量增长率为10.0%，猪牛羊禽肉产量增长率为35.5%，同样主要是猪肉产量增长率导致其过快增长，猪肉产量增长率为30.0%，但牛羊禽肉增长也明显加快（见表3）。

表3　2020年及2021年1~9月甘肃主要农产品产量

单位：万吨，%

时间	蔬菜		猪牛羊禽肉		猪肉	
	产量	增长率	产量	增长率	产量	增长率
2020年	1478.5	6.5	108.9	8.4	49.2	2.5
2021年第一季度	114.1	6.2	33.7	6.2	18.7	10.7
2021年上半年	445.9	8.1	68.3	26.7	37.2	30.5
2021年前三季度	—	10.0	94.3	35.5	—	30.0

注：—表示数据缺失。

资料来源：甘肃省统计局官网，2021年1~9月统计月报。

2. 2021~2022年粮食产量预测

2021年粮食产量预测为1223.0万吨，置信下限为1156.4万吨，置信上限为1289.6万吨；2022年粮食产量预测为1243.8万吨，置信下限为1145.0万吨，置信上限为1342.6万吨；相对于2010年到2020年，2021~2022年影响粮食产量增长的因素相对变化不大，但由于受新冠肺炎疫情和国际贸易影响，中央政策层面更注重粮食安全和粮食自给率，相对政策利好。因此，2021~2022年粮食产量应略高于趋势预测值（见图3）。同时粮食产量曲线向上变化趋势明显，若没有其他突发因素干扰，甘肃省粮食产量在之后几年内均可以保持稳定增长。

3. 2021~2022年蔬菜产量预测

2021年蔬菜产量预测为1520.9万吨，置信下限为1462.5万吨，置信上限为1579.3万吨；2022年蔬菜产量预测为1592.8万吨，置信下限为1532.6万吨，置信上限为1653.0万吨；相对于2010年到2020年，2021~2022年影响蔬菜产量增长因素相对变化不大。因此，2021~2022年蔬菜产量应符合趋势预测值（见图4）。同时蔬菜产量曲线向上变化趋势明显，若没有其他突发因素干扰，甘肃省蔬菜产量在之后几年内均可以保持稳定增长。

4. 2021~2022年园林水果产量预测

2021年园林水果产量预测为503.5万吨，置信下限为461.1万吨，置

图3　2010～2022年甘肃粮食产量及预测

资料来源：甘肃省统计局官网，2010～2020年《甘肃发展年鉴》，2021年《甘肃统计提要》。

图4　2010～2022年蔬菜产量及预测

资料来源：甘肃省统计局官网，2010～2020年《甘肃发展年鉴》，2021年《甘肃统计提要》。

信上限为546.0万吨；2022年园林水果产量预测为531.4万吨，置信下限为478.3万吨，置信上限为584.5万吨；相对于2010～2020年，2021～2022年影响园林水果产量增长突发因素主要为自然灾害，同时中长期影响因素主要为市场价格。由于自然灾害的突发性存在很大的不确定性，2021～2022年园林水果产量接近趋势预测值（见图5）。

图5　2010～2022年园林水果产量及预测

资料来源：甘肃省统计局官网，2010～2020年《甘肃发展年鉴》，2021年《甘肃统计提要》。

5. 2021～2022年中药材产量预测

2021年中药材产量预测为126.0万吨，置信下限为120.6万吨，置信上限为131.5万吨；2022年中药材产量预测为133.1万吨，置信下限为127.7万吨，置信上限为138.5万吨；相对于2010～2020年，2021～2022年影响中药材产量增长因素主要是中药材对防治新冠病毒疗效显著，从而激发了中药材产业快速发展，但由于中药材生产的周期性，2021年中药材产量应该略高于趋势预测值，2022年将接近置信上限值（见图6）。

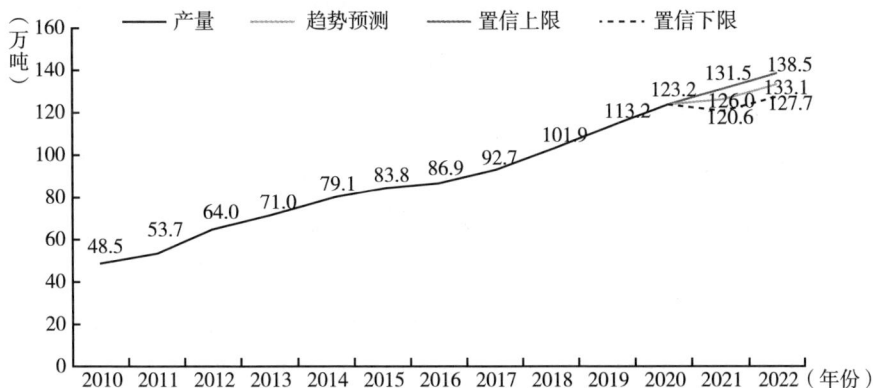

图6　2010～2022年中药材产量及预测

资料来源：甘肃省统计局官网，2010～2020年《甘肃发展年鉴》，2021年《甘肃统计提要》。

6.2021～2022年猪牛羊禽肉预测

2021年猪牛羊禽肉产量预测为112.2万吨，置信下限为108.6万吨，置信上限为115.9万吨，结合2021年前三季度猪肉产量（见表3），甘肃省猪肉产量将超过置信上限；2022年猪牛羊禽肉产量预测为116.7万吨，置信下限为112.2万吨，置信上限为121.2万吨；从猪牛羊禽肉产量曲线来看，其变化呈现稳定上升趋势（见图7）。但从猪肉产量预测曲线（见图8），结合2021年前三季度猪肉产量来看，甘肃省猪肉产量存在很大程度的不可预见性。

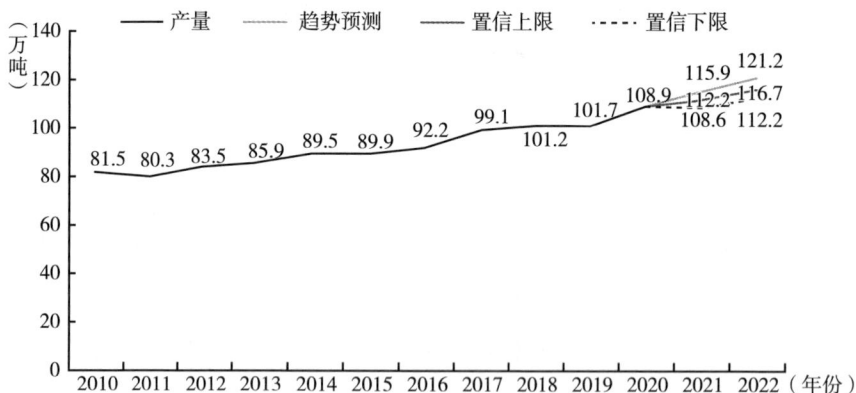

图7 2010～2022年猪牛羊禽肉产量及预测

资料来源：甘肃省统计局官网，2010～2020年《甘肃发展年鉴》，2021年《甘肃统计提要》。

7.主要农产品产量分析

通过2010～2020年甘肃省主要农产品产量曲线分析，粮食产量稳步提升，相对于其他影响因素，其主要源于播种面积持续增加，因此，处于低水平稳定增长形势；蔬菜和中药材产量保持稳定快速增长态势，其增长源于多要素的综合作用，蔬菜产业和中药材产业发展呈现相对较好态势；园林水果产量在2018年出现较大幅度波动，主要原因是霜冻、冰雹等自然灾害，说明甘肃省园林水果业发展抵御自然灾害风险能力较弱；猪牛羊禽肉产量增长相对稳定，但猪肉产量存在很大程度的不可预见性，这是一个极具危险性的

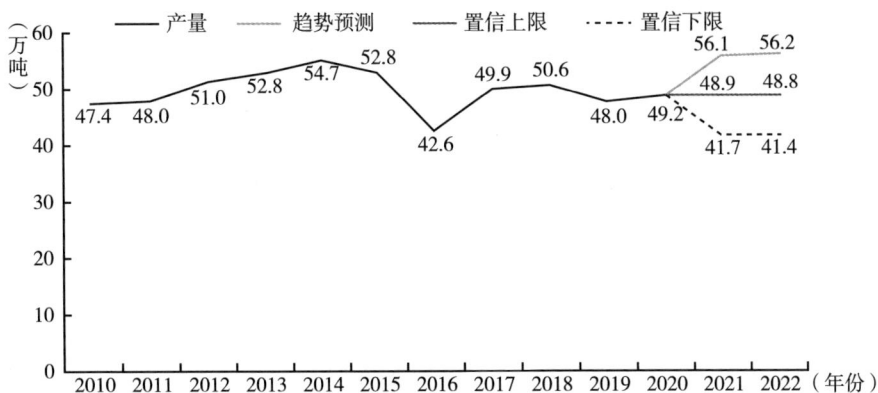

图8　2010～2022年猪肉产量及预测

资料来源：甘肃省统计局官网，2010～2020年《甘肃发展年鉴》，2021年《甘肃统计提要》。

信号。一方面生猪产业将成为高风险产业，完全失去了抵御市场风险的能力；另一方面猪肉产量的不可预见性及猪牛羊禽肉产品的可替代性，将对猪牛羊禽肉产业发展产生较大的干扰作用，使其不能确保健康发展，从2010年到2020年猪肉产量变化分析，由于农产品生产内在的不稳定性及发散性蛛网模型作用，甘肃省猪肉生产将面临进入恶性循环态势。

（四）农产品及主要农产品生产者价格指数

从农产品整体生产者价格指数来看，农产品生产者价格指数波动相对平缓，但仍有一定幅度的周期性波动，而且出现2015～2017年连续3年农产品生产者价格指数小于100的情况；从主要农产品生产者价格指数来看，则呈现更大幅度的波动状态；从2010年到2020年甘肃省农产品及主要农产品生产者价格指数均值来看，中长期内农业生产处于微利状态；从农产品及主要农产品生产者价格指数极差、方差及标准差来看，农业生产内在不稳定性特征明显，其中：薯类、中药材、生猪存在极度的内在不稳定性；水果存在较大的不稳定性；饲养动物及其产品、小麦、玉米呈现一般不稳定性；只有蔬菜生产者价格指数相对稳定，优于其他农产品，呈现较好的市场适应能力和较好的发展形势（见表4）。

一是农产品生产的周期性与生产过程中的信息不对称；二是政府部门的宏观调控作用不明显；从而导致农业生产仍带有一定的盲目性。

表4　2010～2020年甘肃农产品及主要农产品生产者价格指数（上年=100）

年份	农产品	小麦	玉米	薯类	蔬菜	水果	中药材	饲养动物及其产品	生猪
2010	113.8	106.8	119.4	185.0	114.2	127.6	124.1	101.6	92.1
2011	112.9	116.9	109.9	99.5	103.3	109.3	145.3	117.8	122.2
2012	106.4	102.3	105.3	97.8	115.1	119.5	113.1	102.7	95.0
2013	105.6	104.4	101.9	117.8	111.1	106.9	99.2	106.0	101.7
2014	102.8	109.9	101.7	92.7	108.4	110.8	76.3	98.1	93.5
2015	98.5	99.6	97.2	94.0	104.5	100.5	96.3	98.1	104.3
2016	99.2	89.6	84.9	110.5	108.0	82.3	128.0	103.7	112.4
2017	99.1	107.3	103.2	96.4	97.5	103.0	93.5	95.4	84.9
2018	101.7	102.7	102.7	77.6	103.4	105.8	95.7	102.2	85.9
2019	109.9	99.8	100.5	141.2	108.4	93.3	107.6	121.1	139.3
2020	102.3	98.0	107.5	96.7	110.1	100.1	114.0	116.2	150.5
均值	104.7	103.4	103.1	109.9	107.6	105.4	108.5	105.7	107.4
极差	15.3	27.3	34.5	107.4	17.6	45.3	69.0	25.7	65.6
方差	29.9	50.1	71.3	888.5	26.7	147.6	369.1	75.8	471.1
标准差	5.5	7.1	8.4	29.8	5.2	12.2	19.2	8.7	21.7

资料来源：甘肃省统计局官网，2010～2020年《甘肃发展年鉴》，2021年《甘肃统计提要》。

（五）农村居民收入与消费

1.2021年第一季度、上半年基本运行状况

相对于2020年人均可支配收入增长率7.4%而言，2021年第一季度、上半年和前三季度甘肃省农村居民人均可支配收入增长率分别达到13.4%、13.3%和6.7%，呈现高速增长态势；同时相对于2020年人均生活消费支出增长率2.4%而言，2021年第一季度和上半年甘肃省农村居民人均生活消费支出增长率分别达到20.8%和14.3%（见表5），亦呈现高速增长态势，且增速均大于人均可支配收入增长率，但人均可支配收入绝对值仍略微大于

人均生活消费支出绝对值，虽然相差甚微，但从中长期来看显现了较好的发展形势。

表5　2020年至2021年第三季度甘肃农村居民人均可支配收入及人均生活消费支出

单位：元，%

时间	人均可支配收入	人均可支配收入增长率	人均生活消费支出	人均生活消费支出增长率
2020年	10344	7.4	9923	2.4
2021年第一季度	3114	13.4	2862	20.8
2021年上半年	5011	13.3	5007	14.3
2021年前三季度	6877	6.7	—	—

注：—表示数据缺失。

资料来源：甘肃省统计局官网，2021年1～9月统计月报。

2.农村居民收入与消费中长期发展状况

通过2010～2020年农村居民人均可支配收入和人均生活消费支出绝对值及增长率可以看出（见表6），从2016年开始出现人均可支配收入7457元小于人均生活消费支出7487元，2018年和2019年连续两年人均可支配收入绝对值均小于人均生活消费支出绝对值，而且人均生活消费支出增长率呈现不稳定状态；2020年再次出现人均可支配收入绝对值大于人均生活消费支出绝对值情况，且人均可支配收入增长率远大于人均生活消费支出增长率，结合2021年前三季度情况，农村居民净收入呈现几乎接近零的态势。

表6　2010～2020年农村居民人均可支配收入及人均生活消费支出

单位：元，%

年份	人均可支配收入	人均可支配收入增长率	人均生活消费支出	人均生活消费支出增长率
2010	3425	14.9	2942	6.4
2011	3909	14.1	3665	24.6
2012	4507	15.3	4146	13.1
2013	5108	13.3	4850	17.0
2014	5736	12.3	5272	8.7

续表

年份	人均可支配收入	人均可支配收入增长率	人均生活消费支出	人均生活消费支出增长率
2015	6936	20.9	6830	29.6
2016	7457	7.5	7487	9.6
2017	8076	8.3	8030	7.3
2018	8804	9.0	9065	12.9
2019	9629	9.4	9694	6.9
2020	10344	7.4	9923	2.4

资料来源：甘肃省统计局官网，2010~2020年《甘肃发展年鉴》，2021年《甘肃统计提要》。

3. 2021~2022年农村居民人均可支配收入预测分析

从2021年到2022年农村居民人均可支配收入绝对值来看，2021年农村居民人均可支配收入绝对值预测为11044元，置信下限为10690元，置信上限为11399元；2022年农村居民人均可支配收入绝对值预测为11753元，置信下限为11310元，置信上限为12197元（见图9）。

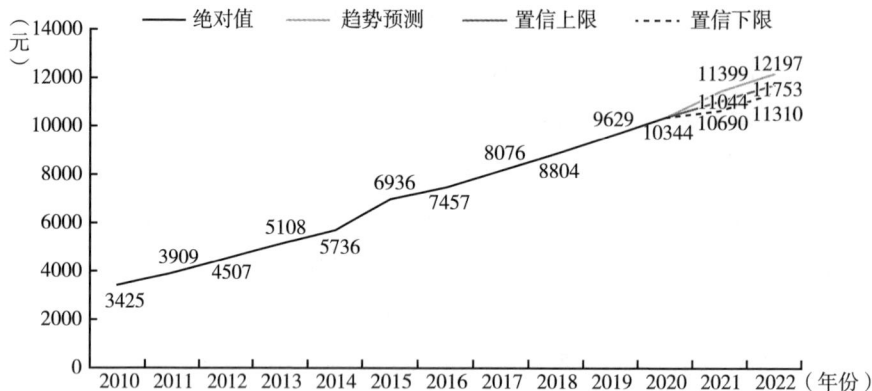

图9 2010~2022年农村居民人均可支配收入绝对值及预测

资料来源：甘肃省统计局官网，2010~2020年《甘肃发展年鉴》，2021年《甘肃统计提要》。

从2021年到2022年农村居民人均可支配收入增长率来看，2021年农村居民人均可支配收入增长率预测为6.0%，置信下限为-0.4%，置信上限为12.4%；2022年农村居民人均可支配收入增长率预测为5.2%，置信下限为-1.2%，置信上限为11.6%（见图10）。

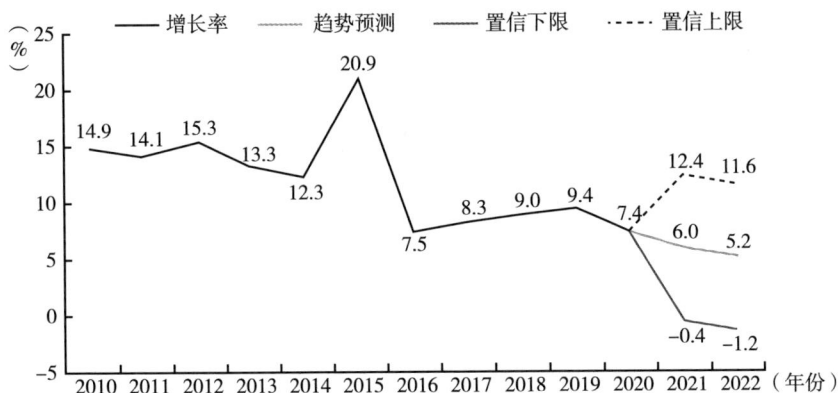

图10　2010～2022年农村居民人均可支配收入增长率及预测

资料来源：甘肃省统计局官网，2010～2020年《甘肃发展年鉴》，2021年《甘肃统计提要》。

其绝对值和增长率均呈现延续2020年发展态势，受新冠肺炎疫情相对好转的情况影响，可以乐观地预测甘肃省农村居民人均可支配收入绝对值和增长率均会出现略高于预测值的形势。

三　小结

通过对2021年甘肃农业和农村经济发展面临的新形势和2021～2022年甘肃农业与农村经济发展形势与预测分析，2021～2022年甘肃农业与农村经济将呈现如下发展态势。

一是将面临诸多政策机遇。

二是主要仍呈现在量的增长上，质的提升尚有待加快。

三是农业总体仍处在低水平、低效率、低质量发展阶段。

四是粮食产量稳步增长，粮食安全得到有效保障。

五是农产品生产与市场对接不充分，个别农产品价格波动加剧。

六是农村居民收入稳定增长，但收入增长率有下降趋势，农村居民净收入增长难度较大。

B.3
2021~2022年甘肃工业经济
运行分析与预测

蒋　钦*

摘　要： "十四五"开局之年，甘肃省立足新发展阶段、贯彻新发展理念，坚持稳中求进总基调，持续巩固拓展疫情防控和经济社会发展成果，工业经济总体呈现稳中加固发展态势，主要指标表现出缓中趋稳特征。2021年1~8月，工业增加值两年平均增速超出疫情前同期水平，工业投资两年平均增速较2019年同期降幅逐季收窄，规模以上工业企业利润总额创近年新高，但同时，2021年甘肃工业经济显露出的问题也较突出。在当前国内外经济形势更趋复杂的大背景下，甘肃经济运行下行压力较大，预计短期内甘肃工业增加值保持平稳增长。为了推进甘肃工业持续稳定增长，应进一步强化落实"六稳""六保"政策，以工业供给侧结构性改革为主线保持工业占比合理，加快推进工业向绿色低碳转型，积极融入"双循环"发展新格局。

关键词： 甘肃　工业经济　运行特征

2021年是"十四五"开局起步、全面建设社会主义现代化的开局之年，甘肃省坚持稳中求进总基调，立足新发展阶段、贯彻新发展理念，持续巩固拓展疫情防控和经济社会发展成果，稳步推进甘肃经济向高质量发

---

* 蒋钦，甘肃省社会科学院区域经济研究所助理研究员，主要研究方向为产业经济。

展。2021年1～8月，甘肃工业经济发展总体呈现稳中加固、趋势向好态势，工业增加值两年平均增速已高出疫情前同期水平，新动能加快发展，工业企业间结构持续优化，工业投资对全省经济的引领作用增强，支柱行业和重点企业发展良好，规模以上工业企业效益创近年新高。但同时，2021年甘肃工业经济运行中暴露出的问题也较突出，制造业投资恢复较慢，工业和制造业占地区生产总值比重下降过快过早，能耗"双控"目标加大工业持续稳定增长压力。未来短期内因外部不确定性因素较多，甘肃工业持续稳定增长面临多方面考验，预计2021年第四季度工业增加值增速保持平稳。

一 2021年1～8月甘肃工业经济运行总体情况

（一）工业生产稳定增长，增加值两年平均增速高出疫情前水平

2021年1～8月，甘肃省规模以上工业增加值同比增长10.5%。消除上年极端异常基数对经济数据的影响，以两年平均增速看，1～8月甘肃工业生产呈现稳步增长态势，规模以上工业增加值趋向平稳增长（见图1）。1～8月，规模以上工业增加值两年平均增长8.3%，高出2019年同期5.6个百分点，高出全国同期平均水平1.7个百分点。分季度看，增速逐季提升态势显著，第一季度两年平均增速5.1%，第二季度两年平均增速7.9%，第三季度7～8月平均增速超过8.0%。分行业看，在39个大类行业中，32个行业实现增长，其中21个行业实现两位数以上增长，增长面达82.1%。

（二）工业新动能加快发展，企业结构向优调整

2021年，甘肃工业创新发展韧性持续增强，工业企业格局从以重化工业、大型国企为主持续向多产业、多所有制形式和不同规模企业协同发展推进。上半年，全省十大生态产业增加值1149.9亿元，占全省地区生产总值

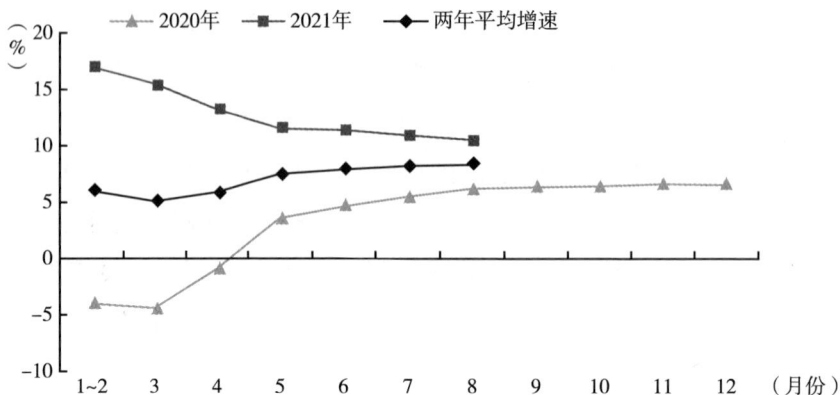

图1　2020～2021年甘肃省规模以上工业增加值增速对比

的24.2%，比重较上年同期提高3.1个百分点。1～8月，战略性新兴产业、高技术产业、医药制造业和电子产业对甘肃工业生产带动作用明显，规模以上战略性新兴产业、高技术产业和装备制造业增加值两年平均分别增长15.0%、27.5%和15.4%，显著高于全省规模以上工业增加值平均增速；医药制造业、计算机通信和其他电子设备制造业保持高速增长态势，同比增速分别为40.2%、34.8%，远高于传统支柱行业，成为2021年甘肃工业行业发展的领头雁。分企业类型看，地方企业和非公企业加快发展，1～8月，占全省规模以上工业26.1%的地方企业同比增速15.8%，分别高出中央企业和省属企业8.8个百分点、2.8个百分点。分企业规模看，1～8月，中、小型企业工业增加值同比增长13.9%、12.3%，分别高于同期大型工业增加值4.5个百分点、2.9个百分点（见表1）。

（三）工业投资稳定回升，引领作用持续增强

2021年1～8月，甘肃工业固定资产投资保持高速增长，持续向疫情前水平恢复。第一季度工业投资两年平均增长5.8%，3月平均增速实现由负转正，上半年两年平均增长14.5%，较第一季度提高8.7个百分点；与2019年同期相比，上半年工业投资降幅较第一季度收窄2.9个百分点。以同比增速看其发展趋势，2021年甘肃工业投资引领作用增强，3月同比增速

反超全省固定资产投资增速且增幅差距逐月扩大，扭转了上年工业投资低迷状况。1~8月甘肃工业投资同比增长28.4%，高出全省固定资产投资增幅18.7个百分点（见图2），高出全国工业投资15.5个百分点。分行业看，电力、热力、煤气生产及供应业投资增长迅猛，1~8月，电力、热力、煤气生产及供应业投资增长55.0%，较上年同期增长63.7个百分点。从市州投资情况看，除兰州、张掖、甘南和临夏4个市州外，其他10个市州工业投资实现同比增长。

表1 2021年甘肃不同类型和规模的工业增加值增速

单位：%

类型		1~3月增加值同比增长	1~6月增加值同比增长	1~8月增加值同比增长
规模以上工业		15.5	11.4	10.5
其中:战略性新兴产业		27.2	23.2	21.2
	高技术产业	34.8	35.7	36.9
	装备制造业	38.6	15.1	11.6
	非公有制	32.0	17.6	15.2
	私营企业	34.0	20.7	18.5
	民营经济	31.7	17.2	15.8
其中:大型企业		11.3	9.9	9.4
	中型企业	28.4	16.6	13.9
	小型企业	28.1	13.5	12.3
	微型企业	13.7	10.3	8.9

（四）支柱行业五升一平二降，重点企业发展良好

2021年1~8月，甘肃工业重点行业整体发展状况优于上年。除建材工业和机械工业增加值增速与上年同期相比下降外，石化工业增加值增速与上年相同，其他五个行业增加值增速均高于上年同期，其中，有色工业增加值增速居于支柱行业首位，1~8月累计增长17.3%，较上年同期高出11.0个百分点；煤炭工业增加值由负转正，1~8月煤炭工业累计增长16.2%，较上年同期高18.3个百分点（见图3）。2021年，金川集团抢抓市场对有色金

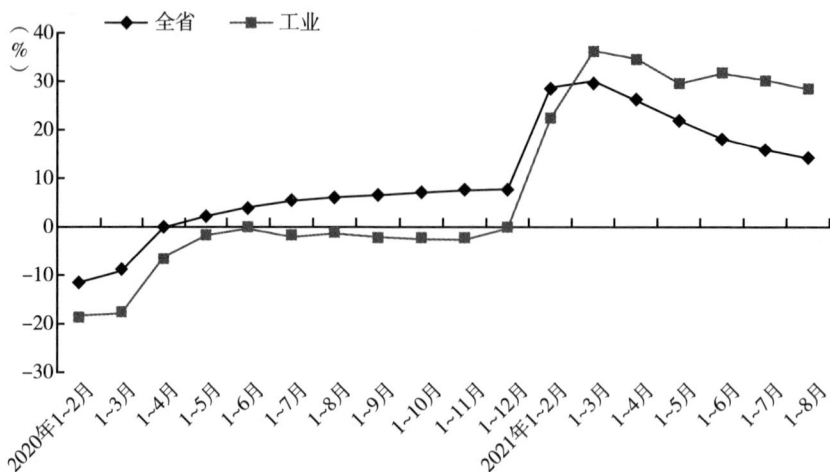

图2　甘肃省固定资产、规模以上工业固定资产投资变化趋势

属原材料需求增加的有利时机,上半年工业总产值、产品收入和利润总额创历史同期新高,上半年金川集团工业总产值同比增长57.7%,完成了年计划的65%,利润同比增加22亿元,完成年计划的89%,优于上年全年水平;酒钢集团积极构建内部市场化运行体系,实施提质增效、转型升级攻坚行动,上半年经营业绩大幅增长,超额完成全年利润计划,实现了同比扭亏为盈。兰石集团上半年营业收入同比增长32.8%,并以排名第39位再次入围"中国机械工业百强企业"。

(五)工业企业经营状况大幅改善,利润总额创三年最高

2021年,在全国经济持续向好、需求扩大、价格上涨等多种因素叠加影响下,甘肃工业企业产销衔接通畅,企业利润大幅提高。1~7月,规模以上工业企业产品销售率99.8%,其中5月达到100%。2021年,因大宗商品价格暴涨,钢铁、有色、煤炭和石油等原材料价格大幅上涨,甘肃工业因以上游行业为主体,企业收入增长快于成本费用增长,企业盈利空间扩大。1~7月,规模以上工业企业实现营业收入5201.3亿元,同比增长31.9%(见表2),增速分别高出营业成本和四项费用2.8个百分点、20.3个百分

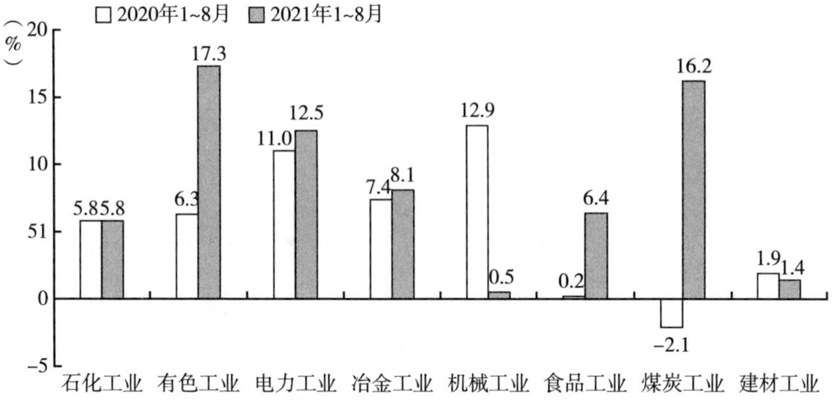

图3 甘肃省规模以上工业投资变化趋势

点；实现利润总额360.9亿元，创三年同期最高，利润总额两年平均增长73.5%，高出2019年同期69.8个百分点。分行业看，1~7月，有色和石化行业利润总额同比净增69.0亿元、68.3亿元，排行业前两位，建材和机械行业利润总额同比减少3.4亿元和0.6亿元。省属企业上半年实现利润总额108.6亿元，超过全省规模以上企业利润总额的三成，实现利润总额和净利润历史同期最好水平，营业收入利润率持续提高。亏损企业数量和亏损额持续减少，1~7月有128个工业企业扭亏为盈，亏损企业数较上年同期减少15.8%，亏损额同比下降27.4%。

表2 2021年甘肃工业企业主要指标增长情况

单位：%

项目	1~2月	1~3月	1~4月	1~5月	1~6月	1~7月
营业收入累计增长	34.6	31.7	31.0	31.3	31.2	31.9
营业利润累计增长	200.0	405.4	358.7	248.3	204.6	194.0
利润总额累计增长	213.1	415.8	355.3	245.1	198.5	185.1
产品销售率累计增长	4.6	2.4	1.9	1.5	1.2	1.0
营业收入利润率	5.6	5.9	8.1	8.9	7.0	6.9
亏损企业增减	-15.7	-13.5	-12.7	-14.9	-17.3	—

二 2021年甘肃工业经济运行主要问题分析

（一）制造业投资恢复持续偏慢

2021年，甘肃制造业投资增长低迷，同比增速处于历史较低水平（见图4）。1～8月，制造业投资同比增长9.7%，低于全省工业投资和固定资产投资增速18.7个百分点和4.5个百分点，低于全国平均值6.0个百分点。从全国范围看，2021年全国制造业投资"南强北弱"分化进一步加剧，甘肃及其他大部分北部省份制造业投资增长较慢，主要是由于甘肃既缺乏南部区域强大的出口强劲拉动，又缺少中部省份高技术制造业高占比拉动。从省内看，原因一是2021年全省重点项目进展滞后，1～8月，全省500万元以上工业和信息化项目完成年度计划投资的48.2%，由工业和信息化厅监测的三个生态产业项目投资完成年度计划的44.4%，"三化"改造项目完成年度计划的52.9%，投资项目进度滞后；原因二是对比甘肃制造业投资与房地产投资增速，二者"一冷一热"，体现出房地产投资对制造业投资的挤出效应。近年来，甘肃房地产开发投资持续增长，2021年1～8月同比增速18.2%，高于制造业投资8.5个百分点，过度繁荣的房地产从成本、收入和资金来源拖累了制造业投资。

（二）工业、制造业占比下降过快

改革开放以来，甘肃经济结构调整与全国基本同步，工业产值在经济中的比重逐年下降，但自2015年起，甘肃工业、制造业产值占地区生产总值的比重较全国平均水平下降得过快过早。截至2021年6月底，工业产值占全省GDP比重为28.4%，制造业产值占全省GDP比重在17.0%左右[①]，而同期全国工业产值占GDP比重为32.81%（见图5），制造业产值占GDP比

[①] 最新统计公布数据为2019年制造业产值占比16.3%。

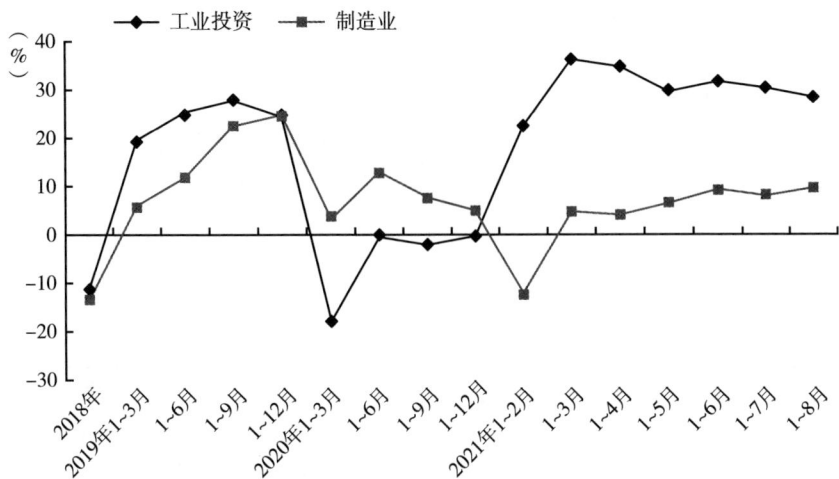

图4　甘肃省工业与制造业固定资产投资增速变化趋势

重为27.91%。"十四五"规划纲要把"实施制造强国战略"提到了更显著的位置，并首次明确提出要"保持制造业比重基本稳定"，习近平总书记也多次强调"工业是立国之本，制造业是强国之基"，十九届五中全会提出到2035年基本实现新型工业化，在此期间，工业、制造业仍要发挥在国民经济中的基层作用、带动作用和保障作用，工业、制造业产值占GDP比重不能再降。反观甘肃，当前处于工业化进程的中期阶段，工业化进程远未完成，农业在地区国民经济中的占比持续下降，现代服务业发展滞后，人均GDP尚不足全国平均水平的一半，甘肃要实现现代化和经济高质量发展，工业仍要发挥基础性支撑作用，当前工业和制造业占比下降过快过早态势应引起警惕。

（三）工业能耗"双控"压力增大

在碳达峰、碳中和目标下，甘肃有效降低单位能耗是"十四五"期间经济发展的重点。从近期国家发改委公布的《2021年上半年各地区能耗双控目标完成情况晴雨表》看，甘肃能耗强度降低率未达到进度要求，工业降碳形势严峻。从能源供给侧看，煤炭供给在全省能源供给（煤炭、水

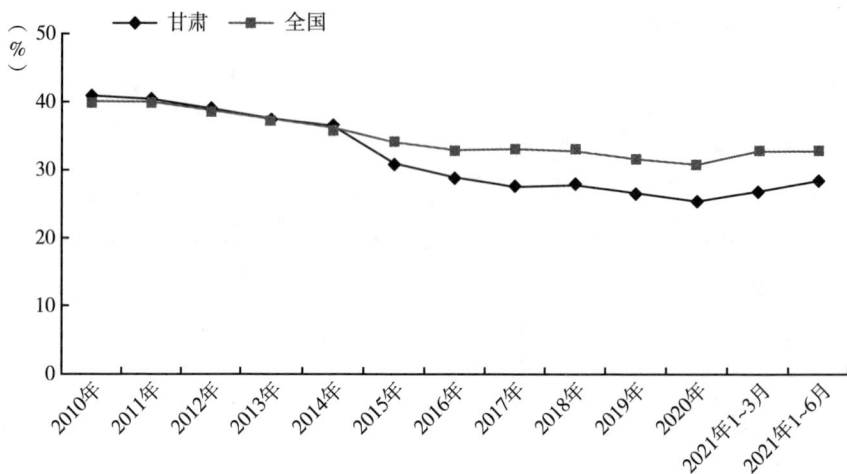

图 5　全国、甘肃工业产值占 GDP 比重变化趋势对比

电、风电、光伏和油、气）中的比重在 40% 以上，是甘肃能源供给的主力；从需求侧看，甘肃经济对煤炭的依赖程度很高，根据历年数据，煤炭消费量与甘肃 GDP 的拟合曲线类似一条直线①，表明甘肃 GDP 的增长对应着煤炭消耗的增加。分行业看用能情况，工业和建筑业用能接近七成，是耗能大户，其中工业领域，由于甘肃工业结构以原材料工业为主，资源生产和资源加工型企业对煤炭的消耗居高不下，2021 年 1～7 月规模以上工业能源消费中，八大重点耗能行业消耗量占 95.7%，六大高耗能制造业消耗量占 90.7%，所以工业是"双碳"目标下节能减碳的主战场。但同时，甘肃作为欠发达省份，工业仍是全省经济的支柱产业，工业持续增长仍需要更多的能源消耗作为支撑，加大力度实现能耗"双控"目标，石化、冶金、煤炭等甘肃传统优势产业发展空间将受限，新兴产业又因起步晚、占比低，尚不足以弥补传统产业下降的缺口，短期内工业生产提速增长压力增大。

---

① 李洋洋：《甘肃省能源消费、碳排放与经济增长的关系》，兰州财经大学硕士学位论文，2020。

（四）企业效益持续改善根基不牢

2021年上半年甘肃工业企业利润大幅提升的主要原因是经济向好恢复局势下产销的通畅和上游工业产品价格的大幅增长，但随着疫情的波动和国家对价格的管控调节，甘肃工业企业将面临利润增幅收窄可能。一是疫情的波动加剧供应链、产业链的不稳定风险，影响供需之间的循环畅通，将拖累企业经营恢复的速度；二是短期内原材料价格在高位运行，随着国家对大宗商品市场的调节、对价格上涨过快及其连带影响的应对措施的运用，处于产业链供应链上游的甘肃工业企业营业收入及利润将大幅下降；三是工业企业效益恢复不平衡，规模以上工业重点行业中，上半年利润涨幅较大的工业行业是同期产品价格大幅上涨的煤炭、冶金、有色、石化等行业，而机械、纺织等行业利润改善不及上游行业，建材工业利润同比下降（1～7月同比净降3.4亿元），同时，私营企业和小微企业盈利恢复相对较慢。整体上，大宗商品价格高价运行加剧了甘肃工业企业间和行业间的利润分化，叠加疫情反复，甘肃工业企业利润整体持续改善的根基不牢固。

三　甘肃工业经济运行的影响因素分析和发展趋势

（一）市场环境分析

从国际环境看，2021年世界经济形势更趋复杂严峻，全球经济持续恢复不稳定因素仍然较多，国际货币基金组织（IMF）下调7月曾预测的全球经济增速6%。国外疫情的延续、西方发达国家货币政策的退出、不同国家复苏进程严重不同步等诸多风险因素使全球经济面临金融风险恶化、供应链产业链价值链中断、逆全球化抬头等风险可能。从国内环境看，全国经济持续恢复进程中面临诸多挑战，但整体保持恢复态势没有改变。长期来看，实体经济与虚拟经济发展不平衡、生活性服务业和智能制造业发展不平衡等结构性失衡问题及经济周期性问题突出；短期内，受外部经济环境和疫情点状反扑、局部地区高温、汛情影响，部分主要指标在 8 月有所回落。但总体上，全国经济持续复苏是很确定的，农业、工业和服务业生产稳定，消费、投资和出口三大需求保持增长，就业、物价总体稳定。上半年内需对经济增长的贡献率达到 80.9%，比第一季度上升了 4.9 个百分点，对经济增长的支撑作用逐步增强，其中，市场销售稳步回升，上半年社会消费品零售总额两年平均增长 4.4%，比第一季度提高了 0.2 个百分点。投资稳定恢复，上半年固定资产投资两年平均增长 4.4%，比第一季度提高了 1.5 个百分点。同时，1~8 月全国创新发展韧性增强，高技术制造业和高技术产业投资保持较快增长，新能源汽车、工业机器人、电商零售等新产品新业态迅速增长。国内外多家知名机构对 2021 年中国经济预期给出较高的评价，显示出对中国经济复苏的信心，国际评级机构惠誉国际认为中国经济已进入复苏的成熟阶段，预测 2021 年中国 GDP 实际增长率将为 8.4%，穆迪预测增长 8.5%，国际货币基金组织预测增长 8.4%，世界银行对中国经济增长的预期也由 7.9% 上调至 8.5%，中国社会科学院预测为 7.8%，东北财经大学国民经济工程实验室预测为 9.3%。

2021 年 1~8 月，全国工业生产平稳增长。1~8 月全国规模以上工业增加值两年平均增长 6.6%，高于疫情前水平（2019 年 1~8 月为 5.6%），八成以上工业行业和工业产品实现增长，产能利用率处于近三年最高水平，工业升级态势明显，装备和高技术制造业增加值增速明显高于其他行业，新动能持续壮大，电子和工业机器人、太阳能电池等新兴产品产量增长较快，工业企业经营状况继续改善，盈利增加。8 月受疫情、汛情和基数抬高等因素影响，工业生产增速有所回落，但总体保持平稳增长、稳中有进的发展态势。

（二）宏观经济先行指标走势分析

中国制造业采购经理指数（PMI）：未来企业预期总体稳定。2021 年 8 月，全球综合 PMI 和制造业 PMI 分别为 52.6%、54.1%，均呈现连续 3 个月下降态势，全球制造业复苏出现放缓势头，对国内市场和企业预期产生一定的影响。国内PMI自3月起连续5个月持续下降,其五个分类指数也呈现逐月微落趋势,8月除生产指数高于临界点(50.9%)外,新订单、原材料库存、从业人员和供应商配送时间四个分类指数均低于50%,制造业扩张力度减弱,景气面不断收窄。但同时,中国PMI连续18个月位于扩张区间(8月PMI为50.1%),说明企业预期总体保持稳定。下阶段仍有多种力量支撑企业预期继续保持稳定,一是中国经济发展的强大韧性和长期向好的基本面,二是"十四五"开局之年的重大项目开工建设和重大区域规划政策的出台实施,三是支持实体经济发展政策的延续实施,这些都有利于提振企业信心。从PMI相关指标看,1~8月企业生产经营活动预期指数均保持在较高景气区间,8月指数值为57.5%,企业对未来发展预期持乐观态度。

工业生产者出厂价格指数(PPI):工业品价格上涨影响可控。2021年1~8月,PPI整体上呈现6个月涨幅提高、两个月基本平稳态势。1~5月,尤其是第二季度,全国工业生产者出厂价格大幅上涨,给下游企业和中小企业造成了较大的成本压力,其原因一是上年同期基数较低;二是国内经济持续恢复中需求增加导致;三是国际大宗商品价格上涨的输入性影响,5月之后工业品价格得到有效控制,大宗商品价格保供稳价政策效果初步显现。短期内,国际大宗商品价格输入性的上涨压力仍会存在,但国内保供稳价的措施在逐步显效,上游行业商品价格涨幅有所放缓,同时,随着价格的上涨,企业生产积极性在增加,也有利于价格的稳定。总体上工业品价格上涨的影响可控。

就业率:在延续上年减负、稳岗、扩就业政策措施的背景下,2021年上半年全国就业形势总体好于预期,调查失业率逐步回落。根据国家统计局数据,2021年调查失业率3~5月连续降低,6月与5月持平,6月较上年同期低0.7个百分点,就业形势总体改善。但也应看到,下半年全国就业形势稳中有忧,部分就业领域仍面临一定压力,2021年全国高校毕业生总量创历史新高,高校毕业生就业压力增大,带动青年人失业率有上升趋势;受疫情反复影响,部分接触性服务业恢复进度受阻,相关就业岗位不足。

从宏观经济运行和先行指标可以看出，甘肃工业经济运行的大环境更趋复杂，各项宏观经济先行指标均呈现总体稳定与不确定性风险同在态势，甘肃省工业稳定发展造成了较多不稳定性影响和较严峻市场环境。

（三）甘肃工业发展趋势预测

综合甘肃省2021年1~8月工业经济运行状况和当前国内国际宏观经济发展环境变化、先行指标变化态势，可以得出，国际复杂严峻的经济环境叠加国内局部地区疫情反复致使甘肃工业经济整体上面临很大的不稳定性和下行压力，准确预测甘肃工业经济运行趋势难度加大。反映经济运行趋势的工业用电量、铁路货运量等先行指标的变化趋势对比甘肃规模以上工业增加值增速变化趋势，三项指标的变化趋势越来越趋向一致，在二维图上各条曲线从5月开始趋向于重叠成一条略微向下倾斜的直线，随着疫情的有效控制和夏季汛期结束，预计工业增加值累计增速下滑趋势将得到改善，总体上会保持平稳增长态势。同时，由于短期内大宗商品价格仍会在高位运行，预计甘肃工业企业仍将保持当前较好效益状态。

四　推进甘肃工业高质量发展的对策建议

（一）强化"六稳""六保"，巩固工业经济持续增长态势

外部环境不确定性叠加疫情反复，使甘肃工业经济面临较大下行压力。为巩固住工业回升态势，首先应继续扎实做好"六稳"工作，落实好"六保"任务，保证对工业经济持续恢复的必要支持。一要深化"放管服"改革，全面落实《甘肃省服务"六稳""六保"进一步做好"放管服"改革实施方案》，持续优化营商环境，有效激发市场主体活力，为企业减轻负担。二要强化对工业经济监测预测预警和政策预研储备，根据实际情况不断完善政策组合，稳住市场主体信心。三要提高金融服务"六稳""六保"力度和质量，持续加大政策性金融资金投入力度，解决敷衍塞责、消极应付问

题，重视中小微企业和民营企业的需求，让政策红利落实到实体经济，尤其是要精准到小微企业。四要有效推进工业强省、产业兴省战略，稳步实施《中国制造 2025 甘肃行动纲要》，进一步突出产业政策的战略引导作用，统筹推进补短板、锻长板，针对产业薄弱环节，实施好关键核心技术的攻关，尽快解决"卡脖子"问题。五要发挥甘肃承东启西、连南通北区位优势，进一步拓展对内对外开放空间，打造国际国内双循环重要节点省份，推进关中平原城市群、兰州—西宁城市群和兰白核心经济区一体化，更深层次地参与共建"一带一路"。

（二）深化供给侧结构性改革，保持工业占比处于合理区间

保持甘肃省工业尤其是制造业比重基本稳定，重点要以提升甘肃工业的"质"为目的深化供给侧结构性改革。在具体政策措施上，一是加快实施《甘肃省打好产业基础高级化产业链现代化攻坚专项行动"1＋N＋X"政策体系》，以"三化"改造促进传统产业提质升级，同时挖掘产业发展新优势，以兰州石化、金川公司、庆阳石化、陇东能源基地的"三化"改造项目为重点加快落实产业基础再造工程及行动计划，以玉门清洁能源、酒泉、武威新能源、定西、陇南、兰州中药材精深加工为重点壮大甘肃新能源和中医药产业发展，拓展甘肃工业发展新优势。二是力促工业企业降本增资，实施以制造业为重点的降费减税措施，持续降低制造业企业成本压力，积极通过资本市场和金融机构融资强化对甘肃工业、制造业转型升级投资所需资金的支持，深化省属企业混合所有制改革，通过股权投资和债券融资扩展企业资金来源与渠道，引导金融机构中长期贷款向制造企业倾斜，增强金融服务实体经济的能力。三是加大改革开放力度，拓展对内对外开放空间，以制造业重大项目为重点加快承接东、中部产业转移，发挥区位优势加深与共建"一带一路"国家的产能合作。四是加强与现代服务业的融合发展，按照《关于推动先进制造业与现代服务业深度融合发展的实施意见》精神，推进甘肃工业与服务业融合发展的新业态和新模式，开辟重点行业和领域的融合发展新路径。

（三）以"双碳"目标为契机，加速推进工业绿色低碳转型

甘肃加快实施工业领域碳达峰行动，既是配合全国兑现"双碳"承诺的有效举措，也是倒逼实现甘肃工业绿色转型的重要途径。全国《"十四五"工业绿色发展规划》和《"十四五"原材料工业发展规划》即将出台，甘肃省亟须在全省碳达峰顶层设计基础上谋划工业领域及石化、电力、有色、建材等重点耗能行业碳达峰行动方案，从产业结构、能源消费、资源利用、产品供给等方面全方位摆脱粗放式、高耗能发展模式，推动甘肃工业绿色低碳转型，其中，优化产业结构和能源消费结构是甘肃实现碳达峰的重要支撑。产业结构方面，要加快部署安排淘汰落后产能，坚决遏制"两高"项目盲目发展，同时大力推进战略性新兴产业、高技术产业、新能源产业和绿色生态产业发展，实现从高碳产业向低碳产业转型；能源消耗方面，要加快实现能源消费结构从高碳消耗向低碳消耗转弯，激发省内高耗能工业企业采用新能源的活力，增强风电、光电的就地就近消纳能力，通过外输电量的专用通道建设和技术改造，降低外送风、光电成本，增强甘肃新能源在省外市场的竞争力，提高能源资源利用效率，持续降低能源消耗强度，提升煤炭加工转化水平，加快煤炭由单一燃料向燃料和原料并重改变；同时，要坚持不懈地提高循环经济发展水平，削减工业固废和废水产生量并提高工业固废综合利用水平和水资源节约利用水平，加快实施工业企业清洁生产技术改造，推动工业生产向清洁化转型。

（四）抓住双循环发展机遇，带动工业做大做强

"十四五"期间，双循环发展战略将贯穿始终。双循环新发展格局将在全国统一大市场的基础上以构建国内大循环为主体，着力打通全国生产、分配、流通、消费各个环节。甘肃积极融入双循环将给工业带来新发展机遇。一是促进风、光特色资源优势转化为现实生产力，培育新能源工业发展壮大。甘肃太阳能、风能资源丰富，通过西电东送成为东中部地区电力的重要来源，抓住双循环机遇，有助于进一步促进与东中部地区间生产要素的流

动，提高新能源工业效率和效益。二是通过甘肃矿产资源优势与承接东部地区过剩产能相结合，促进甘肃化工、冶金、建材、有色等传统原材料工业发展，拉动甘肃地区经济发展，加快工业化并促进劳动力就业。三是融入双循环，引入发达地区的资金和技术，将基础建设短板转化为战略投资的重要领域，带动制造业投资提升和原材料工业生产。四是通过积极推进双循环，持续深入改善营商环境，加大力度引入地区发展所需项目、资金、人才和技术，增强产业配套能力和消费市场潜力，进而引导工业生产的调整和升级。五是通过融入双循环，积极推进与丝路经济带沿线国家的对外贸易，扩大能源开发、大型基建等领域的战略合作与投资，加速甘肃产业升级与生态改善。

B.4
2021～2022年甘肃服务业发展形势分析与预测

蒋　钦[*]

摘　要： 2021 年 1～8 月，甘肃省服务业（第三产业）延续上年第二季度以来的恢复性增长态势，上半年增加值两年平均增速高于全国平均水平，投资增速创近年最高，规模以上服务企业效益持续改善，1～8 月重点行业运行总体良好；但疫情的绵延与反复影响甘肃服务业及各行业稳定回归常态，长期存在的现代服务业发展滞后等问题暂未得到突破性解决。甘肃服务业与全国服务业同频共振，预计未来服务业增长更加稳健。为了加速甘肃服务业高质量发展，应将服务业发展与乡村振兴战略相衔接，以进一步巩固扩大消费基础，积极培育新业态新模式，加快与数字经济相融合，大力推动服务业与先进制造业、现代农业深度融合，全面营造放心消费环境促消费扩内需畅通国内国际双循环。

关键词： 甘肃　服务业　服务企业

"十四五"开局之年，甘肃省立足新发展阶段，贯彻新发展理念，构建新发展格局，巩固拓展疫情防控和经济社会发展成果，服务业发展韧性持续显现，总体运行延续上年恢复态势。2021 年上半年，服务业主要指标持续向疫情前水平回升，增加值加快增长，增速高于全国同期平均水平，固定资

---

　* 蒋钦，甘肃省社会科学院区域经济研究所助理研究员，主要研究方向为产业经济。

产投资增势强劲，增速为近年最高值，服务企业效益持续好转。分行业看，1~8月消费市场恢复程度快于全国平均水平，文化旅游业不断深入融合，交通运输业呈现良好发展态势，物流业持续保持高景气，房地产业投资销售大幅增长。但疫情影响尚未完全消除，短期内服务业恢复存在进一步改善空间，发展前景必定更加稳健。

一　2021年1~8月甘肃服务业总体运行状况

（一）服务业增加值增速向疫情前水平回升

2021年1~8月，甘肃省服务业复苏活力稳步提升。上半年，服务业增加值同比保持较快增长，两年平均增速保持平稳态势（见图1）。1~6月，服务业增加值2797.3亿元，同比增长10.7%，两年平均增速为5.7%，平均增速较第一季度加快0.5个百分点，高出同期全国平均水平0.8个百分点；与2019年上半年相比，平均增速降幅较第一季度收窄1.8个百分点。服务业增加值占地区生产总值的58.9%，高于第二产业24.9个百分点。

（二）服务业对全省经济增长的带动作用增强

2021年上半年服务业增加值两年平均增速与第二产业增加值两年平均增速（5.8%）基本持平，但由于服务业增加值占地区生产总值比重高于第二产业，贡献率相应高于第二产业，对经济增长起到了主要拉动作用。分行业看，传统批零住餐业、交通运输业、邮政快递业和房地产业增加值增长快于同期服务业增加值和地区生产总值增长速度，其中，住宿和餐饮业增加值同比增长33.4%，分别高于服务业、地区生产总值增速22.7个百分点、22.9个百分点。服务业内部结构持续优化，金融业增加值占服务业增加值的比重提高到17.8%，在地区生产总值中的比重达到10.5%，仅次于工业占比，成为甘肃第二大行业。

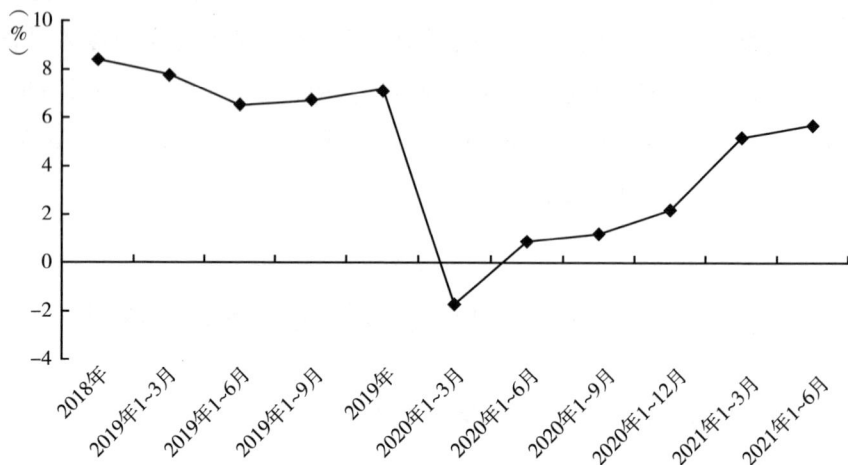

图1 2018～2021年甘肃省服务业累计增速变化

注：图中2021年1～3月、1～6月数据为两年平均增速。

（三）服务业固定资产投资增势强劲

剔除疫情影响数据大起大落，以服务业固定资产投资两年平均增速来看，2021年上半年服务业固定资产投资增长较快（见图2），增速为近三年最高值。1～2月、1～3月、1～6月服务业投资两年平均增速分别为7.6%、9.3%、9.6%；上半年两年平均增速分别高出2018年、2019年同期16.9个百分点和8.4个百分点。分投资领域看，基础设施投资增速呈现逐月放缓趋势，累计增速连续5个月下滑，两年平均增速上半年（8.5%）比第一季度（10.3%）下滑1.8个百分点；房地产开发投资和商品房销售面积呈现稳定增长趋势，增速均不同程度提升，第一季度分别增长11.5%、21.2%，上半年分别增长14.3%、22.2%。

（四）规模以上服务企业盈利逐季好转

2021年上半年，甘肃省规模以上服务业企业收益状况较上年明显好转，企业营业成本下降，盈利能力持续恢复。第二季度收入、利润指标较第一季

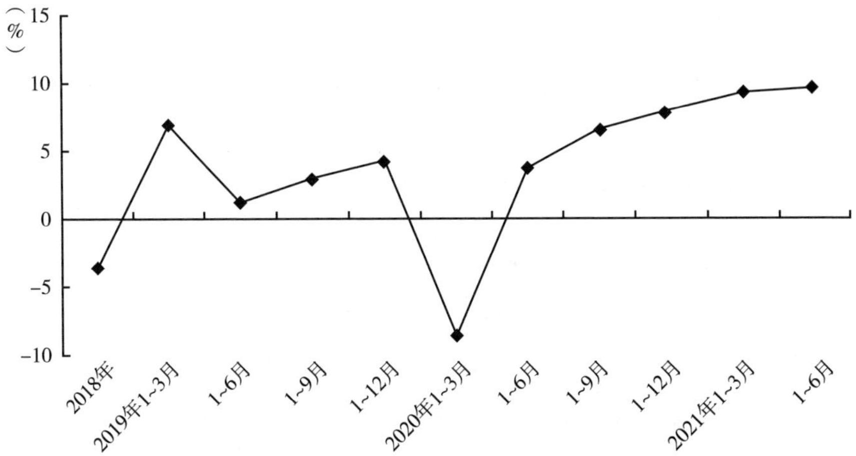

图2 2018~2021年甘肃省服务业固定资产投资增速变化

注：图中2021年1~3月、1~6月数据为两年平均增速。

度大幅提高，上半年，规模以上服务业企业分别实现营业收入、营业利润和利润总额653.8亿元、7.4亿元和12.0亿元，分别高于第一季度324.1亿元、6.3亿元、10.3亿元。1~6月，服务业企业毛利率为17.9%，高出1~3月3.2个百分点，毛利率是企业获利的起点，毛利率提高，说明甘肃服务业处于复苏期，服务产品价格开始上升；营业收入利润率为1.8%，高1~3月1.3个百分点；每百元营业收入中的成本为82.1元，比1~3月下降3.2元（见表1）。

表1 2021年甘肃规模以上服务业企业效益状况

指标	1~3月		1~6月	
	绝对数（亿元）	增长（%）	绝对数（亿元）	增长（%）
营业收入	329.7	26.2	653.8	19.5
营业利润	1.1	—	7.4	—
利润总额	1.7	—	12.0	—
营业成本	281.2	16.7	536.7	12.1
毛利率（%）	14.7		17.9	
营业收入利润率（%）	0.5		1.8	
每百元营业收入中的成本（元）	85.3		82.1	

二 2021年1～8月甘肃服务业主要行业运行特征

(一)消费市场回暖程度高于全国平均水平

2021年1～8月,甘肃消费市场活力增强,累计实现社会消费品零售总额2680.5亿元,同比增长20.3%,两年平均增长6.3%,高于全国同期平均水平2.4个百分点(见图3)。具体地,消费市场呈现四个特点。一是限额以上单位商品销售增长较快。1～8月,限额以上单位23类商品中有22类商品零售额实现正增长,19类商品实现两位数增长。二是升级类商品消费较快增长,建筑及装潢材料类、金银珠宝类和汽车类商品零售额同比分别增长168.2%、51.5%和20.6%。三是节日消费活力旺盛。"五一"黄金周,全省重点零售企业销售额同比增长6.1%,重点餐饮企业营业额同比增长81.6%,家居类商品销售增长30%以上,共开展促销活动300多场次,参与商家2000多家。四是新型消费增速较快,全省限额以上批零住餐业通过网络实现零售额同比增长翻倍。

(二)文化旅游业融合发展取得新成效

2021年,甘肃省文旅业坚持"宜融则融,能融尽融,以文促旅,以旅彰文"的发展理念,精准发力推进文化与旅游、文旅与其他行业的融合,文化产业和旅游业发展呈现持续增长良好态势。1～8月,全省接待游客2.14亿人次,实现旅游综合收入1426.0亿元,分别较上年同期增长56.8%和56.7%,已恢复至2019年同期水平的82.3%和76.6%。2021年,甘肃文旅业亮点较多,一是文化与旅游业深入融合,推出了《八步沙》《达玛花开》《西风烈》等众多文艺精品,创办"如意甘肃,红色之旅"特别节目,推动"长征+"文化旅游资源一体化发展,"一会一节"效应持续放大;二是实施"文化旅游+"战略,文旅业与农业、交通等领域融合取得新成果,全省有6村3镇入选第三批全国乡村旅游重点村镇名录,与美团联手打造

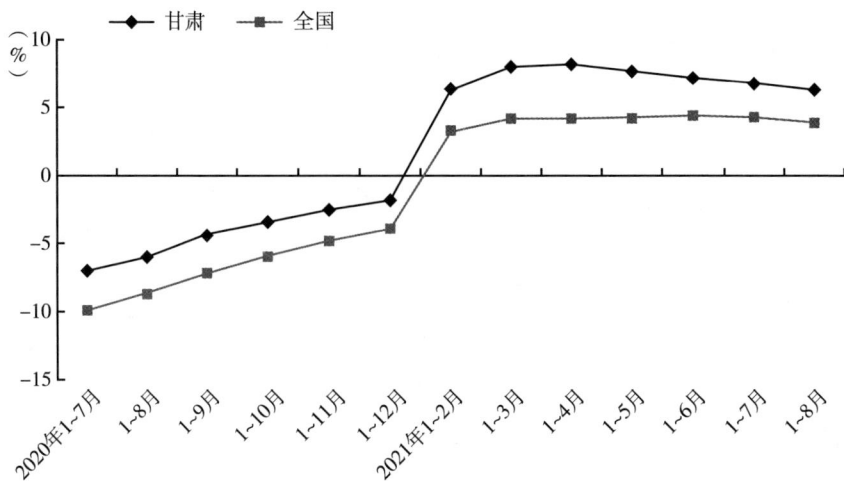

图3　2020~2021年全国、甘肃省社会消费品零售总额增速变化

"文化旅游+农产品"联动发展模式，"环西部火车游"主题推广营销活动荣列文化和旅游部国内旅游宣传推广典型案例名单；三是文旅产品影响力提升，"交响丝路·如意甘肃"特色旅游商品获2021年中国特色旅游商品大赛奖项数量创历史新高；四是修订《甘肃省旅游条例》，为推进甘肃旅游业发展提供了法治支撑。

（三）交通运输业指标三增一降

2021年1~8月，甘肃交通运输业运行主要特征表现为：投资、货运量大幅增长，重点工程取得新进展，疫情反复致使客运下降。固定资产投资实现预期目标，上半年交通固定资产投资400.8亿元，全国排名第14，西北五省排名第1。客、货运分化发展加重，1~8月铁路、公路货运量两年平均增速超出2019年同期水平，客运量增速降幅扩大（见表2）。重点工程取得新进展，101个三级以上汽车客运站完成"游客集散中心"功能改造，5个水运项目被纳入交通运输部水运"十四五"发展规划，首条微纳橡胶高速公路试验段铺筑完成，西北寒旱区公路基础设施长期性能交通运输业行业野外科学观测研究基地完成改造升级，列入省政府 10 件为民办实事方案的 1 万公里自然村（组）通硬化路工程已开工 6400 多公里，100 条特色示范路全面开建。

表 2　2021 年 1～8 月甘肃铁路、公路客货运两年平均增速变化

单位：%

时间	货运量增长		客运量增长	
	铁路	公路	铁路	公路
2021 年 1～3 月	9.8	10.8	-12.3	-45.6
2021 年 1～6 月	10.3	9.7	-5.8	-43.6
2021 年 1～8 月	10.6	11.0	-8.6	-43.1

（四）物流业持续保持高景气指数状态

2021 年 7 月，甘肃省物流业景气指数（LPI）为 57.8%，6～7 月连续两月回升，业务总量、新订单（客户需求）、平均库存量、库存周转次数、资金周转率、设备利用率、物流服务价格、主营业务利润、主营业务成本、业务活动预期等分项指数均有不同程度提高，服务价格指数、固定资产投资完成额、从业人员等分项指数有所回落但仍处于扩张区间，说明物流经营存在成本较高困难，物流行业固定资产投资和吸纳就业能力持续平稳。其后期走势呈上行状态，物流活动增长势头加快。快递业景气指数高达 63.5%，高于全省物流业平均水平；快递业与邮政寄递服务业分化发展差距拉大，1～8 月，快递业务收入为邮政寄递服务业务收入的 10 倍以上，增速高出 23.7 个百分点，邮政寄递服务业务量同比下降 0.4%，而快递业务量同比增长 41.9%。

（五）房地产业投资销售两旺但施工乏力

甘肃省房地产业已形成较大规模，2021 年上半年，房地产业增加值为 294.4 亿元，占地区生产总值的比重为 6.2%，占比仅比第一产业占比低

0.9个百分点。2021年，甘肃房地产投资随着疫情好转不断回暖，1～8月房地产开发投资961.8亿元，同比增长18.2%，增速比上年同期提高8.2个百分点，其中，住宅投资724.2亿元，占75.3%，增速20.7%，较上年同期下降1.0个百分点。商品房销售恢复增长，1～8月商品房销售面积同比增长32.9%，增速为上年同期的4倍，商品房销售额886.5亿元，较上年同期增加216.5亿元，同比增长21.2%，增速超过上年同期2倍，其中占绝对主体的住宅销售面积与销售额增速均高于平均水平。尽管商品房销售恢复较快，但房地产施工和新开工显乏力，1～8月，房地产施工面积和新开工施工面积分别增长23.4%、7.4%。

三 2021年1～8月甘肃服务业发展中的主要问题

（一）疫情反扑影响消费回归常态

2021年国内疫情多点散发对甘肃居民消费及消费类企业经营造成二次冲击，消费增长呈现放缓势头。1～8月，全省限额以上单位消费品零售额833.0亿元，同比增长20.9%，增速连续6个月放缓，较1～2月回落26.1个百分点。其中，居民出行减少导致的餐饮服务性消费增速回落明显，1～8月，全省限额以上单位餐饮收入同比增长43.4%，较1～2月回落40.6个百分点。首先，在疫情反复下，居民就业和收入不确定性加大，预防性储蓄动机上升，储蓄意愿掣肘消费的恢复速度。从甘肃省统计局公布的数据看，上半年全省人均可支配收入与人均生活消费支出减少，1～6月增速分别比1～3月下降0.1个百分点、5.5个百分点。其次，疫情反复影响服务业微观主体正常经营，企业经营收入减少，进而造成相关人群的收入预期下降，压制消费，同时，企业人工、租金、利息等刚性成本费用压力加大，两方合力影响企业效益下滑。最后，更为长期的后果是引致市场主体预期不稳定，企业扩大资本开支的意愿下降，相关投资难以持续，对服务业整体投资形成拖累。

（二）运营成本上升加大服务企业经营压力

2021年甘肃规模以上服务企业收入明显恢复增长，但同时企业用工成本和经营费用大幅上升，企业面临利润收窄压力。1~6月，规模以上服务业企业营业收入同比增长19.5%，而同时销售费用、管理费用分别增长20.7%、24.1%，税金增长高达37.8%，应付职工薪酬同比增长30.5%，收入与成本费用相对比，规模以上服务企业利润持续稳定增长面临不稳固风险。与大型、规模以上服务企业比较，大量中小型服务企业，尤其是小微商户面临盈利下降、资金断流、经营困难等问题。2021年，国家实施"春雨润苗"专项行动，甘肃省推广运用"中小企业信用信息综合金融服务平台"、搭建"甘肃信易贷"平台，兰州市追加中小微企业服务补贴券等，诸多助力小微企业发展的政策从侧面反映出当前小微企业经营压力之大。小微服务企业是经济和社会发展的重要组成部分，是创业富民的重要渠道，在扩大就业、增加收入、改善民生和促进稳定等方面具有举足轻重的作用，甘肃小微服务企业经营压力增大有可能引发一系列社会问题。

（三）多因素致使现代服务业发展薄弱

首先，甘肃服务业增加值主要依靠批零住餐、交通运输、邮政等传统服务业支撑，传统服务业占比过高的情况长期得不到改观，现代服务业中除金融保险业和房地产业增长较快外，商务、信息技术、现代物流、电子商务、融资租赁和社区服务业等发展规模小、水平低，对增加值的支撑作用很弱。在市场经济条件下，居民生活服务需求与收入水平呈正相关关系，2021年上半年甘肃省居民人均可支配收入在全国排名倒数第三，城乡居民低收入水平影响消费需求，尤其是农村，服务业仍处于满足基本生产生活需求水平，居民收入低是甘肃现代服务业发展较弱的一个重要原因。其次，市场化程度低是造成甘肃服务业新兴业态和新兴行业发展滞后的另一个重要原因，保险、电信等发展较快的新兴行业基本处于垄断经营状态，文化、商务、金融、社区服务等新兴行业存在政企定位不准问题。最后，高层次人力缺乏，现代服务业缺乏智力支撑。虽然甘肃大多数服务企业急需人才，但由于甘肃属于西部欠发达省份，个人发展机会与空间远不及东部地区和沿海一带，对高层次人才的吸引力不强，实用人才难以引进。

（四）生产性服务业需求与供给不足并存

生产性服务业对于推动产业升级与融合、实现经济高质量发展有着重要意义，但甘肃生产性服务业发展严重落后于全国平均水平。到目前为止，甘肃仍没有完全建立起统一的生产性服务业统计指标和评价考核体系，滞后程度可窥一斑。甘肃省生产性服务业社会化需求不足与专业化供给不足并存，一方面，多数生产企业从原料采购到生产加工再到产品销售自成体系，外包服务不多且面窄，导致对生产性服务业的需求较少；另一方面，甘肃生产性服务业规模小、实力弱，提供专业化服务的供给能力不足，进一步弱化了生产企业对外包服务的需求，将本可以外包的服务活动在企业内部自己完成，不但增加了企业成本，还抑制了生产性服务业的发展；同时，长期困扰甘肃生产性服务业发展的投入少、融资难瓶颈问题仍未得到有效突破，2021年初，金融业、信息服务业、科技服务业和商务服务业等甘肃四大生产性服务业占全省固定资产项目投资的比重仅为4.6%，2021年上半年科技服务业项目投资同比下降72.9%，租赁与商务服务业项目投资同比增长14.1%，低于全省项目投资平均增速，多项因素制约甘肃生产性服务业快速发展。

（五）生活性服务业消费环境不佳

近年来，甘肃省消费者投诉、举报数量呈上升趋势。根据甘肃省市场监督管理局"12315"指挥中心和甘肃消费者协会发布的信息，2020年服务类投诉占比超过五成，2021年上半年，商品类投诉比重上升到56.6%，服务类投诉比重为43.4%，其中，在商品类投诉中，交通运输、食品、服装鞋帽是居前三位的行业，服装鞋帽类商品成为2021年上半年投诉的焦点；服务类投诉主要集中在社会服务事件，超过投诉总量的四成。投诉事项主要集中在安全问题、售后服务、价格、商品房销售及装修、预付卡、公用事业服务等各方面。受疫情影响，两年内涉及"两品一械"的投诉、举报增多。消费者投诉增多原因主要是消费者维权意识增强，也反映出甘肃居民消费环境不佳，商品经营企业虚假广告、质量不过关、推诿责任且不履行三包责任，住餐服务质量差且收费不合理，商品房销售高端宣传低标配置，保健品、医疗器械销售中虚假宣传，健身美容美发办卡易退卡难，餐饮服务和食品领域安全问题突出等各类问题普遍存在。

四 2021年第四季度至2022年甘肃服务业发展形势预测

短期内疫情对甘肃服务业的影响仍将存在，但从长远视角看，甘肃服务业加快发展、创新发展的大趋势不会被疫情改变，特别是在疫情防控过程中，一些新的服务需求和供给应运而生，甘肃服务业后期增长将更加稳健。预计2021年第四季度，甘肃服务业恢复存在进一步改善的空间，但完全恢复至疫情前水平还需2022年甘肃服务业的持续稳健发展。

以甘肃服务业与全国服务业增加值同比增速相比，近年来甘肃服务业与全国服务业同频共振，因此，可以大看小，从全国服务业发展趋势来预测甘肃服务业未来发展走势。2021年，全国服务业发展韧性持续显现，主要指标处于合理区间，服务经济运行"稳"的基础不断夯实，"进"的因素持续累积，总体延续着恢复态势。1~8月，全国服务业主要指标同比增速和两年平均增速保持较快增长，服务业生产指数同比增长17.7%，两年平均增长6.2%，社会消费品零售总额增长18.1%，两年平均增长3.9%，1~7月规模以上服务业企业营业收入同比增长27.8%，两年平均增长10.9%。同时，2021年服务业发展稳中有进，信息传输、软件和信息技术等现代服务业发展较好，1~8月，信息传输、软件和信息技术服务业生产指数两年平均增长14.9%，1~7月营业收入增长17.0%，明显快于同期服务业生产指数和规模以上服务业营业收入增速。服务业新业态持续活跃，1～8月实物商品网上零售同比增长15.9%，占全社会消费品零售总额的比重达到23.6%。这些情况表明，全国服务业恢复性增长的态势没有发生改变。未来，支撑服务业加快增长的有利因素也较多，一是国内消费持续扩大的内在动因稳固，国内庞大的消费群体及其对美好生活的期盼预示着消费规模增加和消费结构升级的态势会持续。二是2021年全国就业总体保持稳定，企业效益较快增长，居民收入增加有保障，有利于消费能力的提升。三是社会保障不断完善，民生投入持续增加，这些都有利于提升居民消费意愿。从指标来看，8月全国服务业商务活动指数为45.2%，业务活动预期指数为57.3%，持续位于较高景气区间。

同时，除内需、就业与社保外，多重政策与行业新业态合力保障全国及甘肃服务业加快恢复，一是随着疫苗接种进程的提速，消费场景和热点数量增加，全省促消费活动将比上半年更为频繁，对消费的进一步复苏会有较大推动。二是各项相关政策的落地见效将有力加速服务业发展。近几年国家相继出台《关于进一步促进服务型制造发展的指导意见》《关于促进消费扩容提质加快形成强大国内市场的实施意见》《关于进一步推进服务业改革开放发展的指导意见》等，2021年是"十四五"规划开局之年，各项推进服务业高质量发展的政策将逐步推进实施，政策的落实落细将有利于进一步激发国内市场潜力、增强服务企业信心，推动甘肃服务业持续稳定向好发展。三是一系列减税降费、金融支持实体经济发展的政策还会继续显效。四是疫情催生的"宅经济"加速扩容，"互联网＋"成为服务业企业和用户的首选方案，新需求与新供给应运而生，形成一系列的新产品和新模式，网购带动快递业务快速增长，新型消费相关技术加速应用，新型消费业态模式加速涌现，从吃穿用等实物消费领域加快向医疗、教育、文旅、体育、健身等更多服务领域扩张渗透；同时，新型消费主体加速培育，疫情推动消费者对新型消费的认可接受程度持续提高，新型消费正在加快实现"线上线下双向融合"，对总消费的带动作用更加显著。

五　加快甘肃服务业高质量发展的对策建议

（一）与乡村振兴战略相衔接拓宽居民消费基础

2021 年中央一号文件提出要"全面促进农村消费"。在当前国内外疫情延续和经济环境复杂严峻的形势下，发挥消费对经济的拉动作用是现阶段促进服务业加快恢复和形成国民经济良性循环的主方向。甘肃相较于其他经济发达省份居民消费需求不旺，其主要原因是居民收入水平低、消费率低，尤其是农村居民。要巩固并不断扩大当前甘肃居民消费基础，加速经济回归常态，应以提升农村居民收入水平和消费能力、活跃农村消费市场为抓手。从需求端要持续提高农民综合收入，提高农民农业收入，按照国家继续大力实施消费帮扶的指导意见，结合甘肃省情制定并落实政策措施，在生产、流通和消费三大环节推动特色农副产品生产规模化发展、构建农产品供应流通新模式、多渠道帮助农产品销售，通过扶持政策帮助农村居民增加非农就业；提高农民工资性收入和财产性收入，结合甘肃大力发展文化旅游业，实施文旅助力乡村振兴战略，发展农村地区旅游休养和康养旅游。在供应端，要加快完善农村基础设施，为农民消费创造必要的条件；采取补贴政策支持商贸企业对农村市场的开发，推动各类节日主题特色促销活动进镇入村，鼓励商贸企业开展打折、以旧换新等让利活动，激发和释放农村消费潜力。此外还需加快完善农村社会保障制度，以进一步提高农民消费预期。

（二）以线上服务涌现为契机加快培育服务业新业态新模式

坚持供给侧结构性改革主线，深入实施国家数字经济战略，打破服务业发展的传统惯性思维，以疫情期间涌现的线上服务新模式为契机，大力培育甘肃服务业企业线上服务新模式，把线上线下融合的新业态新模式作为甘肃服务业改革创新和高质量发展的重要突破口。加快餐饮、批发、零售等传统服务业数字化转型，鼓励发展线上线下并行的业务发展模式，以提升传统服务业企业的活力。大力发展线上线下融合发展的教育机制，以高等院校和成人继续教育为先行先试区，扩大在线课程教育规模，并纳入高等院校日常教学体系和企事业单位职工进修培训体系。积极发展互联网医疗，进一步加强智慧医院建设，扩大线上预约检查检验人数规模，放宽"互联网＋"医疗服务费用加入医保支付的条件，推广远程医疗、互联网健康咨询模式。打造随时随地在线办公环境，在部分行业适当推广应用线上办公，变革业务组织方式，以满足异地多方协同办公需求并提升工作效率。

（三）大力推动生产性服务业与制造业、农业深度融合

从当前产业深化发展规律可以看出，现代服务业、先进制造业和现代农业之间的融合交叉渗透在不断深化，原有的一、二、三产业的分工界限开始模糊，形成了新的分工链条和业态，在这一变化过程中服务业的附加值不断提升。顺应发展规律，甘肃应充分利用省内制造业的市场需求，推进制造业与服务业的双轮驱动协同发展，实现制造企业从生产型制造向服务型制造转变和生产性服务的加速发展。细化深化专业化分工，鼓励生产制造企业致力于具有核心竞争力的业务项目，剥离非核心业务并交于专业现代服务机构完成。推动农业服务的社会化，将服务内容由农业生产环节向前向后延伸，扩展到产前的信息资料提供、资金信贷、保险服务，产后的收购、运输、销售、加工和仓储等，衍生数字农业、观光农业、会展农业、农业科技等新业态和新模式。

（四）以消费者满意为目标改善生活性服务业消费环境

2020年国家发改委等23个部门联合发文《关于促进消费扩容提质加快形成国内市场的实施意见》，文件明确指出：要全面营造放心消费环境。让消费者满意成为促进消费的核心内容。甘肃省要进一步加强市场秩序监管，打造消费友好型营商环境，督促经营企业提供优质产品，提升行业服务水平，推进信用体系建设，打造集安全消费、诚信消费、舒适消费、便利消费、绿色消费、实惠消费、个性消费等于一体的消费环境，全面提升居民对

服务业的满意度。由生活性服务各行业领导部门和协会联合制定行业技能标准，严格按照标准进行业务技能提升培训与竞赛，形成以业务能力、服务水平为核心的良性竞争氛围。进一步完善消费者权益保护机制改革，畅通消费者维权渠道，不断降低维权成本，提高维权收益，同时提高企业失信成本，降低失信收益，提高消费者的获得感，为扩大内需、促进消费、服务业持续回稳而努力。

B.5

2021～2022年甘肃固定资产投资状况分析与预测

杨春利*

摘　要： 2021年，随着国内新冠肺炎疫情防控形势向好，经济持续恢复，甘肃固定资产投资发展形势总体较好，呈现重大项目进展顺利、房地产开发投资平稳推进、工业投资高速增长、民间投资增势较好、新基建投资后劲十足等主要特征。与此同时，固定资产投资也存在总体投资结构不合理，难以兼顾经济效益和社会效益，营商环境处于落后水平，对民间投资的吸引力较小，投资增速面临下行压力，基础设施依旧存在短板弱项，企业投资成本增加等问题。未来，既要应对不确定的外部环境，也要准确研判发展阶段和特征，持续改善营商环境，不断扩大投资规模，优化投资结构，提高投资回报率。

关键词： 甘肃　固定资产投资　民间投资

2021年，随着新冠肺炎疫苗全面接种普及，国内疫情被有效控制，企业开始加速复工，社会生活步入正轨，甘肃也结束了停摆不定的发展状态，各类生产活动开始正常运行。

为了促进固定资产投资不断增长，甘肃高度重视项目建设和投资工作，

---

* 杨春利，甘肃省社会科学院区域经济研究所副研究员，主要研究方向为区域经济与可持续发展。

将项目建设作为稳定投资规模和调整投资结构的重要手段，积极采取了一些切合全省经济发展的创新性的举措。年初召开了全省重大项目集中开工复工动员大会，加快推进重大项目建设，印发《关于建立健全重大项目建设协同推进机制的意见》《甘肃省服务"六稳""六保"进一步做好"放管服"改革实施方案的通知》《甘肃省深化"放管服"改革优化营商环境提质提标年工作方案》，大力推进"一网通办""全程网办""不见面审批""不来即享"，擦亮"甘快办"招牌，在工业领域实施"标准地"出让改革试点，对涉及省列重大项目采取"四快模式"，对重大招商引资项目推行"管家式"服务，通过政策集成效应，全力保障各类项目快速推进，为实现全省固定资产投资增长目标提供必要支撑①。

在一系列政策和措施的有效实施下，全省固定资产投资取得显著成绩，2021年前三季度，投资平均增速保持在10%以上，固定资产投资仍是全省经济增长的主要引擎，成为拉动经济增长"三驾马车"中最活跃的因素，预计全年固定资产投资增速有望继续超额完成省委、省政府确定的目标任务。

一 全省固定资产投资运营特点

（一）固定资产投资增速"高开低走"

2021年前三季度，全省固定资产投资增速呈现"高开低走"的基本态势（见图1）。具体来看，1~2月固定资产投资开局良好，在上年低基数基础上实现较快增长，增速高达28.8%，第一季度投资增速为30.1%，随后投资增速开始有所下降，1~4月投资增速为26.1%，增幅收窄4个百分点；1~5月投资增速仍保持在20%以上，比全国（15.4%）高6.6个百分点；

---

① 甘肃省发展与改革委员会：《关于建立健全重大项目建设协同推进机制的意见－解读》，2021年6月24日。

上半年，固定资产投资同比增长 18.2%，增速较第一季度回落 11.9 个百分点，但高出全国 5.6 个百分点，居全国第 7 位；1～7 月，全省固定资产投资同比增长 16%，两年平均增长 10.6%。前三季度，全省固定资产投资增速进一步回落，同比增长 13.5%，但仍高出全国平均水平 6.2 个百分点，为完成全年增长目标奠定了较为坚实的基础。

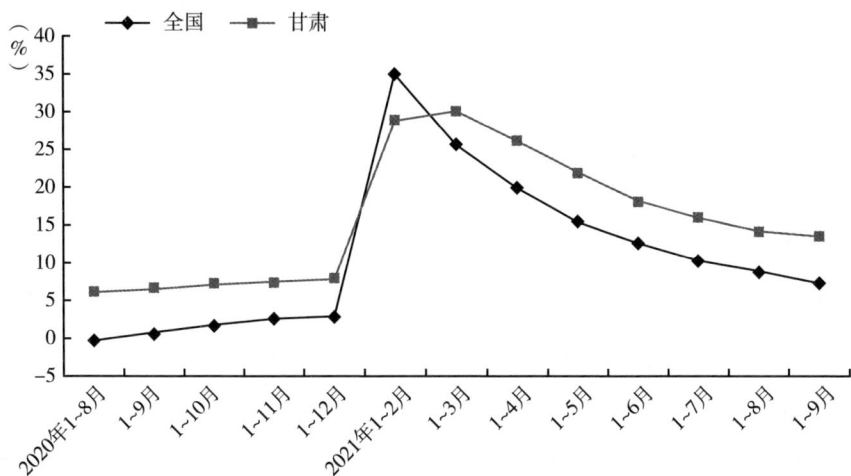

图 1　2020～2021 年甘肃固定资产投资增速变化

（二）重大项目进展顺利

2021 年全省共计划实施重大建设项目 208 个，其中计划新开工项目 70 个，续建项目 116 个，预备项目 22 个，主要投资领域涉及生态环保、农业水利、交通物流、能源、产业转型升级及科技创新、社会民生、文化旅游、城市基础设施等，投资总额超过 1.12 万亿元，年度计划投资额为 1878.42 亿元，投资规模与上年相比增长 7.12%，是近几年投资项目数量和投资规模最大的一年。前三季度，208 个省列重大项目累计完成投资额 1478.37 亿元，比 2020 年同期增加 259.72 亿元，增幅为 21.31%，年度计划投资完成率达到 78.7%，比上年同期提高了 10.2 个百分点。从市州来看，上半年，11 个市州的省列重大项目年度计划投资完成率均高于全省平均水平，其中嘉峪关市、兰州新区和酒泉市年度计划完成率接近或超过70%，与上年同期比增长明显。10个项目已超额完成年度计划投资，116个续建项目累计完成投资654.46亿元，较上年同期增长41.9%。22个预备项目累计完成投资1.6亿元，占年度计划投资的22.53%。其中有3个项目的前期主要工作已经完成，兰州中川国际机场三期扩建工程、S25静宁至天水高速公路庄浪至天水段工程、兰张三四线、兰州奥体中心、甘肃省妇女儿童医疗综合体等重大项目进展稳定；相比上年全省亿元及以上项目增加了140个，已完成全部投资额的76.6%，比上年同期增加了4个百分点。总体来看，重大项目的完成度较好，同比有很大的提高。

（三）基础设施投资增速逐步趋缓

2021年，甘肃继续加大交通基础设施补短板力度，推进重大水利工程，加强新型基础设施建设。首先，紧抓中卫至兰州、兰张三四线兰武段、西宁至成都甘肃段、兰州至合作、中川机场环线、天水至陇南等铁路续建项目，截至2021年7月，根据铁路规划建设2022年底前拟计划开工铁路项目进度一览表，中卫—平凉—庆阳铁路已进入定测及初步设计阶段，这表示"平庆铁路"的建设又向前迈进了一大步。同时，持续推进引洮供水二期骨干、引洮供水二期配套城乡供水、甘肃中部生态移民扶贫开发供水等13项省列重点水利工程建设；持续推进兰州新区大数据产业园项目、兰州新区大数据产业园（二期）项目；瞄准国家确定的投资领域和投资方向，对于成熟的项目"进清单、上平台"，促进形成项目储备良性循环①。

从增速看，第一季度基础设施投资进展迅速，同比上升52.8%，高于全国平均水平（下同）23.1个百分点。伴随企业复工，社会生产逐步走上正轨，大批基建项目陆续开工，基建投资增幅开始收窄，上半年同比上升17.9%，高于全国10.1个百分点。相较1~2月、1~3月、1~4月和1~5月，基建投资分别下降52.2个、34.9个、22.1个和11个百分点，1~7月

---

① 《上半年全省水利项目建设进展顺利》，《甘肃日报》2021年8月8日。

后基建投资增长继续减缓，同比增长14.2%，高于全国9.6个百分点。1~8月同比增长9.5%，增幅相较1~7月收窄4.7个百分点。前三季度，基础设施投资同比增长7.6%，增速持续回落（见图2）。

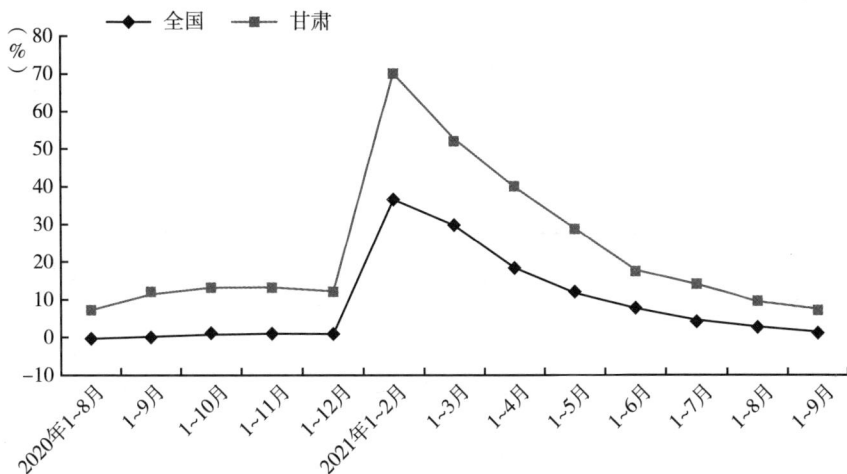

图2　2020~2021年甘肃基础设施投资增速变化

（四）民间投资增势较好

民间投资在甘肃省固定资产投资中有着举足轻重的地位，为了调动民间投资的积极性，甘肃深化"放管服"改革，优化营商环境，并制定出台相关政策，助力民间投资，提高投资项目从审批、管理到后续追踪的效率，保障投资项目进展顺利。在一系列政策的支持和引导下，2021年1~7月甘肃民间投资保持在15%以上的增长速度，其中，第一季度民间投资增速为26.3%，增幅较1~2月扩大了9.1个百分点，由1~2月低于全国民间投资9个百分点，转变为高于全国民间投资0.3个百分点。上半年，民间投资持续好转，同比增长18.6%，较第一季度下降了7.7个百分点，但高于全国同期3.2个百分点。1~7月民间投资的增速逐渐放缓，同比增长15.7%，低于全省固定资产投资增速0.3个百分点，高于全国2.3个百分点。前三季度，民间投资保持了16.2%的增速，发展态势较好（见图3）。

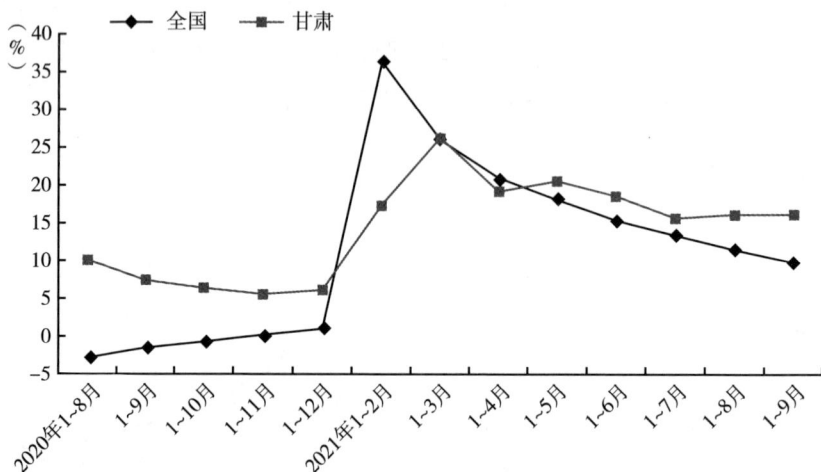

图3　2020~2021年甘肃民间投资增速变化

（五）工业投资高速增长

随着甘肃逐步推进"产业兴省、工业强省"战略决策，全省固定资产投资渐进性向工业投资倾向。根据甘肃省工信厅统计数据，2021年全省实施工业和信息化项目共870项，总投资2281亿元，当年计划投资583.7亿元，占年度固定资产计划投资的31%。第一季度工业投资同比增长达到36.3%，相比1~2月提高了13.9个百分点，1~4月投资同比增长34.7%，投资增速放缓，1~5月、1~6月、1~7月、1~8月分别同比增长29.6%、31.7%、30.3%和28.4%。前三季度，全省工业投资增速高达31.8%，继续保持高速增长态势，总体而言，工业投资的增势较好，增速较高（见图4）。分地区来看，2021年1~8月，10个市州工业固定资产投资实现同比增长，分别为嘉峪关市、金昌市、白银市、天水市、武威市、平凉市、酒泉市、庆阳市、定西市、陇南市。4个市州工业投资同比下降，分别为兰州市、张掖市、临夏州和甘南州①。

① 甘肃省工业和信息化厅：《1-7月工业投资和重点项目建设情况》，2021年8月24日。

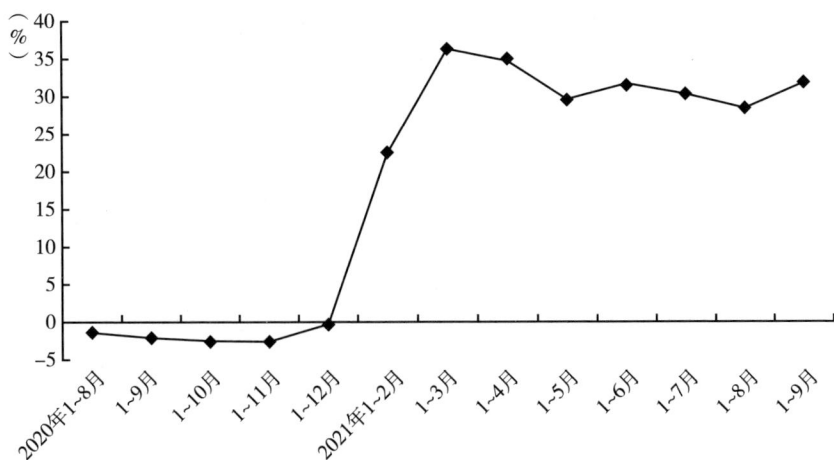

图4　2020~2021年工业投资增速变化

（六）制造业投资增长较快

2021年全省制造业投资增长较快，前三季度同比增长13.3%，两年平均增长10.5%。2020年11月甘肃省印发《甘肃省制造业"一带一路"拓展平台培育提升实施意见》，主要是为打破甘肃省制造业发展瓶颈问题。围绕先进制造、清洁生产、数据信息等十大生态产业开展拓展平台建设，围绕有色冶金、钢铁、装备制造、电子信息、陇药等重点优势行业开展拓展平台建设，在金融服务上，对制造业部分重点行业建立企业"白名单"等重大举措，甘肃省逐步扩大对制造业的投资。在此背景下，新兴动能持续壮大，创新驱动发展战略实施成效继续显现，高技术产业发展向好，投资增长65.5%，远高于制造业平均增长水平。制造业行业利润迅速改善，对制造业投资的刺激作用逐步显现，1~5月规模以上工业企业利润额为238.8亿元，同比增长2.5倍，两年平均增长率为68.6%。2021年1~9月，制造业投资同比增长13.3%，增幅较上半年增加3.9个百分点。

（七）房地产开发投资平稳推进

近年来，随着不断对房地产市场进行调控和供给侧结构性改革的不断深入，全省稳房价、稳地价、稳预期的长效机制不断完善，房地产投资平稳推进。2021年第一季度房地产投资同比增长25.3%，比全国房地产同比增长低0.3个百分点，房屋销售面积同比增长21.2%。1~4月房地产投资同比增长19.7%，比第一季度有所回落，但是房屋销售面积同比增长62.5%，比第一季度提高了41.3个百分点，比全国高出了14.4个百分点。1~5月、1~6月房地产投资同比增长分别为19.5%和18.9%，房屋销售面积同比增长42.3%和43.2%，1~8月房地产投资增长18.2%，商品房销售面积同比增长32.9%。前三季度，全省房地产投资保持17.9%的增速，相对全国而言，房地产开发投资增长比较平稳（见图5）。

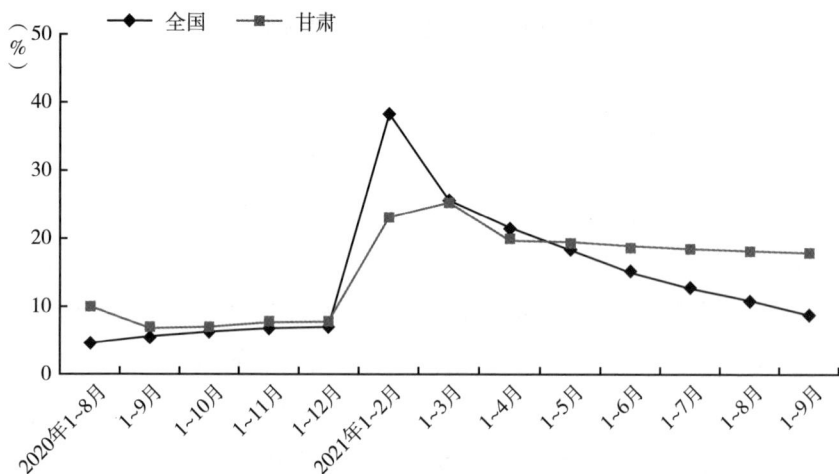

图5　2020～2021年甘肃房地产投资增速变化

（八）新基建投资后劲十足

近年来，甘肃省抢抓机遇，围绕"新基建"七大领域产业，谋划建设一批新型基础设施项目，用项目带发展，推动新一代信息技术产业和高技术智能制造产业快速发展，特别是高度重视数字经济发展，出台制定"上云用数赋智"行动方案，牵头成立国家"东数西算"产业联盟，开展"东数西算"试点，为东西部"算力资源"协同发展和全国一体化大数据中心体系建设进行了有益探索。

2021年1~6月，甘肃新基建投资额为119.08亿元，其中新能源车充电桩、5G网络、大数据中心占比高达99%，新基建的发力在于科技端的基础设施建设，使科学研究和技术服务业同比增长遥遥领先，增长率高达85.9%。尽管目前"新基建"的投资规模还不及传统基建领域，但是随着传统产业向数字化、网络化和智能化的转型，新基建对相关行业发展产生直接促进作用，同时带动上下游产业发展，使电子信息设备制造业、信息传输服务业、软件信息技术服务业相关行业收益。未来，新基建一定是促进甘肃省发展的重要领域，新基建投资后劲十足。

二 当前投资领域需要关注的问题

（一）投资增速面临下行压力进一步加大

一是甘肃省2017年、2018年两年固定资产投资均为负增长（-40.3%、-3.9%），2020年受新冠肺炎疫情影响，5月之前投资呈下降趋势，2021年投资增速保持高位运行，主要是上年同期低基数、国家持续加大投资和债券支持力度等因素影响，投资增长较快的行业主要集中在中央投资及专项债券支持领域，以政府投资为主导。根据固定资产投资的隶属关系，固定资产投资分为中央投资和地方性投资，1~2月中央投资同比增长81.2%，地方性投资同比增长24%。第一季度中央投资的增速依然较快，同比增长58.9%，地方性投资同比增长28%，中央投资比地方性投资同比增长高出30.9个百分点。此后，中央投资增速开始下降，1~4月、1~5月、1~6月中央投资同比增长分别为26.3%、4.8%、-0.9%，1~8月中央投资增速为-15%，随着中央投资的增速由正转负，固定资产投资的增速也开始由高走低。二是甘肃固定资产的投资重点是基础设施投资和制造业，而从年初开始，这两大领域投资总体呈现向下波动的趋势，支撑动能持续性不强，进一步加剧了固定资产投资增速下行压力。

（二）投资结构难以同时兼顾经济与社会效益

近年来，甘肃投资侧重点主要在补短板，对交通、城市基础设施和水利等基础设施进行投资，基础设施投资具有显著的非营利性质，经济反馈不及时，不能及时地起到以投资促经济，再以经济促投资的双向驱动作用。2021年甘肃年度计划投资1878.42亿元，其中在交通领域年度计划投资达到1140亿元，在城市基础设施年度计划投资145.5亿元，在水利年度计划投资64.68亿元。总体来看，甘肃对基础设施和民生福祉的投资约占到总投资的70%，而对工业、制造业等拉动甘肃省经济效益领域投资不足30%。第一季度基础设施投资同比增长52.8%，房地产和制造业同比增长分别为25.6%和4.8%，基础设施投资增长比制造业投资增长高出48个百分点；1~6月基础设施投资的增速有所回落，同比增长17.9，制造业同比增长9.4%。显而易见，无论是投资规模还是投资的增速，甘肃对基础设施的投资力度都较大，甘肃一定程度上存在投资结构不均衡的问题。

（三）基础设施短板弱项制约民间资本投资

近年来，甘肃大力补短板，加大对交通领域的投资，但是基础设施依旧薄弱，是制约经济发展的重要因素之一。交通、水利等基础设施的完善可以为经济的可持续发展提供后续的动力。目前，甘南、临夏2个民族自治州未通铁路，5个市州不通高速铁路；舟曲、阿克塞等19个县还未通高速公路，5个市州没有民航机场。全省铁路网与西北铁路网的连通程度较低，兰州铁路枢纽综合服务功能有待提升，枢纽内部各种运输方式衔接不畅，集疏运体系不完善。公路网里程和密度低于全国平均水平和周边省区，高速公路网络化、规模化效益没有充分发挥。民航既有航线网络化水平有待提升，通用机场发展尚处于起步阶段。"大兰州"经济圈的快速交通路网还未形成。河西外送电通道已建成投运，但部分配套新能源项目尚未建成并网，能源系统储运基础设施建设还存在短板；陇东地区有丰富的煤电，周边配套丰富的新能源电力，但外送通道不足，农村电网还存在一定程度的低电压、"卡脖子"、重过载以及安全隐患①，这一系列的基础设施问题将增大企业的投资成本，抑制民间资本的投资。

（四）部分工业项目完成度不高，市州投资发展差异较大

从重点项目进展来看，2021年全省实施工业和信息化项目共868项，总投资2227亿元，当年计划投资583.7亿元。目前662个项目已开工建设，1~6月完成投资189.2亿元，占全年计划投资的32.4%，1~8月完成投资281.8亿元，占年度计划投资的48.2%，虽然开工项目较多，但投资完成度不高，进展稍显缓慢，年度计划投资未达到上半年预期目标。从地区角度来看，由于各市州的地理位置、优势产业以及投资侧重点不同，各市州的固定资产投资增长在不同市州的差异较大。各市州工业投资呈现不均衡恢复，定西市、陇南市工业投资分别增长132.9%、113.0%，临夏州、平凉市、甘南州工业投资分别下降41.9%、34.5%、14.5%。

（五）营商环境欠佳，对民间资本的吸引力小

根据2021年1月出炉的《中国省份营商环境研究报告2020》，主要依据"市场环境、政务环境、法律政策环境、人文环境"等指标测度省级行政区的营商环境，报告显示甘肃省的营商环境处于落后水平；在全国31个省（区、市）中排第29名，营商环境指数为41.22，四个子环境排名分别是政务环境（第8），人文环境（第16），市场环境（第25），法律政策环境（第31）②；同时粤港澳大湾区研究院、21世纪经济研究院联合发布的2020年中国296个城市营商环境报告中，兰州排名第65位，排名不及乌鲁木齐、拉萨、银川。良好的政务环境体现当地政府的办事效率、处理政府和市场关系的能力，优良的人文环境展现出当地人民和劳动力的精神面貌，活跃的市场环境促进要素的有效流动，法律政策制定和执行较好的投资环境给

---

① 甘肃省信息中心：《2021年上半年甘肃省经济形势分析及三季度预测》，2021年8月24日。
② 《中国省份营商环境研究报告2020》，北京大学光华管理学院，2021年1月29日。

投资企业充足的"安全感"。而甘肃在市场环境和法律政策环境处于较落后水平，不够优越的投资环境必定会打击企业对当地的投资信心，影响当地的招商引资，阻碍资本流入。

三 固定资产投资形势分析与预测

（一）稳定投资的有利因素

一是经济总体发展形势良好。前三季度，全省地区生产总值7401.0亿元，同比增长8.5%，两年平均增长5.6%。随着供给侧结构性改革不断推进，三大产业持续性稳定恢复，农业、工业生产形势较好，服务业稳步提升。需求侧对经济增长的支撑作用显著增强，三大需求持续回升，固定资产投资增速较快，消费市场稳定恢复，进出口再上新台阶。

二是货币政策持续助力。2021年综合运用各种货币政策工具，保持货币流动性合理充裕，保持广义货币（M2）、社会融资规模增速与名义经济增速的基本匹配。在结构方面，发挥好货币政策工具精准扶持作用，加大对科技创新、小微企业、绿色发展等重点领域的金融支持。这与近年来甘肃加大对科技、数字经济和生态领域的投资相适应，大力推行的货币政策将倾向于高科技和生态产业。

三是财政政策稳中求进。2021年全国财政赤字率按3.2%左右安排，比上年有所下调，赤字规模为3.57万亿元，比2020年减少1900亿元。但财政政策通过提质增效，向更可持续方向发展。通过建立实施常态化财政资金直达机制，提高财政支出效率。同时，将强化财税政策支持和引导，保持一定的减税降费力度。另外，2021年中央对地方转移支付安排83370亿元，其中一般性转移支付75018亿元，增长7.8%，增幅明显高于上年。

四是调动并激发民间资本的活力。2020年，随着一系列支持民营经济发展相关的减税降费等政策逐步落实，民营经济的活力不断得以释放，民间投资呈现稳步恢复态势。民营经济的相关扶持政策与推介项目长效机制不断完善，民间投资参与补短板和新型基础设施建设的积极性大大提升，政府和社会资本合作（PPP）模式持续得以推广规范，不断激发民间资本参与经济投资的活力。同时，银行有效发挥在民营企业信用贷款中的作用，合理规划中长期贷款规模和比例，不断降低民间投资负担，基础设施领域不动产投资信托基金（REITs）试点持续稳妥开展，民间投资渠道不断拓宽。

（二）影响投资的不利因素

一是全球新冠肺炎疫情仍然存在很大的不确定性。全球新冠肺炎疫情还在波动式蔓延，境外确诊病例和死亡人数屡创新高。变异毒株"德尔塔"出现，传染性较原有病毒提高逾70%，国外确诊人数不断增加。根据国际货币基金组织（IMF）2021年4月发布的《全球经济展望》，全球复苏的断层扩大，各国的经济前景出现了进一步的分化。疫苗获取能力已成为世界经济的主要断层，沿着这条断层，全球经济复苏形成了两组阵营：一组是有望在2021年晚些时候进一步恢复正常经济活动的国家（几乎都是发达经济体），另一组是仍面临感染病例再度激增、死亡人数不断上升的国家[①]。然而，只要病毒还在世界上某个地方扩散，目前感染病例很少的国家也不能保证可以平稳实现复苏。

二是国内风险挑战交织叠加，国内的消费需求复苏较慢，投资需求表现出内生动力不足，需求能力减弱直接影响生产端，使生产动能不足，成为生产领域面临的重要挑战。受疫情冲击、经济减速、企业效益不佳以及大规模减税降费等因素影响，地方财政收入增长明显放缓。同时，疫情之下市场主体中的企业经营业务受到困扰，收入回款缓慢，资金周转速度下降，导致现金流持续吃紧，企业债务潜在违约风险有所上升，潜在的金融风险不容忽视。

三是新一轮新冠肺炎疫情在多个省区快速传播，对部分疫情地区四季度经济运行可能产生一定程度影响。10月以来，内蒙古额济纳旗的新冠肺炎疫情，连续波及多个省区，甘肃河西由于处于最近的接壤地区，部分市州相

---

① 国际货币基金组织：《全球经济展望》，2021年4月。

继发现新冠肺炎确诊病例和新冠病毒无症状感染者，特别是省会兰州市疫情防控形势复杂严峻。11月疫情防控处于最吃劲的关键阶段，为了防止疫情进一步发展传播，政府发布了严格的防疫政策和措施，可能会影响到全省四季度固定资产投资发展进度。

（三）固定资产投资增速的初步预估

近年来，甘肃固定资产投资实际增速波动较大，2016~2017年波动呈现由正转负，2019年开始逐渐由负转正。2017年实际增速降为-40.3%，远低于预期目标，增速达到近几年的最低（见图6）。近几年甘肃对固定资产投资的基调为坚持投资是拉动经济的主要动力，坚持抓项目就是促投资，不断完善对项目的审批和落实机制，不断促进投资服务工作，也取得一定成效，固定资产投资增速有所上升。

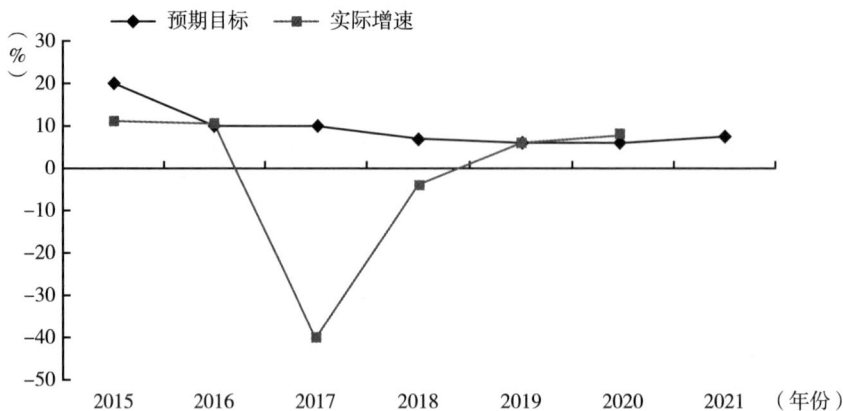

图6　2015~2021年甘肃固定资产投资预期目标与实际增速

2021年甘肃省在政府工作报告中，对全省经济社会发展主要预期目标进行了初步预判，其中固定资产投资增长预计为7.6%以上。在疫苗接种普及、政策的有效实施和社会生产逐步走向正轨的前提下，全省经济有望延续当前恢复性增长态势。投资作为促进经济增长的主要动力，将持续呈现常态化发展态势，房地产投资增速呈现放缓迹象，制造业投资温和修复，基础设施投资依然是带动全省投资主要动力。2021 年以来房地产竣工、叠加政策层面对于房地产调控趋严，预计房地产投资将会趋弱，工业企业利润增速也有所回落，叠加新增社会融资对制造业中长期贷款也呈现回归常态的趋势，预计制造业投资的修复速度将趋缓；基建投资增速仍处于上行区间，但是大项目好项目不多，保持继续大幅上行的概率不大。

综合来看，固定资产投资增速在前三季度已经逐步探明全年顶部区域，未来投资增速缓慢下降是大势所趋。从近几年甘肃省固定资产投资增速的预期目标和实际目标对比也可以发现，投资增长的主要区间范围在 6%～8%，预计近两年的投资增长也将维持在这一水平。从中长期来看，甘肃省的投资增速仍有一定提升空间，但需要维持较大的投资规模，不断优化投资结构，大力补齐短板做支撑。

四　对策建议

（一）缓解固定资产投资增速下行压力

固定资产投资面临修复动能减弱和增速下行的压力，势必对经济增长和发展产生一定的影响。精准把握修复动能减弱问题的源头，缓解增速下行压力。

一是受外部压力和疫情的零星发生影响，整个经济面临的不确定性增加，固定资产的投资和进展也会受到影响，保持和加大对省内疫情防控的力度，做好事前预防，减少事后成本代价，为投资创造一个安全的投资环境。

二是随着中央投资的减缓，固定资产投资增速面临下行的压力，要积极采取措施争取进入国家重大项目库，努力争取中央财政支持，形成良好的中央与地方的联动效应，围绕中央投资的重点，要精准把握国家关于固定资产投资的相关政策，加大对重大项目的谋划储备力度，积极争取更多中央政策、项目和资金支持。同时，也要有效利用地方政府专项债券，加强资金和项目对接，提高专项债券资金使用绩效，缓解固定资产投资下行压力；2021

年国家新增专项债券重点用于国家重大战略项目、交通基础设施、农林水利、生态环保项目、社会事业、能源项目、市政和产业园区基础设施、保障性安居工程、城乡冷链物流设施等九大领域。围绕这九大领域，用好专项债券，缓解地方投资压力，提高地方的投资增速，减轻固定资产投资下行压力。

三是固定资产最主要的投资还是基础设施建设投资、房地产投资和制造业投资，而这三大投资都呈现下行的趋势，加大对这三项的投资力度，拓宽基础设施建设领域，不是涉及所有领域，应选择急需的、能够有效扩大需求、拓展城乡消费市场、拉动经济增长、具有良好经济效益和社会效益、有利于实现可持续发展的产业和领域。加大发力于科技端的基础设施建设，主要包括5G基建、特高压、城际高速铁路和城际轨道交通、新能源汽车充电桩、大数据中心、人工智能和工业互联网等七大领域。

四是需要进一步加大对企业投资的支持力度，通过降低企业税负，释放企业资金，从而使企业有更多的资金投入制造业和房地产投资发展中，充分发挥税收的作用。

（二）优化投资结构，保证经济效益

投资结构的优化可以使投资的效用最大化，甘肃固定资产投资侧重于基础设施的投资，全省70%的投资计划都聚焦在交通、水利等基础设施，但基础设施投资要遵循因地制宜的原则，投资规模要与区域社会经济发展需求相匹配。科学研判甘肃发展阶段特征、投资需求，找准实际情况，吸引和扩大投资，要从源头上优化投资结构，发展和储备投资收益高和有潜力的项目，在补齐短板的同时也要逐步向具有投资潜力的产业和项目倾斜，如加大对本省的优势产业和促进产业链转型升级的项目投资。

一是发挥本地制造业的比较优势，加大对有色冶金、钢铁、装备制造、电子信息、陇药等重点优势产业项目的投资，拓宽本省优势产业发展空间；同时紧随国家发展高新技术和清洁能源产业的步伐，拓展本省制造业的产业范围，加大对如高科技产业、数字信息和生态产业等潜力行业项目的投资。

2021年2月甘肃省印发的《高端化智能化绿色化改造推进传统产业转型升级2021年工作要点》指出推动传统优势产业转型升级，提升产业基础能力和产业链发展水平，实现制造业高质量发展，提出传统产业高端化、智能化、绿色化改造①，要加大对"三化"改造的政策和投资力度，促进传统制造业转型，提升投资的收益率。

二是虽然房地产开发投资有波动下行的压力，但是房地产销售基本稳定，销售回款需要加快，适度加大对房地产的投资，对优化投资结构、提高投资回报率具有促进作用。

（三）着力提高投资效率

一是继续保持把"三个清单"作为促进投资的总抓手，实行投资按月调度和年终考核制度，工信、交通、建设、水利等重点行业的各主管部门及市州发改部门要积极参与调度分析，实时掌握项目进展情况、投资完成情况，不断追踪和解决项目建设中存在的相关问题，确保项目进展顺利、提高投资效率。同时进一步健全重大项目领导干部包抓推进机制、要素协调保障机制、部门协调服务机制、主体责任落实机制，抢抓最佳施工期，加快项目建设进度，缩短项目建设工期，确保在建项目早日投入使用，提高投资效率。

二是各市州因项目资金的到位情况不同，项目的进展速度也不同。工业投资及时到位及自筹能力较强的市州工业投资为正，如定西、陇南等，而平凉、甘南的工业投资项目进展缓慢，出现投资为负的现象，要保证工业投资及时到位和提高各地区的资金自筹能力有利于地区间的投资均衡，狠抓项目投资的落地工作，全力以赴加快签约洽谈项目有效落地实施，紧盯已运行项目，项目投资全程跟踪、督促落实，同时要合理统筹安排工业投资，要将投资用到"刀刃"上，结合各地的优势产业投资，提高投资回报率。

---

① 甘肃省工业和信息化厅：《甘肃省制造业"一带一路"拓展平台培育提升实施意见》，2021年1月14日。

（四）继续补齐短板，强化重点领域投资

一是努力补齐区域之间、城乡之间、各种交通运输方式之间发展中存在的不协调、不平衡的结构性短板。要持续不断地推进主干线铁路、城际铁路、市域（郊）铁路以及城市轨道交通等一批轨道交通重点项目，将不通铁路、不通高速公路和高速铁路的地区列入基础设施投资的重点区域。

二是将高速货运市场作为下一步重点开发建设的领域，快递等货运需求日益增长，需求的背后就是潜在的增长动力，要不断发展满足快递业相关需求的货运，着力推动现代化物流转型，发展甘肃高速货运动车组市场，逐步形成铁路快捷货运网络，调整铁路运输结构，转变"重客轻货"的运输理念，合理利用闲置运输资源；同时，也要进一步提升铁路枢纽的综合服务能力，明确不同层级枢纽的客运服务功能和辐射范围。结合甘肃的空间形态、人口分布等现状及未来发展趋势，按照国土空间规划相关要求和交通发展特点，科学布局机场、车站等大型综合客运枢纽。

三是加强政策研究，充分发挥重大项目带动作用，发挥重点领域投资对全省投资增长的重要支撑带动作用。抓住黄河流域生态保护和高质量发展规划实施，积极谋划一批生态环保、重大水利基础设施等项目，加快重点流域水环境综合治理，着力扩大以交通能源为重点的基础设施，加快陇电外送工程进度，着力扩大新型城镇化建设投资，大力提升城市公共设施供给水平和服务效率，促进城市功能的不断更新，不断完善城市交通、教育、医疗等公共配套设施需要，不断提升城市品质。

（五）进一步加大优化营商环境的力度，充分激发民间资本投资活力

好的营商环境就是生产力，营商环境的改善可以提高甘肃民间投资的吸引力、创造力和竞争力。近年来甘肃省委为塑造良好的营商环境，出台了相关的政策和措施，取得了一定的成绩，2021年甘肃省的民间资本投资增速有所加快，但是甘肃的营商环境在全国排名中处于落后水平，除了政务环境

外，市场环境、人文环境和法律政策环境排名较低，未来保持政务环境，推动人文环境稳中求进，并着力优化市场环境尤其是法律政策环境。

一是促进市场环境的公平竞争，加快市场化进程，完善市场制度，发挥市场配置资源的决定性作用；同时消除地方壁垒，地方政府应该拓宽经济发展格局，不只是局限于谋求本地区的利益，利用行政规制，阻碍资源借助市场机制的有效流动，对重要企业或产业适用优惠或政策倾斜，实行价格补贴、金融优惠政策、财政支持政策等，或者为企业用工和人才吸引方面提供相应政策和便利条件，提高本地企业的竞争力，促进本地市场要素有效流动，激发民间投资的活力。

二是要通过提高各级部门的监督力度和执法能力、扩大各种经济手段的使用范围以及明确地方政府的责任，提高各项法律政策实施的有效性和效率；要将法律政策环境因素纳入经济综合决策范围，为优化营商环境作保障，为民间投资塑造良好的法律政策环境。

B.6
甘肃集成电路制造产业分析与预测

王军锋*

摘　要： 甘肃集成电路产业，起源于1969年第四机械工业部在甘肃省天水地区的"三线建设"，形成了芯片设计、晶圆制造、封装测试相对完整的产业链布局，甘肃集成电路产业呈现生产规模不断扩大，总产量跃居全国第二位；天水成为甘肃集成电路产业主要的生产基地，产业聚集度较高；龙头企业华天科技总资产规模快速扩大、营业收入稳定提高、盈利能力持续增强、主导产品优势更加凸显、科技投入持续加大等显著特点。针对甘肃集成电路产业总体规模不大、产业结构单一、产品低端等突出问题，本文提出了以创新链为引领，促进"四链"协同发展，汲取长三角和粤港澳大湾区省市成功经验，着眼于第三代集成电路产业基地建设等对策建议。

关键词： 甘肃　集成电路产业　华天科技

集成电路（Integrated Circuit），又称为"芯片"。集成电路制造产业是信息技术产业的核心，是国民经济和社会发展的战略性、基础性和先导性产业，是转变经济发展方式、调整产业结构、保障国家安全的重要支撑，也是培育和发展战略性新兴产业、推动信息化与工业化深度融合的核心和基础，

* 王军锋，甘肃省社会科学院资源环境与城乡规划研究所副研究员，主要研究方向为区域经济、企业治理、民间金融、对外贸易等。

因而被称为工业生产的"心脏",其技术水平和发展规模已经成为衡量一个国家产业竞争力和综合国力的重要标志之一[①]。近年来,随着中美芯片大战愈演愈烈,偏居西北的甘肃省集成电路产业因其产销量跃居全国第二,成为社会各界关注的重点和理论界研究的热点之一。

一 中国集成电路产业发展现状

中国集成电路产业诞生于 20 世纪 60 年代,共经历了自主初创期(1965～1978 年)、引进探索期(1978～1990 年)、重点建设期(1990～1999 年)、快速发展期(2000 年至今)四个发展阶段,建立起具有一定技术基础和较强国际竞争力的集成电路产业,目前市场规模稳居世界第一。但与此同时,中国国内市场约 80% 的需要进口,其中高端的芯片几乎全部需要进口,这在一定程度上反映出中国集成电路产业对外依赖程度高,不能实现自给自足的严峻现实[②]。

(一)中国集成电路产业发展现状

集成电路产业是引领新一轮科技革命和产业变革的关键产业,世界各国纷纷将集成电路作为国家战略部署的核心领域。美国将其视为未来 20 年从根本上改造制造业的四大技术领域之首;韩国将智能半导体作为"未来增长动力计划"的重点领域之一。《中共中央关于制定国民经济和社会发展第十四个五年规划和二〇三五年远景目标的建议》中,也明确提出要重点发展集成电路等战略性新兴产业。

1. 全球集成电路产业发展状况

随着全球信息化和数字化的持续发展,新能源汽车、人工智能、消费电子、移动通信、工业电子、物联网、云计算等新兴领域快速发展,带动和促

[①] 《国家集成电路产业发展纲要》。

[②] 王鹏飞:《中国集成电路产业发展研究》,武汉大学博士学位论文,2014。

进了全球集成电路行业高速发展。2015～2019 年全球集成电路行业市场规模整体呈上升状态，从 3351.7 亿美元上升至 4121 亿美元（见图 1）。

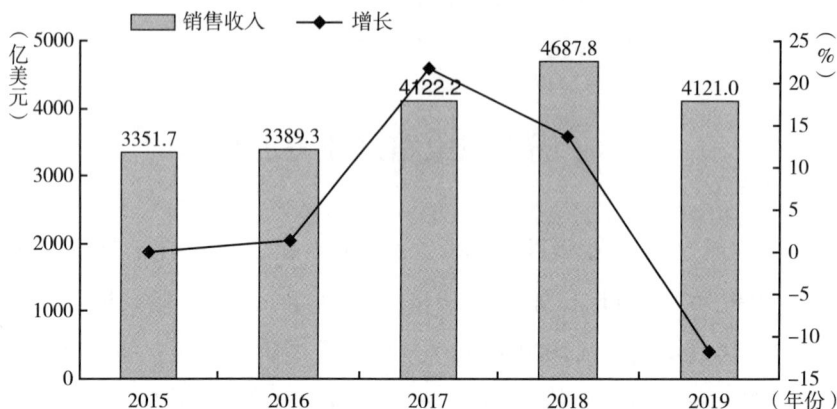

图 1　2015～2019 年全球集成电路行业销售收入及增长走势

资料来源：依据有关公开资料整理。

从全球集成电路产品市场占有情况看，2019 年美国依然处于主导地位，达到 55%，韩国占 21%，欧洲占 7%，中国台湾占 6%，日本占 6%，中国大陆占 5%。从全球集成电路贸易进出口看，2019 年超过 1.5 万亿美元。其中，主要进口国家或地区为台澎金马关税区和韩国，两者进口额占全球进口总额的 54%，中国集成电路进口额在全球排名第三，占比为 12%；出口占比排在前三的国家或地区分别为中国香港、韩国及台澎金马关税区，占比分别为 40%、15%、14%[①]。

2020 年第四季度以来的"缺芯"席卷全球，2021 年更是进一步蔓延。集成电路行业供不应求成为一种常态，产业链上下游企业产能利用率维持高水平运转。根据美国半导体行业协会（SIA）公布的数据，2021 年上半年，全球半导体市场销售额达到 2531 亿美元，同比增长 21.4%。其中，欧洲同比增长 43.2%，中国同比增长 28.3%，美洲同比增长 22.9%，日本同比增

---

① 中国电子节能技术协会集成电路专业委员会芯途研究院。

长 21.2%①。

2. 中国集成电路产业发展状况

中国集成电路产业生产量从 1998 年的 22.2 亿块增长到 2020 年的 2614.7 亿块,销售额从 1998 年的 58.5 亿元增长到 2020 年的 8848 亿元。其中,设计业销售额为 3778.4 亿元,同比增长 23.3%,占比为 42.7%;制造业销售额为 2560.1 亿元,同比增长 19.1%,占比为 28.9%;封装测试业销售额为 2509.5 亿元,同比增长 6.8%,占比为 28.4%②。根据中国半导体行业协会统计,2021 年 1~6 月中国集成电路产业销售额为 4102.9 亿元,同比增长 15.9%。其中,设计业销售额为 1766.4 亿元,同比增长 18.5%;制造业销售额为 1171.8 亿元,同比增长 21.3%;封装测试业销售额为 1164.7 亿元,同比增长 7.6%。

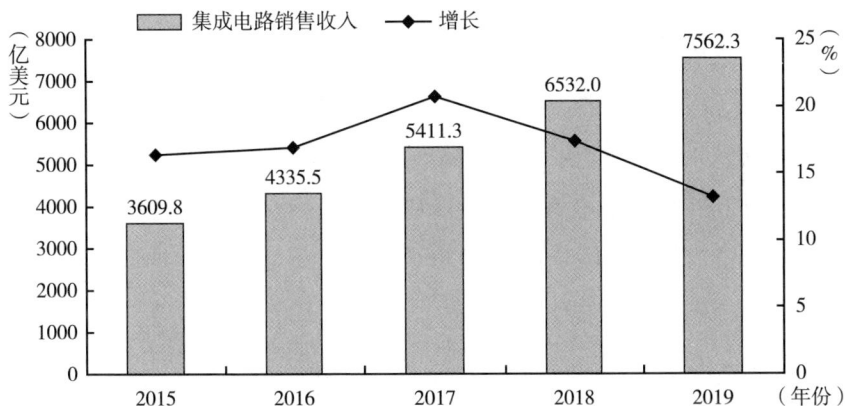

图 2 2015~2019 年中国集成电路产业销售收入及增长走势

资料来源:智研咨询《2020~2026 年中国集成电路设计行业竞争现状及投资发展研究报告》。

3. 中国集成电路产业结构

集成电路生产分为 IC 设计、晶圆制造和封装测试三个环节,从 2018 年

---

① https://xueqiu.com/1118999957/194182513.

② 前瞻产业研究院:《中国集成电路行业市场需求预测与投资战略规划分析报告》。

到2020年中国集成电路各环节产业结构来看，IC设计为集成电路主导市场，销售收入总额从2519.9亿元增长到3778.4亿元，占比从38.6%提高到42.7%。晶圆制造占比略有提高，封装测试占比明显呈逐步下降态势（见表1）。

表1　2018～2020年中国集成电路产业销售收入结构情况

单位：亿元，%

年份	IC设计		晶圆制造		封装测试	
	总额	占比	总额	占比	总额	占比
2018	2519.9	38.6	1818.2	27.8	2193.9	33.6
2019	3063.5	40.5	2149.1	28.4	2349.7	31.1
2020	3778.4	42.7	2560.1	28.9	2509.5	28.4

资料来源：依据有关公开资料整理。

4. 中国集成电路进出口结构

近年来，国内存储器、通信芯片、各类传感器等高端领域对集成电路的需求不断上升，迅速拉动了集成电路产品的进口增长。根据中国海关统计，2015年以来，中国集成电路进口数量和进口额呈波动上升趋势。2019年集成电路累计进口集成电路金额为3050.1亿美元，超过石油进口总额而成为中国进口总额最大的商品种类；累计出口集成电路金额1016.5亿美元，贸易逆差高达2033.6亿美元（见图3）。2020年进口金额3500.4亿美元，同比增长14.6%；出口金额1166亿美元，同比增长14.8%，贸易逆差进一步扩大到2334.4亿美元①。

（二）中国集成电路产业发展存在的突出问题

中国集成电路产业正处于蓬勃发展阶段。但中国仍在许多领域存在"短板"，如行业高端专业人才匮乏、IC自给率很低、核心设备技术受制

---

① 《2020年中国集成电路行业进出口现状分析——贸易逆差出现回落，未来进口依赖度将改善》，http：//bg. qianzhan。

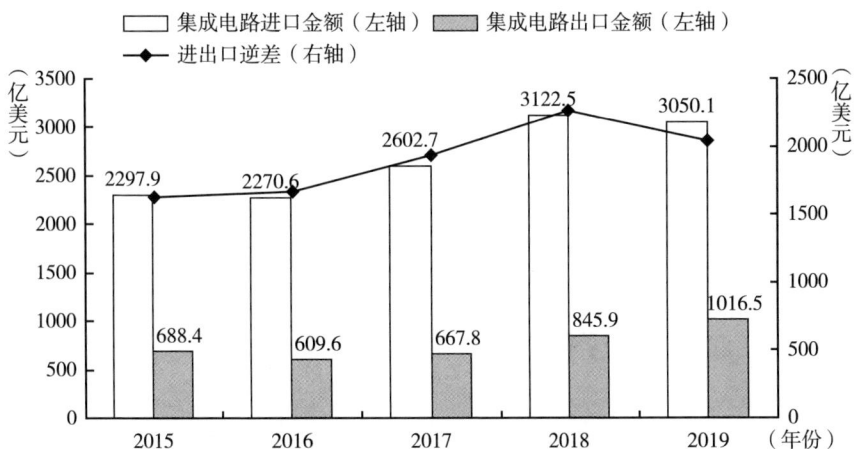

图3　2015~2019年中国集成电路进出口状况

资料来源：依据有关公开资料整理。

于人、自主创新生态体系不完整等，高端芯片对外依存度高，断供风险巨大。

1. 行业高端专业人才匮乏

集成电路设计行业属于典型的技术密集型行业，随着我国集成电路行业的发展，集成电路设计行业的从业人员逐步增多，但专业研发人才供不应求的情况依然普遍存在。而由于近几年市场对于集成电路设计人才的需求急剧增加，新进入企业聘用人才的成本已接近国际顶尖集成电路企业。未来一段时间，专业人才相对缺乏仍将成为制约行业发展的重要因素之一。

2. IC 自给率严重不足

当前，中国集成电路产业仍处于自给率明显不足阶段，高端芯片几乎全部要依赖进口，已连续多年超过原油成为我国第一大进口商品（见表2）。根据 IC Insights 的数据，2012 年集成电路自给率仅为 7.2%，2016 年提高到 10.4%，2019 年为 14.0%，2020 年达到 15.0%的自给率水平，但硅晶片、光刻胶、CMP 抛光液以及溅射靶材等高端半导体材料仍被欧美、日韩等国垄断，产业链布局安全性降低。

表2　中国国产芯片市场占有状况

单位：%

系统	设备	核心集成电路	国产芯片占有率
计算机系统	服务器	MPU	0
	个人电脑	MPU	0
	工业应用	MCU	2
通用电子系统	可编辑逻辑设备	FPGA/EPLD	0
	数字信号处理设备	DSP	0
通信设备	移动通信设备	Application Processor	18
		Communication Processor	22
		Embedded MPU	0
		Embedded DSP	0
	核心网络设备	NPU	15
		DRAM	0
内存设备	半导体存储器	NAND FLASH	0
		Image Processor	5
显示及视频系统	高清电视/智能电视	Display Processor	5
		Display Driver	0

资料来源：中商情报网。

3. 核心设备技术受制于人

从核心技术来看，中国在芯片设计、制造等环节中的关键设备、软件、技术等受制于人，严重制约了高质量发展。国内所使用的EDA工具由Cadence、Synopsys、Mentor三家美国公司垄断，占据95%的市场份额，国产软件与美国巨头之间还有10年左右的差距。此外，芯片生产所需要的离子注入机、薄膜沉积设备、热处理成膜设备等关键设备由美国应用材料公司和日本东京电子等企业垄断，还有光刻机由荷兰ASML公司垄断。

4. 自主创新生态体系不完整

主要表现在四个方面：一是产业链、供应链、价值链、创新链协同模式与机制不够健全；二是基础研究、技术研发、工程应用及产业化协同创新链不够完善；三是新型研发机构、产学研平台等有效创新实体的创新生态尚未形成；四是打造高端工程科技领军人才团队的体制和机制尚未完善①。

二 甘肃集成电路产业发展现状分析

甘肃集成电路产业起源于 1969 年第四机械工业部在甘肃省天水地区的"三线建设"，以华天科技为龙头，形成了拥有芯片设计、晶圆制造、封装测试相对完整的产业链布局。自 2014 年甘肃省工信委等多个部门联合下发《关于印发甘肃省贯彻落实〈国家集成电路产业发展推进纲要〉的实施意见的通知》以来，甘肃省集成电路产业快速发展，基本形成了以集成电路封装测试业为核心，引线框架、封测专用设备、模具、半导体封装材料和包装材料等配套的产业体系，产业规模不断扩大，产量稳居全国第二位。

（一）生产规模不断扩大，总产量跃居全国第二位

2009 年甘肃集成电路产量仅为 32.85 亿块，2010 年突破 50 亿块大关，2013 年达 91.59 亿块，2015 年为 149.75 亿块，"十二五"期间年均增长22.17%。2016 年增长到 196.61 亿块，2018 年增长到 317.70 亿块，2020 年猛增到 457.28 亿块，是 2016 年的 2.33 倍，"十三五"期间年均增长26.52%。2021 年上半年已经突破 300 亿块（见表 3）。据国家统计局数据，2021 年 1~8 月，甘肃省规模以上工业企业集成电路产量同比增长 44.3%，达 415.66 亿块，增速较 2020 年同期高 31.6 个百分点，继续保持强劲增长态势。

---

① 付凯晨：《我国集成电路产业发展现状及实现跨越式发展应对之策的思考》，《湖北第二师范学院学报》2021 年第 5 期。

表 3 2015 年至 2021 年 1～6 月甘肃集成电路产量及占全国的比重

时间	全国(亿块)	甘肃(亿块)	甘肃占全国的 比重(%)	甘肃在全国的 位次
2015 年	1087. 20	149. 75	13. 77	4
2016 年	1317. 95	196. 61	14. 92	4
2017 年	1564. 90	280. 85	17. 95	2
2018 年	1739. 50	317. 70	18. 26	2
2019 年	1810. 00	389. 86	21. 54	2
2020 年	2612. 60	457. 28	17. 50	2
2021 年 1～6 月	1712. 00	301. 40	17. 61	2

资料来源：依据有关公开资料整理。

2015 年甘肃集成电路产量还居于江苏（369.5 亿块）、上海（217.4 亿块）、广东（162.6 亿块）之后，列全国第四位；2017 年至 2021 年上半年连续五年超越上海、广东，跃升到全国第二位；2020 年江苏与甘肃两省的产量占全国近一半，甘肃省成为名副其实的集成电路生产大省（见表 4）。甘肃集成电路产量占全国的比重从 2015 年的 13.77% 提高到 2019 年的 21.54%，占全国总产量的 1/5 多。据兰州海关分析，随着新能源汽车、5G 基站等领域对芯片需求的超预期爆发，作为芯片生产主要环节之一的封测行业迎来供不应求、产能吃紧的局面，促进了半导体行业持续繁荣，2021 年前两个月甘肃省集成电路出口快速增长，出口额达 4.17 亿元，同比增长 59.8%[①]。

表 4 2018～2020 年集成电路产量排名前十省市及产量

单位：亿块

排名	2018 年	2019 年	2020 年
	省市及产量	省市及产量	省市及产量
1	江苏省 564.2	江苏省 500.0	江苏省 834.9
2	甘肃省 317.7	甘肃省 389.9	甘肃省 457.3
3	广东省 300.8	广东省 363.2	广东省 373.6

① 资料来源于兰州海关官网。

排名	2018 年	2019 年	2020 年
	省市及产量	省市及产量	省市及产量
4	上海市 233.5	上海市 207.6	上海市 288.7
5	北京市 137.5	北京市 154.5	浙江省 174.1
6	四川省 76.6	浙江省 143.3	北京市 170.7
7	浙江省 65.4	四川省 77.2	四川省 106.4
8	天津市 16.3	安徽省 59.7	陕西省 56.1
9	重庆市 5.4	重庆市 33.7	重庆市 45.5
10	湖南省 4.7	山东省 21.3	山东省 22.2

资料来源：依据国家统计局有关资料整理。

（二）天水成为甘肃集成电路产业主要的生产基地，产业聚集度较高

甘肃主要集成电路研发生产骨干企业 12 家，其中 11 家就聚集在天水，从而使集成电路产业成为天水市工业经济主导产业之一。天水市集成电路产业基础形成于 20 世纪六七十年代国家"三线建设"布局的国营永红器材厂（国营第七四九厂）、甘肃天光集成电路厂（国营第八七一厂）和甘肃省庆华仪器厂（国营第八六〇厂）等重点企业。经过多年发展，甘肃形成了以华天电子集团、天光半导体公司、华洋电子科技公司为骨干，以集成电路封装测试为核心，以集成电路芯片设计制造、引线框架、专用设备模具、包装材料、微波仪器、通信电源、智能终端制造等为重点的电子信息产业体系。

2020 年，天水市集成电路产业增加值增长 17.3%，高于规模以上工业增加值 8.6% 增长率 8.7 个百分点；2021 年上半年，天水市集成电路制造企业完成工业总产值 78.4 亿元，同比增长 41.1%。

（三）主要生产企业基本状况

华天科技、天水天光已经成为甘肃芯片制造领域的杰出代表，尤其是华天科技，是一家专业从事功率半导体器件封装测试的国家高新技术企业、国

家创新试点企业、第一批国家鼓励的集成电路企业，已迈入集成电路封装测试行业中国第三大、全球第六大公司之列，引领着甘肃集成电路产业不断发展壮大（见表5）。

表5　甘肃集成电路主要生产企业基本状况

序号	企业名称	主营业务	注册资本	注册地点	主要股东构成
1	华天电子集团股份有限公司	单片集成电路生产	4953.482万元	天水	共有99个股东，其中肖胜利持股17.34%，肖智成持股16.44%
2	天水华天科技股份有限公司	集成电路封装	274000万元	天水	社会公众股占73.88%，华天电子集团股份有限公司持股26.12%
3	天水天光半导体有限责任公司	中小规模集成电路	5010万元	天水	陕西电子信息集团有限公司持股51%，长安汇通有限公司持股49%
4	天水华洋电子科技股份有限公司	半导体集成电路引线框架生产	9242万元	天水	康小明持股65.52%，天水圣邦仕电子信息有限公司持股8.62%；天水冠华诚电子信息有限公司持股8.62%
5	天水天嘉电子有限公司	二极管生产	626万元	天水	重庆平伟实业股份有限公司持股70%，天水天光半导体有限责任公司持股11.25%，自然人持股18.75%
6	天水华天机械有限公司	集成电路模具备件生产	1683.72万元	天水	天水华天科技股份有限公司持股89.1%，香港高柏斯发展有限公司持股10.9%
7	天水天微混合集成电路有限公司	机械加工	500万元	天水	天水天光半导体有限责任公司持股36%，成都杰菲特科技有限公司持股32%，深圳市深南微电子有限公司持股20，邵卫平持股12%

序号	企业名称	主营业务	注册资本	注册地点	主要股东构成
8	天水天光电子电器有限公司	电源模块	50万元	天水	天水天光半导体有限责任公司持股20%，苗果丰等3个自然人持股80%
9	甘肃天昊电子有限公司	硅外延片生产	289.8万美元	天水	日本国际电子贸易株式会社持股96.12%，天水天光半导体有限责任公司持股3.88%
10	甘肃巨龙投资发展有限公司	片式电子开关集成器件	2500万元	兰州	徐大虎持股50%，冯大坤持股30%，卢永诚持股20%
11	隆旗科技（天水）集团有限公司	信息系统集成和物联网技术服务，集成电路设计，智能消费设备制造	10000万元	天水	深圳市陇丰源实业集团有限公司持股67%，广财供应链管理（天水）集团有限公司持股28%，自然人余纪锋持股5%
12	东旭集团甘肃光轩高端装备产业有限公司	光电显示材料生产技术及装备的研发	100000万元	天水	天水市国有资本投资运营有限责任公司持股49%，内蒙古郡熙信息科技有限公司持股35%，北京创科东晟新材料科技有限公司持股16%

资料来源：依据企查查网有关资料整理。

三 甘肃集成电路产业分析与预测

甘肃集成电路产业发展在很大程度上取决于全球产业重心转移及国内消费市场需求的拉动。

（一）国内外集成电路产业发展走势分析与预测

全球集成电路市场重心向亚太地区转移和中国这个全球最大的 CPU 消

费市场长期持续发展，将会持续为甘肃集成电路产业发展带来巨大契机。

1. 全球集成电路市场重心向亚太地区转移

近年来，世界集成电路的市场重心已从欧美转向亚太地区。进入21世纪后，亚太地区的经济快速发展，电子消费及居民消费能力进一步提升，对集成电路产品的需求增加，因此世界集成电路市场重心也转移至亚太地区。2020年，根据SIA数据和前瞻产业研究院统计，亚太地区（除日本外）已成为全球最大的集成电路市场，销售额占全球市场的61.96%。伴随2020年5G建设的快速发展、可穿戴设备及云服务器市场的稳健成长，全球集成电路行业收入较2019年将有所增长。预计2021年全球集成电路行业将持续保持复苏势头，至2025年全球集成电路行业将保持稳步增长的趋势。

图4　2011～2019年全球集成电路产业市场规模及增速

资料来源：WSTS。

2. 中国集成电路行业市场规模仍将持续高速增长

中美在科技领域的博弈具有长期性，美国的科技制裁导致国际供应链断裂和信息安全风险加剧，倒逼国内CPU加快自主产业发展步伐。目前国产CPU在党政军领域的广泛应用加快了民用化的进程，潜力巨大，未来国产CPU在传统领域存在追赶机会。国家出于战略安全、产业升级角度考虑，持续加大对国产 CPU 研发、应用等领域的支持力度，给 AI、开源架构带来换道超车可能。国产 CPU 实现发展，才能掌握信息技术发展权，才能实现国家信息产业转型升级。2020 年，由于 5G 通信及 AI 智能发展的需求拉动，预测中国集成电路行业市场规模将保持 20.3% 的增速，到 2025 年，有望达到 23773 亿元（见图 5）。

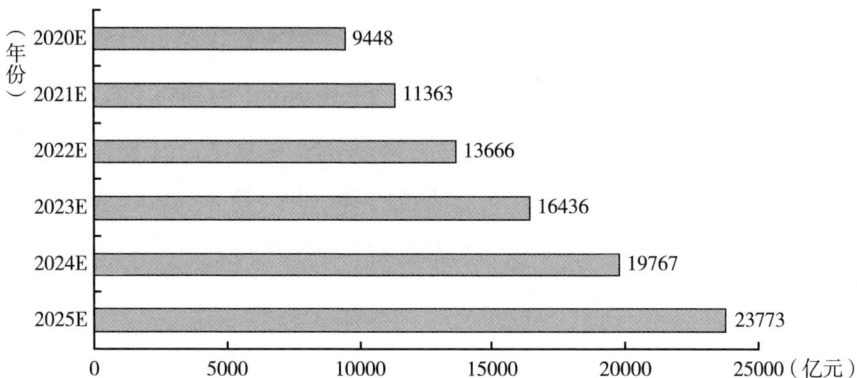

图 5　2020～2025 年中国集成电路行业市场规模预测

资料来源：据公开资料整理。

3. 中国这个全球最大的 CPU 消费市场将长期持续发展

根据 IDC 数据，2020 年全球服务器出货量达 1220 万台，同比增长 3.92%；中国服务器出货量为 350 万台，同比增长 9.80%。毫无疑问，中国将长期，至少十年内仍是全球最大的 CPU 消费市场。首先，中国计算机的用户基数十分庞大，截至 2020 年底，中国网民规模达 9.04 亿，互联网普及率达 64.5%；手机网民规模达 8.97 亿，网民使用手机上网的比例达 99.3%。2015～2020 年，中国 PC 年出货量平均在 5500 万台以上，迭代更新支撑起较大的 CPU 需求。其次，服务器芯片市场将继续在云计算与企业数字化转型中受益，尤其是在国内市场，云计算市场规模未来几年将持续增长。最后，工业控制领域的嵌入式 CPU 需求广阔，我国作为制造业大国，目前正在向制造强国转型，智能化改造是重要方向，CPU 作为智能化的核心部件，将广泛应用于工控系统当中。

（二）甘肃集成电路产业龙头企业华天科技主要生产经营指标分析

作为国家高新技术企业，华天科技承担了多项国家重大科技专项项目（课题）的研发任务，荣获"中国半导体市场值得信赖品牌"、"中国半导体市场最具影响力企业"和"中国十大半导体封装测试企业"等荣誉和称号，多个产品和技术被评为"中国半导体创新产品和技术"，已掌握了 3D、SiP、MEMS、FC、TSV、Bumping、Fan - Out、WLP 等集成电路先进封装技术，具有领先的技术研发和持续的产品创新优势、较强的成本管控及效益竞争优势等。2020 年华天科技集成电路封装量为 394.50 亿块，占甘肃省全部产量 457.28 亿块的 86.27%，并且远远超过 2018 年 317.70 亿块及 2019 年 389.90 亿块的全省总产量，华天科技成为甘肃省集成电路领域龙头引领企业、核心标杆企业（见表 6）。

表 6　2018～2020 年华天科技主要生产经营指标

主要生产经营指标	2018 年		2019 年		2020 年	
	绝对数	增长率(%)	绝对数	增长率(%)	绝对数	增长率(%)
年末总资产(亿元)	124.44	32.84	160.45	28.95	193.09	20.34
营业收入(亿元)	71.22	1.61	81.03	13.79	83.82	3.44
集成电路封装量(亿块)	267.24	−5.40	331.88	24.19	394.50	18.87
圆晶(LED)封装量(万片)	56.40	17.51	85.15	50.98	107.65	26.42
营业利润(亿元)	4.89	−22.31	3.56	−27.11	9.09	155.34

资料来源：据华天科技 2018 年、2019 年、2020 年企业年报整理。

1. 总资产规模快速扩大，盈利能力持续增强

近十年来，华天科技年末总资产急剧扩大，从 2010 年的 17.41 亿元提高到 2015 年的 70.68 亿元，2016～2019 年分别为 76.77 亿元、93.66 亿元、124.44 亿元、160.45 亿元，2020 年为 193.09 亿元，资产规模接近 200 亿元。2018～2020 年年末总资产增长率分别为 32.84%、28.95%、20.34%；2021 年上半年资产规模突破 200 亿元大关，达到 228.50 亿元，增长 18.34%。连续多年稳定地保持着两位数的高增长率，表明企业发展基础更

加稳固和坚实。并且，营业利润从 2018 年的 4.89 亿元增加到 2020 年的 9.09 亿元，仅 2020 年增长了 155.34%。2021 年上半年归属于上市公司股东的净利润盈利约 6.13 亿元，同比增长 129.49%；每股收益盈利 0.2236 元，同比增长 129.57%。

2. 营业收入稳定提高，再迎来又一个高增长发展时期

华天科技营业收入 2010～2015 年分别为 11.61 亿元、13.09 亿元、16.23 亿元、24.47 亿元、33.05 亿元、38.74 亿元，2016～2020 年分别为 54.75 亿元、70.09 亿元、71.22 亿元、81.03 亿元、83.82 亿元。2011～2020 年，营业收入同比增长率分别为 12.74%、23.99%、50.77%、35.06%、17.22%、41.33%、28.02%、1.61%、13.79%、3.44%。可见，2012～2014 年是华天科技营业收入高速增长时期，2018～2020 年处于显著起伏期。2021 年上半年营业收入约 56.18 亿元，同比增长 51.25%。这些数据预示着华天科技又迎来一个高速增长的峰值。

3. 集成电路与 LED 封装量同步提升，LED 增长率显著提高

2018～2020 年集成电路封装量分别为 267.24 亿块、331.88 亿块、394.50 亿块，增长率为 -5.40%、24.19%、18.87%；圆晶（LED）封装量分别为 56.40 万片、85.15 万片、107.65 万片，增长率为 17.51%、50.98%、26.42%。圆晶（LED）封装量增长速度快于集成电路封装量，产品结构进一步得到改善和优化。

4. 集成电路占营业收入的比例进一步增强，主导产品优势更加凸显

据 2018～2020 年年报，华天科技的主营业务为集成电路封装产品和 LED，占营业收入比例分别为 96.30% 和 3.70%、97.01% 和 2.99%、98.22% 和 1.78%（见表 7）。2021 年上半年集成电路封装和 LED 产品营业收入分别为 55.29 亿元和 8.98 亿元，增长率分别为 51.44%、40.42%，占全部营业收入的比重分别为 98.40% 和 1.60%。可见，集成电路封装成为企业绝对主导产品，几乎每年提高 1 个百分点左右。

5. 国内国际市场均衡发展，国内市场需求持续强劲

2018～2020 年，华天科技产品国内市场一直保持着较高的增长率，分

表7 2018～2020年华天科技营业收入构成分析

单位：亿元，%

分类		2018 年			2019 年			2020 年		
		绝对值	增长率	占比	绝对值	增长率	占比	绝对值	增长率	占比
分品种	集成电路	68.58	-0.42	96.30	78.61	14.63	97.01	82.33	4.73	98.22
	LED	2.64	114.17	3.70	2.42	-8.07	2.99	1.49	-38.56	1.78
分国内外	国内	30.12	13.57	42.30	33.58	11.47	41.44	43.53	29.65	51.94
	国外	41.09	-5.69	57.70	47.45	15.49	58.56	40.29	-15.11	48.06

资料来源：据华天科技2018年、2019年、2020年企业年报整理。

别为13.57%、11.47%、29.65%，国内市场占比也波动提高，分别为42.30%、41.44%、51.94%。相反，国际市场占比从2018年的57.70%下降到2020年的48.06%，三年时间下降了9.64个百分点。2021年上半年，国内销售31.25亿元，同比增长55.61%；国外销售24.94亿元，同比增长44.39%，国内外市场占比为55.61%和44.39%。这反映出国内市场需求更加旺盛、强劲。

6. 研发人员稳定增长，科技投入持续加大

2018～2020年华天科技研发人员分别为1867人、2592人、3146人，同比分别增长20.76%、38.83%、21.37%；研发人员占全部人员比例为14.18%、12.78%、14.04%；研发投入金额分别为38351万元、40211万元、46177万元，同比分别增长8.54%、4.85%、14.84%；研发投入占营业收入的比重分别为5.39%、4.96%、5.51%（见表8）。2021年，华天科技进一步加快先进封装技术和产品的研发以及量产工作。基于晶圆级系统级封装eSinC技术的产品、超大尺寸（33mmx17mm）一体化封装SSD、超高集成度eSSD产品均实现量产。5G射频模组、封装类型为LGAML的5G滤波器、CAT1通信模组使用的PAMiD产品实现小批量生产。工业级eMMC产品通过客户认证。华天科技进行了应用于2.5D封装的interposer（10∶1直孔）工艺技术的开发。2021年上半年获得授权专利19项，其中发明专利4项。这些说明企业技术进步逐渐加快，技术支撑力不断得到提高。

表8　2018～2020年华天科技研发投入分析

年份	2018	2019	2020
研发人员（人）	1867	2592	3146
增长率（%）	20.76	38.83	21.37
研发人员占全部人员比（%）	14.18	12.78	14.04
研发投入金额（万元）	38351	40211	46177
增长率（%）	8.54	4.85	14.84
研发投入占营业收入比重（%）	5.39	4.96	5.51

资料来源：据华天科技2018年、2019年、2020年企业年报整理。

（三）甘肃集成电路产业发展存在的突出问题

近年来，在政府高度支持、市场需求强劲的外部环境刺激下，甘肃集成电路产业发展引起了社会各界高度关注，取得了产量规模不断提升、重点企业做大走强等耀眼的成就，但不可否认，甘肃集成电路产业还存在如下突出问题。

1.集成电路产业总体规模不大，增长率远远低于江苏省

2020年，甘肃集成电路生产规模为457.28亿块，低于江苏省834.90亿块，甘肃仅是江苏省的54.77%。从增长率看，2020年，甘肃省增长率为17.29%，而江苏省却高达54.77%，相差37.48个百分点，甘肃追赶排头兵的压力还不小。

2.封装测试一枝独秀，产业结构单一，产品低端

2020年，全国集成电路生产IC设计、晶圆制造和封装测试三个方面占比为42.7%、28.9%、28.4%，甘肃仅在封装测试这一领域因华天科技的发展而显示出一定优势，晶圆制造和IC设计则十分弱小。仅从华天科技年报中就可以看出，其晶圆制造营业收入占全部营收的比重不足5%。在持续做大做强封装测试这一板块的同时，要着力于IC设计、晶圆制造投入与产出，否则，产业结构单一化、产品低端化的问题将拖累甘肃整个集成电路产业可持续发展。

3.专业企业总量极少，大部分企业技术产品缺乏市场影响力

经检索，江苏省半导体企业总数高达8834家，甘肃省仅只有32家，其中一半以上聚集在天水市。除位于天水市的四五家具有一定规模的企业外，其他企业主导产品不突出，市场影响力弱，多为大型知名企业进行配套服务类型的企业，依附性强，生存和发展空间小。

四　甘肃集成电路产业发展的对策建议

目前，国内集成电路产业整体规模处于持续扩张时期，增长速度也远远高于全球增长速度，但甘肃省与国际国内集成电路产业核心技术先进水平仍存在很大差距。在国家对集成电路产业的发展极为重视的大背景下，要借鉴沿海省市做法，在龙头企业的引领下，加速集成电路产业布局调整优化，通过实施"产业争先"行动，不断壮大产业集群，进一步推进甘肃集成电路制造向智能化、高端化转型升级。

（一）以创新链为引领，促进"四链"协同发展

建立适合甘肃又能引领中国乃至世界集成电路发展的产业链、供应链、价值链、创新链"四链"协同新模式和新机制，需要加强产业链、供应链和价值链协同，再依靠创新链达到"四链"协同。

1. 打造门类齐全、产能优异、全链聚集的集成电路产业链、供应链体系

既要致力于建设现代化供应链，上下游都要建设完善供应链体系，进行产品全生命周期的管理，还要致力于大力推进供应链的本土化。甘肃集成电路产业链要走高端化路线，充分利用人工智能等信息化技术，以封装测试为龙头，加大 IC 设计、晶圆制造资本投入、研发投入，形成门类齐全、产能优异、全链聚集的集成电路产业链格局。

2. 建立需求驱动的"四链"协同创新发展模式

在推动基础研究、技术研发、工程应用及产业化整体创新的无缝衔接的前提下，不断提升集成电路产业核心竞争力。强化关键环节、领域、产品的共性技术平台建设，形成基于创新链共享、供应链协同、数据链联动、产业链协作的融通发展模式，打通创新链与应用链，以市场需求为导向，引导企

业提升信息化与工业化深度融合的创新水平，健全技术转移和产业孵化体系，形成一个"四链"协同创新的模式。

3. 加强基础研究，加快专业技术应用人才培养

引导企业面向长远发展，提出前瞻性、前沿性、基础性研究课题，鼓励企业与高校和科研院所紧密合作，重视企业内部创新环境建设，支持企业和高校、科研院所联合承担国家重大科研项目。在加强基础研究、加快专业技术应用人才培养方面，天水师范学院已经率先行动起来了，牵头成立了甘肃省高校集成电路产业发展研究院，并联合华天科技、天水华洋、天水天光等著名企业，组建了微电子产业学院，自 2018 年以来先后投入 1100 多万元，形成了全固态激光及应用、微纳传感材料与器件、感知与智能控制等四个稳定的研究平台，2021 年获批"甘肃省全固态激光工程研究中心"和"甘肃省集成电路智能装备行业技术中心"两个省级研究平台，并且聚焦华天科技需要，在电子信息工程、通信工程等 13 个本科专业中，共同开设"封装测试""智能电源""嵌入式开发与应用"等多个"华天人才班"。天水师范学院正在积极升级为大学，建议应争取直接改名为"甘肃微电子大学"，使其成为中国西部半导体专业学院，为甘肃集成电路产业发展培养和输送更多的技术开发、技术应用性人才。

（二）汲取长三角和粤港澳大湾区省市成功经验，着眼于第三代集成电路产业基地建设

当前，全国各省市都在采取措施，积极发展集成电路产业，尤以长三角江苏省和粤港澳大湾区广东省为突出代表。长三角地区是中国集成电路产业重点聚集区，粤港澳大湾区集成电路产业涵盖了产业链前端研发设计、后端封装测试及应用环节，发展更为迅猛。

1. 江苏"五地并重"，强化数字科技创新引领和工业芯片自主研发生产能力

2021 年 8 月，江苏省出台了《"十四五"数字经济发展规划》，江苏省的目标是要成为国内外知名的集成电路产业高地，以南京、苏州、无锡、昆

山、徐州五市为主要阵地，打造国内集成电路产业第一方阵、集成电路产业地标、第三代半导体产业基地、国内具有竞争力的集成电路设计产业高地等，在强化数字科技创新引领、提升数字产业发展能级、壮大数字产业企业主体等三个方面布局和规划值得甘肃省借鉴学习。

一是强化数字科技创新引领，加快关键核心数字技术攻关，提升原始创新能力。瞄准通用微系统芯片制造、类脑智能计算芯片与系统、智能制造系统与装备、量子通信与量子计算机、高可信智能软件、多源信息感知等前沿基础领域，统筹发挥高校院所、新型研发机构、研发型企业在基础研究中的创新主体作用，深入实施前沿引领技术基础研究，实现引领性原创成果重大突破。突破产业关键核心技术，以数字经济发展的重大需求和重大任务为牵引，聚焦重点产业集群和标志性产业链，实施前瞻性产业技术创新专项，加强集成电路、核心软件、移动互联网、云计算与大数据、新型显示等重点领域的"卡脖子"技术攻关，超前部署量子科技、人工智能、区块链、6G、智能物联网等前沿技术研发。并在统筹布局数字科技创新载体、促进数字科技创新成果转化、大力引培高端数字人才方面做出了具体规划。

二是突出提升数字产业发展能级，提升数字产业竞争力和工业芯片自主研发生产能力。聚焦集成电路、软件服务、物联网、信息通信等领域，加快实施一批重大工程，壮大链主企业，完善产业链配套，补齐产业链短板，推动数字经济基础优势产业迈向全球价值链中高端。面向制造业重点领域，大力突破一批市场需求大、质量性能差距大、对外依存度高的集成电路核心基础元器件和关键基础材料，提升工业芯片自主研发生产能力。前瞻布局未来产业。围绕第三代半导体、未来网络、量子信息、类脑智能等未来产业，积极承接前沿技术应用场景测试验证等自主创新重大项目，加快实现"点"上突破。支持骨干企业和科研机构协同开展第三代半导体材料芯片制备、大规模生产技术的研发攻关与产业化，打造国内领先、国际先进的第三代半导体产业创新高地。

三是壮大数字产业企业主体，推进数字产业集群化发展。积极培育创新型领军企业。深入实施"百企引航""千企升级"行动计划，强化科技、人才、融资、财税、服务等政策扶持，引导数字产业企业通过核心技术攻关、技术升级改造、兼并重组等方式做大做强。吸引总部企业、核心配套环节和先进要素集聚江苏，加快关键技术攻关及产业化、检验测试平台建设和示范应用，引导整装和零部件企业协同发展，培育世界知名品牌，在集成电路、物联网、核心信息技术等领域打造具有国际竞争力的产业集群。

2. 广东省注重全产业链发力，突出以 IT 设计为引领全面发展集成电路产业

广东省集成电路产业发展涵盖了产业链前端研发设计、后端封装测试及应用环节。

深圳市的集成电路产业规模位列珠三角地区首位，2019 年 5 月深圳市发布了《进一步推动集成电路产业发展行动计划（2019－2023 年）》和《加快集成电路产业发展若干措施的通知》，计划到 2023 年集成电路产业规模达 2000 亿元，其中设计业销售收入突破 1600 亿元。从健全完善产业链、核心技术攻关、新技术新产品研发应用、加大投融资力度、完善人才体系等多方面制定具体措施，为深圳市集成电路产业发展提供强有力支持。

珠海市紧抓集成电路设计环节，集中力量引进集成电路全产业链项目，建设集成电路高端设计与制造基地。而广东省也明确支持珠海集成电路全产业链项目。规划到 2021 年设计产值达 100 亿元。事实上，珠海有着深厚的半导体集成电路底蕴，珠海是广东的集成电路重镇，培育了中国 IC 设计营收第一基地。

专题研究篇
Special Research Reports

B.7
甘肃"十四五"时期经济高质量发展研究

刘伯霞 *

摘　要： 甘肃和全国一样已由经济高速增长阶段转向高质量发展阶段。甘肃作为西部欠发达地区,肩负和面临既"赶"又"转"的双重任务与双重压力,因此,"十四五"时期,要按照"三新一高"要求,以"创新、协调、绿色、开放、共享"五大发展理念为引领,以创新驱动为第一动力,以供给侧结构性改革为主线,以产业发展为核心与关键,以优势资源为物质基础,以开放合作为必由之路,以保护生态环境为永续发展的底线,以营商环境为"生命线",推动经济高质量发展。本文从经济高质量发展的概念、内涵、提出背景及要求入手,分析了甘肃经济高质量发展的现状,查找出甘肃经济高质量发展存在的问题,最后提出了相关对策建议,期望能够对甘肃"十四五"经济高质量发展有所

---

* 刘伯霞,甘肃省社会科学院区域经济研究所研究员,主要研究方向为区域经济、城市经济和农村经济。

助益。

关键词： 甘肃经济 高质量发展 营商环境

甘肃已由经济高速增长阶段转向高质量发展阶段，正处在转变发展方式、优化经济结构、转换增长动力的攻关期。站在这个新的历史节点上，要实现甘肃经济高质量发展必须坚持质量第一、效益优先，实现"质量、效率、动力"三大变革，不断提高全要素生产率，加快建设科技创新、实体经济、现代金融、人力资源等协同发展的产业体系，逐步增强甘肃经济的创新力和竞争力。

一 经济高质量发展的内涵及要求

（一）经济高质量发展的概念及内涵

经济高质量发展，是一种新的发展理念、发展方式和发展战略，是经济发展理论的重大创新；经济高质量发展，是不断满足人民日益增长的美好生活需要的发展。从微观层面看，经济高质量发展是活力更强、效率更高、效益更好的发展；是企业、创新、产品质量和市场进阶至更高水平的发展。从中观层面看，经济高质量发展是更协调、更均衡的发展；是国际经济、区域经济、城乡经济和产业经济达到更高层次的均衡。从宏观层面看，经济高质量发展是供给与需求、长期与短期、公平与效率、政府与市场并重的发展；是宏观均衡质量、绿色发展质量、国民分配质量和调控能力质量提升至更高水平的发展。

高质量发展内涵丰富，具体包括以下几个方面：发展目标是满足人民群众对美好生活的需要，技术创新驱动经济增长，经济增长速度适中，经济结构转型升级，区域协调发展，全面对外开放，发展方式和生活方式绿色环保。

（二）经济高质量发展提出的背景

由于人口红利消退，后发优势减弱；资源环境约束，依靠物质要素投入的经济增长已经变得不可持续；人民群众获得感的需要，以及国民经济发展阶段特征的变化要求和社会发展中新矛盾的解决都对经济发展提出新的要求，即加快实现经济高质量发展。因此，2017年党的第十九次全国代表大会首次正式提出"高质量发展"，并作出了中国经济"由高速增长阶段转向高质量发展阶段"的重要论断。2018年3月，习近平总书记参加十三届全国人大一次会议内蒙古代表团审议时提出："推动经济高质量发展，要把重点放在推动产业结构转型升级上，把实体经济做实、做强、做优。"2018年5月，习近平总书记在湖北考察时指出："做好经济工作的根本要求就是推动高质量发展，高质量发展就是体现新发展理念的发展，是经济发展从'有没有'向'好不好'的转变。"

（三）经济高质量发展的要求

高质量发展的内涵、特征和依据，决定了经济高质量发展的基本要求。

1.树立新发展理念，坚持供给侧结构性改革

推动经济高质量发展，必须树立质量第一的发展理念，坚持供给侧结构性改革，着力提高供给体系质量。坚持供给侧结构性改革也是实现经济高质量发展的工作主线。

2.建设现代化经济体系

推动高质量发展，必须建设现代化经济体系。建设现代化经济体系，是提升经济发展水平、促进经济全面性协调性可持续性发展的必然要求，是实现经济高质量发展的根本途径。

3.丰富GDP的内涵，增大GDP的福利效应

推动经济高质量发展，必须丰富GDP的内涵，提高GDP的质量，降低GDP的成本，增大GDP的福利效应。

4. 厘清质量和速度的关系

推动经济高质量发展，必须处理好数量和速度的关系，坚持速度和质量的统一。

5. 贯彻乡村振兴战略

贯彻乡村振兴战略是经济高质量发展的基础要求。农业是国民经济发展的基础，是经济高质量发展的必要组成部分，人民只有在满足自身基本需求的条件下才可以创造历史，推动社会进步。农民是我国社会主体的重要组成部分，经济高质量发展的目的是实现共同富裕，实现农村发展才能推动我国全面发展和高质量发展。

二 甘肃经济高质量发展现状

甘肃省坚持以习近平新时代中国特色社会主义思想为指导，坚持稳中求进的工作总基调，"立足新发展阶段，贯彻新发展理念，加快构建新发展格局"，积极推动经济高质量发展。经过"十三五"时期和"十四五"开局之年的努力奋斗，甘肃经济高质量发展迈出重要步伐，取得了一定的成绩。

（一）综合实力持续增强

经济运行稳中加固，发展质效显著提升。2020 年，甘肃地区生产总值达到 9016.7 亿元，比"十二五"末增加 2394.72 亿元；2021 年上半年，甘肃地区生产总值同比增长 10.5%，居全国第 22 位，比第一季度上升 5 个名次，两年平均增长 5.9%，高出全国同期平均水平（下同）0.6 个百分点。2020 年，甘肃固定资产投资增速 7.8%，高出全国 5.1 个百分点；2021 年，甘肃出台《打好产业基础高级化产业链现代化攻坚战专项行动"1 + N + X"政策体系》，高度重视项目建设，组织实施 180 个重点项目，上半年甘肃固定资产投资增速达到 18.2%，高出全国 5.6 个百分点，位居全国前列。传统产业"三化"改造步伐加快，新动能加速增长。2020 年，十大生态产业增加值占全省生产总值的 24.2%，比 2018 年增加 5.9 个百分点；全省规模以上工业战略性新兴产业、装备制造业和高技术产业增加值分别比上年增长14.9%、22.0%和22.0%；2021年1~9月，全省规模以上工业增加值同比增长9.8%，两年平均增长8.0%；1~8月，全省规模以上工业企业实现利润416.0亿元，同比增长1.4倍，两年平均增长69.4%；1~9月，营业收入利润率为6.9%，同比提高3.1个百分点。消费市场稳定恢复，1~9月，全省社会消费品零售总额3024.7亿元，同比增长18.0%，两年平均增长6.3%。服务业回暖态势明显，占比达到53%；基础设施条件进一步改善，铁路、公路、航空货运量快速增长，旅游市场持续恢复，2021年1~8月，全省乡村旅游接待游客1900万人次，实现旅游收入26.3亿元。深入推进结构调整和转型升级，落实最严格的耕地保护制度，狠抓粮食生产，粮食连年丰收，稳定在1200万吨以上，现代丝路寒旱农业蓬勃发展，"牛羊菜果薯药"等优势特色产业种养规模不断扩大，"甘味"品牌的美誉度和影响力大幅提升。城镇化加速发展。2020年甘肃常住人口城镇化率达到52.23%，比"十二五"末增加了9.04个百分点，年均增加1.81个百分点，高于全国年均增长1.56个百分点。

（二）创新驱动经济高质量发展

甘肃省大力实施创新驱动发展战略，科技事业取得一定进步，科技实力和创新能力有了一定的提升。2020年，全省科技进步贡献率为55.1%，综合科技创新水平居全国第二梯队。"十三五"时期，甘肃省科技创新呈现"低投入、高产出"的新特点，科技活动投入指数为38.99%，但科技活动产出指数为50.44%，产出投入系数为1.29，高于全国1.08的平均水平，居全国第5位。一是形成了以兰白科技创新改革试验区和兰州白银国家自主创新示范区为核心、以酒嘉新能源等4个创新产业集群为支撑、以科技创新示范区建设为重点的科技发展格局。二是培育创新主体。2020年底全省高新技术企业总数突破1200家，利润率位居全国前5，甘肃省国家专业化众创空间实现了"零"的突破。三是促进科技创新成果转化。强化土地、技术、数字等要素支撑，激活产业发展活力，科技创新持续引领十大生态产业发力,"高端化智能化绿色化"改造推动传统产业转型升级。四是推动数字经济发展。成立国家"东数西算"产业联盟,搭建东西部算力供需对接平台,纵深推进"上云用数赋智"行动,实现了所有市州主城区 5G 网络覆盖,互联网出口带宽五年增加 828%,农村地区光纤和 4G 网络覆盖率均达到 99% 以上。获批建设全国一体化算力网络国家枢纽节点;在全国率先组建由企业牵头的 5 家创新联合体,认定 123 家省级科技创新型企业。

(三)市场活力加快释放

甘肃省把优化营商环境作为经济高质量发展的生命线,推行企业"不见面"办事模式,推进电子执照生成、共享和应用,保障市场主体公共服务平台上线运行,加快建设数字政府。2021 年 1~7 月,全省新设立市场主体 16.67 万家,新设立企业 4.98 万家,日均新设立企业 235 家。在兰州新区、金昌市和玉门市启动实施"标准地"改革试点。成功举办第 27 届兰洽会,签约合同项目数和签约总额大幅增长。在北京召开中央企业助力甘肃乡村振兴和高质量发展座谈会,签订 44 个总投资 2564 亿元的项目合作协议。全省实施新建、续建省外招商引资项目 1403 个,到位资金 1535.5 亿元,同比增长 46%。

(四)乡村振兴战略全面实施

甘肃立足农业大省的省情,坚持把实施乡村振兴战略作为新时代"三农"工作的总抓手,建立健全乡村振兴的制度框架和政策体系,推动乡村振兴战略落到实处。按照"产业兴旺、生态宜居、乡风文明、治理有效、生活富裕"的总体要求,进一步健全城乡融合发展的体制机制,壮大县域经济实力,推进农业农村现代化,加快推进现代丝路寒旱农业发展,构建完善"生产、产业、经营"体系,打响"厚道甘肃·地道甘味"知名品牌。大力发展县域经济,促进农村三次产业深度融合,加快城乡融合发展,促进城市资源向农村流动,逐步形成城乡互补、工农互促、全面融合、共同繁荣的新型城乡关系。

集中整治农村人居环境，全面推进乡村治理体系建设。有212个村已被部委命名为美丽乡村或生态文明示范村；探索建立法治德治自治结合的乡村治理体系，全省农村各类自治组织规范化建设持续推进。逐步完善防止返贫动态监测与帮扶机制，动态跟踪脱贫人口收入变化和"两不愁三保障"巩固情况，进一步巩固脱贫攻坚成果。谋划实施易地扶贫搬迁后续产业发展项目287个，对23个国家级和16个省级乡村振兴重点帮扶县给予集中支持。实施现代丝路寒旱农业优势特色产业三年倍增行动，建设绿色标准化种植基地925万亩、玉米制种基地100万亩、瓜菜花卉良种繁育基地40万亩。大力实施乡村建设行动，启动创建5个省级示范市州、10个省级示范县（市）、50个示范乡（镇）和500个示范村。

（五）生态环境整体向好

甘肃省全面落实黄河流域生态保护和高质量发展战略，积极推进甘南黄河上游重要水源涵养区建设，建立流域联防联控工作机制和流域横向生态补偿机制，黄河流域生态环境保护和治理成效显著。截至2020年底，黄河流域各市州PM2.5年均浓度全部达到国家空气质量二级标准，兰州市优良天数历史性达到312天，"兰州蓝"已成为"常态蓝"，38个地表水国考断面水质优良比例达到100%，高于全国平均水平约17个百分点；2021年1～7月，黄河流域甘肃段生态环境质量继续保持稳定。建立碳达峰碳中和省级工作机制，"陇电入鲁"工程推进力度加大，全国首个千万千瓦级风电基地落户酒泉。深入打好污染防治攻坚战，2021年1～7月，14个市州所在城市PM2.5平均浓度下降15.4%，市州空气质量平均优良天数比例为86.3%，74个国家考核断面水质优良比例为93.2%。大力推进项目建设与谋划，加强工业污染源管控治理，提升城乡生活污染处理水平，推进农业面源污染综合治理。2020年，全省生态环境质量达到"十三五"以来最好水平，各项约束性指标和污染防治攻坚战阶段性目标任务全面完成。科学治沙，规模推进，全省防沙治沙工作取得阶段性成果：自2019年以来，全省完成防沙治沙综合治理588万亩，完成规划目标的125%。

（六）"一带一路"建设成效显著

甘肃深度融入"一带一路"建设，抢占文化、枢纽、技术、信息、生态"五个制高点"，加快推进以国际陆海贸易新通道和欧亚路桥综合运输通道为主骨架的重大基础设施互联互通，扩大与共建"一带一路"国家和地区经济文化交流，拓展全省经济增长新空间。在"一带一路"建设上，发挥了甘肃功能，体现了甘肃作为，彰显了甘肃担当。对外开放的平台建设卓有成效。文博会、兰洽会、药博会等节会品牌效应持续扩大。兰州铁路口岸、航空口岸和敦煌航空口岸先后建成投运。兰州新区综合保税区、武威保税物流中心以及木材、汽车整车、粮食、肉类等 10 个指定口岸和海关特殊监管区建成运营。兰州陆港型国家物流枢纽列入第一批国家物流枢纽建设名单，多式联运项目列入国家首批多式联运示范工程。兰州和天水先后获批建设跨境电子商务综合试验区。一批辐射共建"一带一路"国家的临空产业园区和现代国际物流园区建成投运。2021 年 1～9 月，甘肃实现外贸进出口总值 378.3 亿元，同比增长 36.2%，比 2019 年同期增长36.4%。蓄力发展的方向更加聚焦。文化方面，"一会一节"被文化和旅游部誉为文旅融合的典范；在匈牙利、白俄罗斯等国家设立 16 家海外中医中心或岐黄中医学院，特别是在抗击新冠肺炎疫情中，"甘肃方剂"进一步扩大了中医药国际影响力。枢纽方面，开通中欧、中亚、南亚公铁联运、陆海新通道及"中吉乌"新通道等 4 向 5 条国际货运班列，累计货运145.6 万吨，货值 26.47 亿美元；中川国际机场旅客吞吐量突破 1500 万人次，敦煌空运口岸成为全国第二个县级航空口岸。兰州新区成为甘肃省外向型经济发展的重要引擎和对外开放的战略高地。2020 年兰州新区发中欧、中亚的国际货运班列达到 289 列，兰州铁路口岸新区作业区吞吐量达到 219.92 万吨，同比增长 112.72%。技术方面，认定省级国际科技合作基地 88 个，累计实施国家级、省级国际科技合作项目 150 多项。信息方面，兰州新区国际互联网数据专用通道、金昌紫金云大数据中心等项目建成投运。

对内对外区域合作逐步加强。甘肃出台一系列措施，加强跨省区域合作，推进兰西和关中平原城市群建设；加强与黄河、长江、内陆河流域省区市经贸合作，促进各流域基础设施共建共享；加强与广西、贵州、重庆等省区市的合作，共同推进"国际陆海贸易新通道"建设；加强陕甘宁革命老区间以交通、旅游、扶贫和生态为重点的合作。2020年1~9月，全省引进到位资金1355.2亿元，续建、新建、承接产业转移项目603个。与四川、重庆、广西、海南、浙江、内蒙古、青海、陕西等相关省份签署经济社会合作协议。在共建"一带一路"国家设立境外商务代表处13个，与180多个国家和地区建立经贸往来关系。金川公司印尼红土镍矿项目、天水华天科技马来西亚集成电路封装项目等一批"走出去"项目进展顺利。近年来，与共建"一带一路"国家累计贸易额1074亿元，占贸易总额的比重达36.2%，高于全国平均水平。

（七）社会民生保障有力

坚持基本财力向民生领域倾斜。2021年上半年，全省财政11类民生支出占一般公共预算支出的81.2%。优化调整就业奖补政策，持续为市场主体减负，扩大就业岗位，就业形势稳定。截至2021年7月，已经完成全年城镇新增就业目标任务的74.9%；输转城乡富余劳动力完成年计划的104.5%；劳务收入同比增长12.4%。2021年上半年，全省居民人均可支配收入稳步增长，城乡居民收入差距逐步缩小。

（八）国企改革和金融业助推经济高质量发展

金融业助力经济高质量发展。甘肃金融业对实体经济的支持力度不断加大，已成为甘肃经济转型发展的重要推动力。甘肃金融监管部门通过落实和出台多项金融支持政策，贯彻执行普惠小微企业贷款延期还本付息政策和信用贷款支持计划两项货币政策工具，在政策的激励引导下，甘肃省金融机构适应小微企业金融业务"小额化、线上化、便捷化"的发展趋势，积极创新信贷产品，进一步改进金融服务。2021年上半年，甘肃省小微企业贷款新增 331 亿元,同比多增 86 亿元,有效满足了小微企业信贷需求。同时,甘肃金融业还不断提升金融服务实体经济质量和水平。2021 年 1~8 月,全省一般公共预算收入 620.4 亿元,同比增长 14.3%。7 月末,甘肃省各项贷款余额 2.36 万亿元,同比增长 8.34%,增速较上年同期提高 1.19 个百分点;8 月末,全省金融机构本外币各项存贷款余额分别同比增长 6.6% 和 7.8%;前 7 个月,甘肃新增贷款 1421 亿元,贷款新增量创下自 2016 年以来的同期最高。新增贷款主要流向基础设施建设、制造业、绿色生态产业等领域,为甘肃固定资产投资、十大绿色生态产业的快速增长注入源源不断的"活水"。

国企改革推动经济高质量发展。"十三五"期间,甘肃构建起了国资国企改革"1+N"政策体系,省属企业集团全面完成公司制改革,30 家企业集团实现了外部董事占多数;混合所有制改革积极稳妥推进,其间省属企业引进非公投资者 413 家,引入非公资本 118.78 亿元;剥离国有企业办社会职能基本完成,解决了一些长期想解决而未解决的历史遗留问题。扎实推进的改革,在推动国有经济布局不断优化的同时,也使省属国企经营效益得到不断提升,并在推动全省经济社会持续健康发展中发挥了重要作用。

三 甘肃省经济高质量发展存在的问题

(一)经济发展总体水平不高,与发达地区相比还有较大差距

经过多年的发展,甘肃省经济水平有所提高,但由于历史、自然条件等原因,甘肃省大多是生态脆弱区、民族地区和革命老区,贫困人口较多,贫困程度较深,经济发展滞后,与全国其他省份之间存在明显的发展落差。甘肃省的经济总量、人均 GDP、人均可支配收入、社会消费品零售总额和城镇化水平均低于全国平均水平,与东部发达地区相比差距更大,而且这种差距还有逐渐拉大之势。

（二）科技创新能力不足，支撑经济高质量发展的动能不强

甘肃科技创新投入不足，企业研发经费投入偏低，科技与金融结合不够紧密，科技创新缺乏坚实稳定的资金支持。2020 年，研发投入强度为1.3%，低于全国2.4%的平均水平，科技对经济的贡献率为55.1%，低于全国（超过60%）平均水平。高质量科技供给不足，科技成果转移转化效率不高，支撑高质量发展的动能不强。战略性新兴产业和高新技术产业规模偏小，创新主体不足不强。甘肃省传统产业占比大，高新技术产业开发区数量少，旧动能比重大，新动能成长慢，长期依靠要素驱动的机制难以在短期内改变。同时，因为社会信息化程度低，高质量发展的动力系统尚未形成，创新产出水平低。科技人才总量不足，部分领域科技领军人才、高端人才短缺。甘肃经济发展相对落后，无法投入更多的经费用于科技研发，进而导致高等教育水平相对落后。甘肃省的985、211 高校数量以及各校双一流学科数量，均远低于全国平均水平。不仅如此，从每十万人高等教育在校生数量看，甘肃省均低于全国平均水平。因此，创新人才少，创新平台少，创新能力不足。创新治理能力不足，市场配置创新资源的决定性作用尚未充分发挥，跨部门、跨学科、跨行业的科技创新统筹协调机制不够顺畅。科技创新的区域差异明显。兰州稳居高位，持续领跑，酒泉、张掖、金昌均排在全省前列，河西地区创新优势进一步凸显，其他市州滞后，全省科技创新呈现"中强西高东低南弱"的态势。

（三）产业结构传统化、低级化，产业链条短，产业相关性弱

产业结构不合理是甘肃省经济高质量发展的又一障碍。一是以资源为依托所形成的产业结构较为单一。主要表现为：资源型工业占比大，产业链条短，产品附加值低，技术改造升级成效不明显，产品仍以"原"字号、"初"字号为主。而且由于相应的工业配套设施和市场条件落后，短期内不可能完全脱离资源型产业。二是产能过剩与有效供给不足并存。甘肃省的产业结构中，重工业比重过高，而现代服务业、新兴产业发展不够充分，存在

需求量大但供给不足的情况。三是资源型产业链条短，经济效益不高，产业相关性弱。长期以来，甘肃省依托资源优势发展形成的以资源开采为主的产业，过去确实为经济发展做出了贡献，但这种以资源产业为主的产业结构体系，因其产业链条短，经济效益不高，不能有效带动其他行业、产业发展，省内特色产业、新兴产业、第三产业发展规模小，层次低，相关性弱。从工业发展来看，甘肃虽已形成了独立的、比较完整的工业体系，但从企业间的组织形式和联系方式看，由于受计划经济束缚，多数企业仍停留在自我循环的发展阶段，企业分工的专业化水平低，协作关系相对松散。同时，由于不重视专业化协作和加强生产技术联系，企业间专业化分工与协作水平低，大而全、小而全的全能企业居多。经济发展主体结构失衡，经济发展缺乏活力，经济持续和高质量发展的能力弱。从第三产业来看，比较典型的是旅游业。甘肃旅游资源富集，但是，一方面，由于省内城市与城市布局较分散，大部分景点相距较远，交通设施也不便利，没有形成文化旅游产业的关联与集聚。另一方面，甘肃对景点的宣传力度不足造成了现存的大量旅游资源及其潜力鲜被消费者知晓，同时交通的不便又降低了人们的旅游意愿。

（四）发展不平衡不充分

省内城乡、区域、产业发展不平衡、差距大。一是城镇化水平低，质量不高，带动力弱，产业支撑能力低，兰州中心城市带动力不足。城镇化水平低。2020年，甘肃城镇化率为52.23%，比全国平均水平低11.66个百分点，还有近7年的差距。城镇化质量不高，存在规模扩张、基础设施重复建设等问题。中心城市的拉动力弱，兰州都市圈的人口与产业集聚度低，对其腹地的扩散和带动作用没有充分发挥，尚未建立起"统筹有力、竞争有序、绿色协调、共享共赢"的区域协调发展机制。二是县域发展基础薄弱。67个直管县土地面积占全省近九成，人口占七成，GDP占四成，税收占二成，县级一般公共预算收入不到二成，经济、税收、财政规模较小，县域面积、人口、经济、税收、财政呈现"97422"格局，发展基础还很薄弱。2020年67家纳税亿元以上企业分布在24个县区，63个县区无纳税亿元以上企业；

阿克塞、东乡、古浪、环县、康县、礼县、临泽、玛曲、武山、夏河、张家川、漳县、舟曲13个县，各仅有1家纳税千万元以上企业。三是产业发展不平衡、不充分。第二产业，尤其是工业产业投资连年下滑，效益不高，以至于以"投资增速下降尤其是第二产业投资下降"为主要原因，引起2015年以来甘肃经济增速的下降。第三产业中，现代服务业发展滞后。

（五）对外开放规模和水平有待提高

改革开放，给我国提供了利用外部市场和资源的机会，为经济发展注入动力，国家"一带一路"倡议的实施把内陆甘肃推到了向西开放的前沿。随着"一带一路"倡议的实施，甘肃省在进出口总额和实际利用外商投资额方面，表现出明显的增长趋势，但是，甘肃省参与"一带一路"建设的规模和水平都与全国平均水平存在差距，与长三角地区相比，差距更大，落后更多。

四　甘肃经济高质量发展的对策建议

"十四五"时期，既是甘肃新旧动能转换关键期、城镇化快速发展期，也是创新驱动发展窗口期、创新资源供给侧结构性改革推进期。作为西部欠发达地区，肩负和面临既"赶"又"转"的双重任务与双重压力，因此，甘肃省要按照"三新一高"要求，继续以"五大发展理念"为引领，以深化供给侧结构性改革为主线，以创新驱动为第一动力，以产业发展为核心与关键，以优势资源为物质基础，以开放合作为必由之路，以保护生态环境为永续发展的底线，以营商环境为"生命线"，实现更高质量、更有效率、更加公平、更可持续、更为安全的发展。

（一）处理好质量和速度的关系，以共同富裕为目标实现高质量发展

高质量发展，必须注重质量和效益，但是，并不是不要速度，必须坚持质量和速度的有机统一。甘肃经济社会发展在绝对意义上是快的，但在相对

意义上则是比较慢的，经济总量是比较小的，质量和效益也是比较低的，面临着增速力和质量提升的双重挑战。因此，必须加快发展速度，做大总量，扩大增量；而讲速度也不能没有质量，更要提高发展质量。同时，讲质量也不能没有速度，既不要没有质量的速度，也不要没有速度的质量。因为高质量发展，所强调的依然是发展。讲发展，就必然涉及速度。然而，高质量发展所强调的发展，是更有质量的发展，是更加注重质量和效益的速度，是要改变提高速度和增加数量的思路、方式、手段和途径。

以共同富裕为目标实现高质量发展，既要高质量发展，又要逐步实现共同富裕。一方面，共同富裕是高质量发展的根本目的，高质量发展要把共同富裕作为主要目标，不能弱化，不能偏离。另一方面，高质量发展是实现共同富裕的重要途径，是逐步解决"实现共同富裕"一切问题的基础与关键，"实现共同富裕"又必须依靠高质量发展。实际上，高质量发展的基本要求也包括共同富裕，不利于共同富裕的发展不能算是高质量发展。从这个意义上来说，高质量发展与共同富裕二者具有统一性。

以共同富裕为目标实现高质量发展，主要是依靠全面深化改革，调整各方面的关系，调动全社会全体人民的积极性和创造性，在逐步实现共同富裕的过程中实现高质量发展。总目标是，继续解放和发展生产力，把经济总量做大，为共同富裕奠定强大的财富基础；同时正确处理效率和公平的关系，不断完善初次分配、再分配、三次分配协调配套的基础性制度，为共同富裕提供制度保障。

高质量发展最终是要实现对人民日益增长的美好生活需要的有效供给，其出发点与落脚点是提高保障水平和改善民生。长期以来，贫困与欠发达都是困扰甘肃省的基本问题，省内贫困人口多，贫困面广。因此，甘肃省的高质量发展要将解决贫困问题作为底线，将共同富裕作为最终目标，在高质量发展中促进共同富裕。一是加强薄弱环节，向农村、基层和欠发达地区倾斜，向困难群众倾斜，提高发展的平衡性、协调性和包容性。二是突出重点，聚焦地区、城乡和收入差距，把重点和着力点放在统筹做好就业、收入分配、住房、教育、医疗、养老、扶幼和社保等关系民生、关乎社会公平正义的大事上，在劳有所得、住有所居、学有所教、病有所医、老有所养、幼有所育和弱有所扶上取得新进展。三是政府要履行好再分配调节职能，加大税收、转移支付和社保等调节的力度和精准性，取缔非法收入，调节过高收入。借助慈善等社会公益事业的第三次分配，调动社会力量扶弱济困。四是要尽力而为、量力而行，让改革发展成果尽可能惠及全体人民，但又不能超越发展阶段和水平吊高群众"胃口"。要健全基本公共服务体系，完善"共建共治共享"的社会治理制度，让全体人民真切地感受到共同富裕的实现。

（二）坚持供给侧结构性改革，推进质量、效率和动力"三大变革"

"十四五"时期，实现甘肃经济高质量发展，需要坚持"质量第一、效益优先"的原则，以供给侧结构性改革为主线，按照"着眼产品和服务质量、提高全要素生产力、统筹供需支撑力"的思路，加快推动质量变革、效率变革和动力变革。

坚持供给侧结构性改革，要从需求和供给两侧发力，既要重视生产在社会发展过程中的决定性作用，还要时刻关注分配、交换和消费对生产巨大的反作用，做好加减乘除法，积极去产能去库存，优化经济结构。

一是推进质量变革，提高产品和服务质量竞争力。严格质量标准和市场监管，持续开展质量提升行动，培育质量文化。进一步深化资源配置的市场化改革，增强资源配置对市场需求的灵活性，增加有效供给，减少无效供给，提高供给结构与需求结构的匹配度。积极引导制造业转型升级，实现由"制造"向"智造""创造"转变。提升现代服务业，尤其是生产性服务业的供给质量，为百姓的美好生活和"智造""创造"提供强大的战略支撑。

二是推进效率变革，降低供给成本。重点是解决体制机制问题，降低交易成本。交易成本类似于物理世界中的阻力或摩擦力，反映着营商环境的好坏，决定着市场主体的活力。交易成本，很多与制度相关，属于制度性交易成本。而降低制度性交易成本，特别是隐性的制度性交易成本，是一个永恒的任务。要增强政府服务企业意识，树立服务企业理念；深入推进政府行政管理体制和方式改革，全面推行市场准入负面清单制度；进一步优化审批流程，改进审批方式，提高审批效率；加快改革政务提供方式，提高电子政务、网络行政比例；进一步加强和改进市场监管，规范市场秩序，促进公平竞争，增进产权保护，降低保护产权成本。

三是推动动力变革，提高供给效率。重点是改变要素投入结构，提高要素投入质量，让科技创新成为第一动力引领产业发展，实现依靠创新驱动的内涵型增长，提高产出效率，即让产出效率依赖科技创新能力。而科技创新最重要的主体是企业，企业的科技创新能力决定着整个经济的科技创新能力。要以实施创新驱动发展战略为统领，建立高水平科技创新体系，营造更好的营商环境和科技创新环境，推动产生更多科技创新主体，充分发挥企业科技创新主体作用，提高科技创新能力和水平，提高全要素生产率。创新驱动本质上是人才驱动、知识驱动，要继续深入实施人才强省战略和科教兴省战略，全面提升科技创新能力，增强势能、加大动能、发挥潜能，为推动甘肃经济高质量发展提供动力支撑，在新时代推进西部大开发形成新格局的进程中展现新作为。

值得注意的一点是，甘肃作为欠发达地区，中短期的要素驱动和长期的创新驱动要齐抓共管，双轮驱动，共同拉动经济增长。从长期看，创新是发展的第一动力，但从中短期看，还不能忽视要素驱动的作用，还得继续加大投资等传统要素驱动对经济增长的拉动作用。预计"十四五"期间，甘肃经济增长的动力将是传统要素和创新双轮驱动。短期内，要看到当前甘肃高质量发展的核心是稳增长，而稳增长的核心是阻止投资特别是第二产业投资的下滑。继续深入实施工业强省战略，并重点投资易地扶贫搬迁、保障性安居工程、"三农"、重大基础设施建设、创新驱动和结构调整等领域。中长期，要齐抓共管创新组织和创新能力培育，创新制度构建和创新环境保障。要通过改革科研体制，激发高校、科研院所及企业的研发动力，通过政府资金撬动，引导社会资金投入。重视制度、组织和产品等创新的组合作用，推广"兰白自创区"的有效经验，逐步实现从要素驱动到效率驱动，再到创新驱动的"三步走"路径。

（三）构建现代产业体系，调整和优化经济结构

健全和完善现代产业体系。甘肃省要按照国家空间规划和功能区划分以及产业发展布局规划的指引，突出本省资源、区位、要素支撑优势，合理布局和谋划未来产业发展的方向和重点，构建现代产业体系，进一步形成更有竞争力的产业格局。

一是加大传统产业改造升级的力度和深度。运用新一代信息技术和人工智能技术推动传统制造业向数字制造、智能制造转型，推进制造业品质革命，解决供给与需求的错位问题，统筹推进产业基础高级化和产业链现代化，提高经济质量、效益和竞争力。

二是做大做强特色优势产业，积极培育经济发展新动能。既立足当前，又着眼未来，整体塑造甘肃经济高质量发展的新格局，全面塑造发展新优势。大力发展现代戈壁农业，尽快形成规模优势；布局发展食品加工业和轻纺工业，做大新能源产业，大力发展相关的消纳产业；提升旅游业发展能力，促进文化旅游产业的大发展。推动甘肃特色农产品、中草药、新能源等行业的深度化生产。

三是发展战略性新兴产业，抢占产业竞争制高点。一方面，要持续提高生物医药、信息技术、节能环保、新材料、新能源和高端装备制造等战略性新兴产业的增加值比重，不断增强产业竞争力，使其成为推动甘肃经济增长的决定性动能。另一方面，推动大数据、互联网和人工智能等同各个产业特别是制造业的深度融合，形成先进制造业集群，培育新产品、新业态、新技术和新模式，促进平台经济和共享经济健康发展。

四是大力发展现代服务业，推动"互联网＋"更好地满足生产性服务和消费者的个性化需求。围绕服务制造业和农业转型升级的需求，推动生产性服务业专业化发展，并向价值链高端延伸。加快发展现代物流、研发设计、检验检测和法律服务等服务业，促进现代服务业同先进制造业、现代农业深度融合；以满足人民日益增长的美好生活向往为目标，以标准化、数字化和品牌化为引领，推动生活性服务业向多样化和高品质升级，加快发展文

化、旅游、体育、健康、养老、育幼、物业和家政等服务业,加大基础性和公益性服务业供给;加大服务业对外开放力度,吸引国内外企业加大对服务业的高质量投资,推进服务业现代化,以高质量的服务供给满足人民群众高品质的服务需求。

五是建立完善人才体系。现代产业体系与传统产业体系的区别在于发展动能的转变,现代产业体系需要创新作为引领产业优化升级的力量支撑,而人才又是创新的主体,因此,为推动现代产业体系的构建与完善,要通过人才培育和引进机制的创新,逐步满足创新发展的人才需求,实现经济高质量发展。建立甘肃与发达地区科研院所、高校联合培养人才的机制,为后续发展培养尖端人才;构建育才、引才、用才、留才体系,并利用市场机制引导企业把人力资本投入作为重点,形成吸引人才的良好环境,为创新驱动注入新的活力。

调整优化经济结构,着力解决四个"不平衡"问题,促进经济高质量发展。调整区域结构,实施区域协调发展战略,解决区域发展不平衡问题,缩小地区差距;调整产业结构,解决产业不平衡问题,实现产业结构优化;调整城乡结构,实施乡村振兴战略,"四化"同步,缩小城乡差距;深化供给侧结构性改革和需求侧管理,解决供需结构不平衡问题,全面促进甘肃经济实现高质量发展。

(四)高质量推进乡村全面振兴,促进农业农村高质量发展

持续巩固拓展脱贫攻坚成果同乡村振兴的有效衔接,守住不发生规模性返贫的底线。脱贫地区、脱贫群众虽然已经实现脱贫,但发展基础还比较弱,巩固脱贫成果防止返贫的任务仍然很重。要遵照中央规定,"对摆脱贫困的县,从脱贫之日起设立5年过渡期,做到扶上马送一程。过渡期内保持主要帮扶政策总体稳定",防止出现规模性返贫现象。要健全防止返贫的动态监测和帮扶机制,消除返贫致贫风险隐患,对易返贫致贫人口早发现、早干预、早帮扶。对有劳动能力的,坚持开发式帮扶方针,通过发展产业、促进就业,帮助他们用自己的双手勤劳致富;对没有劳动能力的,做好兜底保

障。易地搬迁也要进一步强化后续扶持,确保搬迁群众住得稳、有就业、能逐步致富。同时,对于国家和省上确定的乡村振兴重点帮扶县,要从基础设施、公共服务、财政和金融等方面给予大力支持,切实巩固好脱贫攻坚成果。

用乡村振兴的办法加快农业农村发展步伐。乡村要振兴,农民要富裕,归根结底靠发展。依托甘肃农业农村独特的资源优势,加快推进乡村产业振兴,发展壮大富民兴村产业,让农民更多地参与产业发展、分享增值收益。农民不仅要富口袋,更要富脑袋。加强农村精神文明建设,持续推进乡村移风易俗,建设文明乡风、良好家风、淳朴民风,实现物质富裕、精神富足。要认真总结借鉴脱贫攻坚积累的宝贵制度成果和精神财富,完善乡村振兴政策体系、制度体系和工作体系,逐步实现从集中资源支持脱贫攻坚向全面推进乡村振兴平稳过渡。

把乡村振兴作为"三农"工作的总抓手。通过推进土地规模化、产业园区化、人口社区化、城乡一体化,探索富有甘肃特色的乡村振兴路径。依据各地优势发展特色农业,优化特色农产品生产布局,提升农业质量效益和竞争力,构建一、二、三产业融合发展体系,激活农村要素资源,保障重要农产品有效供给。大力发展乡村旅游,着力打造西部知名乡村旅游目的地,逐步实现乡村产业兴旺和城乡融合发展;实施乡村建设行动,加快农村路、水、电、气、通信、物流等基础设施建设,开展农村人居环境整治提升行动;推进数字乡村建设。打造信息平台,整合数据资源,健全涉农信息服务机制,构建涉农信息服务体系,推进数字乡村建设,促进农业全面升级、农村全面进步、农民全面发展;改进完善乡村治理,提升社会管理服务能力和精细化、科学化、规范化水平。

(五)深化国企改革,推动民营经济高质量发展

以深化国有企业改革为牵引,提高国有资产使用效率,增强国有企业活力,不断推动石油化工、有色冶金、装备制造、煤炭电力、化工材料、稀土材料等传统优势产业优化升级,逐步形成一批具有创造能力、核心技术和较

强竞争力的骨干国有企业。

推动民营经济高质量发展。一是优化营商环境,构建亲清政商关系。用好用足上级政策,细化、量化政策措施,积极营造招商引资环境,强化对民营企业人才支撑和要素保障,增强非公经济发展动力,让有竞争力的民营企业从"补位"向"进位"转变。搭建"政企面对面"等常态化的政企沟通平台,促进政企沟通协商,构建亲清政商关系。二是支持民营企业纾困。密切关注受政策影响较大的相关行业,加强跟踪调研,指导企业稳健经营,防范化解行业和企业潜在风险。三是扩大民间有效投资。把促进和扩大民间有效投资作为主攻方向,通过举办各类峰会、论坛,扩大民间有效投资,助推甘肃经济发展。四是做好服务支持。充分利用"互联网+"等手段,有针对性地为民营企业提供政策、信息、技术、人才、法律等服务。五是维护民营企业合法权益。把推动产权保护和维权服务工作作为重要举措,建立全省统一的企业维权平台和法律维权服务中心,加大公检法司等部门的协作力度,加大产权保护个案维权力度。引导民营企业依法经营、依法治企、依法维权。

(六)以县域经济的高质量发展推动全省经济高质量发展

县域兴则省兴,县域强则省强。县域经济既是区域发展的重要基石,也是高质量发展的重要支撑。甘肃县域面积大、人口多,自然资源丰富,人文历史深厚,县域经济的发展质量决定着全省经济发展的质量,关乎甘肃发展大局。全省上下要完整、准确、全面贯彻新发展理念,加快推进县域经济高质量发展。各级各部门要紧扣"三新一高"要求,把强县和富民统一起来,把改革和发展结合起来,把城镇和乡村贯通起来,在政策体系上重构重塑,在思路理念上革新创新,在体制机制上大破大立,因地制宜、分类施策,全面增强县域经济活力,持续壮大县域经济实力。

推进县域经济高质量发展,要抓重点、抓关键。县域发展要把群众增收摆在县域经济发展的突出位置。必须紧紧围绕促进增收这个重点,让老百姓享受到实实在在的发展成果,这既是县域经济发展的目的,也是县域经济发展的不竭动力；县域发展要立足资源禀赋、产业基础和区位条件，对照类型，找准定位，构建特色鲜明、优势互补、错位发展、繁荣兴旺的县域经济发展新格局；县域发展要坚持差异化，错位发展。城市服务型县，要全面提升城市综合服务功能；工业主导型县，要大幅提升新型工业化水平。农业优先型县，要促进农业产业提质增效。文旅赋能型县，要把文旅资源优势转化为产业发展优势。生态功能型县，要坚守生态功能定位，提升生态环境容量和生态产品供给能力，发展生态经济。全力建设一批城市服务型大县、工业富县、农业强县、文旅名县和生态大县；县域发展要坚持特色化，突出特色抓产业。县域经济的本质是特色经济，县域竞争力的高低一定程度上取决于经济特色化的程度和水平。各县要立足当地资源禀赋、产业基础、区位条件，在特色化上下功夫，从各自优势出发，走特色发展之路。人无我有显特色，人有我强显优势，人强我新抓创新，人新我转找出路；县域产业要锻造长板凸显特色，延链补链壮大规模，贴近群众富民增收，创新模式营销产业。着力发展带动性强的产业，围绕主导产业，加快一二三产业融合，实现多环节增值，特别是要注重把农民牢牢嵌入产业链条，尽可能把依托农业农村资源发展的二三产业留在县域，让群众更多地分享产业发展收益。积极发展劳动密集型产业，发挥甘肃县域劳动力富集的优势，引进培育吸纳就业能力强的企业，大力发展绿色食品、电子信息、服装加工、旅游等劳动密集型产业，让更多群众在家门口就业，实现挣钱、顾家两不误。大力发展能盘活资源的产业，积极稳妥地开展农村闲置宅基地和闲置住宅盘活利用试点，推动农村土地制度改革，大力发展集体经济，让闲置的承包地、宅基地等沉睡资源成为群众增收的新渠道；县域发展要突出特色建园区。园区载体要"提质增效"，整合优化、聚集要素、集中项目、放权赋能、集群成链，不断做强主业、激活主体、提高能级。

把新型城镇化作为县域经济发展的重要引擎。坚持以乡镇为节点。发展壮大一批产镇相融、宜居宜业的中心镇和特色小镇，支持有条件的中心镇发展成县域副中心或新型小城市，强化镇级综合服务功能，发挥好乡镇分担县城功能、支撑乡村振兴的重要作用；坚持以农村为腹地。巩固脱贫攻坚成果，落实乡村振兴总要求，统筹推进产业、人才、文化、生态和组织振兴，深入实施乡村建设行动，扎实开展群众性精神文明创建活动，强化农村基本公共服务供给，把乡村建设得更加美丽，让农民过得舒心暖心；城乡融合，"协同发力"。依托区域中心城市借力借势发展，立足县城和中心镇聚力做强节点，推进乡村振兴着力做美腹地。

（七）以高水平对内对外开放促进经济高质量发展

开放水平在一定程度上决定着经济发展水平，与周边国家的贸易会带来更广的发展空间，有助于实现经济高质量发展。而作为西北内陆的甘肃，在长期发展过程中，对外开放程度一直都不高。因此，一方面，要加快对内对外开放步伐，促进对内对外开放高质量发展。甘肃要充分利用地缘优势，在"一带一路"倡议下，通过加快对内对外开放步伐，实现对内对外开放的高质量发展。对内，要加强与广东、浙江等省份的头部物流、货代企业的联系，大力承接温州、义乌、深圳商品物流转移和东部外向型产业及加工贸易梯度转移；对外，重点引进共建"一带一路"国家在兰州建立零担货物采购中心和商品分拨中心，建设海外仓，提升与周边省区合作开行中欧班列的货物集散和归集能力，扩大海产品、木材、粮食、矿产品等回程国际货运班列，吸引国内外企业在甘肃建立出口"一带一路"产品的集散、分拨、中转、销售、结算中心，建"蓄水池"聚财，让"过路水"生利。另一方面，要在不断扩大开放中实现经济高质量发展。甘肃要紧紧抓住"一带一路"这个最大机遇，深入研究谋划"一带一路"建设，不断深化与共建"一带一路"国家经贸合作，持续扩大对外开放，把甘肃建成向西开放的先行区、排头兵，在不断扩大开放中实现经济高质量发展。一是找准甘肃在构建国内大循环、国内国际双循环中的位置和比较优势，主动服从服务国家战略大局，着力打造向西开放的前沿阵地，推动"一带一路"建设走深走实。二是全力打造文化、枢纽、技术、信息、生态"五个制高点"，加强与共建"一带一路"国家和地区的文化交流合作。三是积极参与中巴、孟中印缅经济走廊建设，全面推进兰州国际陆港基础设施建设和运营，推动陆港空港协同发展；推进实施国家科技援助项目，加快丝绸之路国际知识产权港建设；积极争取海关总署加快审批甘肃申建进境食用水生动物指定口岸、进口药品口岸，推进兰州市发展外贸新业态新模式，及早申请获批市场贸易采购试点城市，扩大过境转口贸易；加快5G、数据中心等新型基础设施建设，加快推进甘肃"一带一路"国际互联网数据专用通道建设，统筹推进一批市级工业互联网公共服务平台建设。

（八）以高质量的生态文明建设促进经济高质量发展

经济高质量发展注重人与自然的协调性、产业发展的可持续性，而长期以来甘肃的经济增长是以环境破坏为代价的，环境的破坏又进一步限制了产业的发展，使经济发展不具备可持续性。因此，"十四五"期间，甘肃省要注重环境综合治理与保护，完善相关政策，加大对污染治理的资金投入，加快实现化工、钢铁、有色金属等传统产业绿色生产，深化循环经济理念，从根本上减少污染物的排放，降低单位GDP的资源消耗和环境代价，通过生态文明的建设促进经济的高质量发展。在跨界河流水污染、空气污染等方面的治理上突破行政界限，推动区域合作的治理模式。

同时，甘肃作为西北地区重要的生态屏障，进行生态文明的建设与实现可持续发展有着特殊而重要的意义。省内有37个县市区属于国家重点生态功能区范围，限制开发区与禁止开发区面积又占到全省面积的90%。因此，要把生态文明建设融入经济、社会建设的全过程，着力推进国家生态安全屏障综合试验区建设，主要从草原、湿地、林地和水资源保护入手，加大退牧还草、天然林保护、水源涵养、水土保持、沙化治理和污染防治等生态建设工程实施力度，继续推进祁连山、两江一水、渭河源区的生态综合治理，加快推进黄河流域生态保护和高质量发展。在建设用地与生态保护地区，应鼓励产业生态化发展，使产业的发展逐步适应生态保护系统，并建立健全生态环境监管机制，加强跨行政区重点生态功能区的保护、管理与建设，完善资源有偿使用和生态补偿制度。

反思与吸取祁连山生态问题的教训，正确认识生态环境对高质量发展约束与倒逼的双重作用。借力甘肃生态安全综合屏障试验区和循环经济示范区两大平台建设，助推祁连山国家公园建设，在生态红线的刚性约束下，探寻甘肃经济社会全面绿色转型之路。推进"产业生态化和生态产业化"，抓好城市污水处理和垃圾处置等环境基础设施建设，防治农村面源污染，整治农村人居环境，确保食品安全与生态安全。

参考文献

田秋生：《高质量发展的理论内涵和实践要求》，《山东大学学报》（哲学社会科学版）2018 年第 6 期。

曹立萍：《以创新催生新动能　以改革激发新活力——甘肃全力推动经济高质量发展》，《甘肃日报》2021 年 1 月 21 日。

高富强：《甘肃省全力推动经济高质量发展综述》，法治甘肃网，2021 年 8 月 19 日。

黄智杰：《甘肃：高质量发展更具活力》，《国际商报》2021 年 8 月 22 日。

卫韦华：《甘肃以绿色经济破题"高质量发展"》，《金融世界》2018 年第 3 期。

张政民：《多措并举推动甘肃高质量发展》，《甘肃日报》2020 年 1 月 14 日。

靳佩佩：《任振鹤在全省县域经济高质量发展推进会上强调以县域突破助力全省突围以县域起跳支撑全省起跑真抓实干推动县域经济百花齐放高质量发展》，《甘肃日报》2021 年 9 月 2 日。

沈兴国：《深入贯彻新发展理念推动甘肃高质量发展，做强枢纽经济推进向西开放》，《甘肃日报》2021 年 8 月 20 日。

薛倩雯：《甘肃省高质量发展的战略选择与路径研究》，《社科纵横》2019 年第 2 期。

张存刚、王传智：《经济高质量发展的内涵、基本要求与着力点——一个马克思主义政治经济学的分析视角》，《兰州文理学院学报》（社会科学版）2021 年第 1 期。

李小龙：《任振鹤在全省金融助力高质量发展工作会议上强调　用好金融政策　激发金融活力　盘活金融工具　为迈好第一步见到新气象提供更好金融保障》，《甘肃日报》2021 年 5 月 15 日。

许玉姣：《新经济态势下黄河流域高质量发展现状与对策》，《甘肃科技纵横》2021 年第 6 期。

郭敬生：《论我国经济高质量发展：战略意义、方向定位和重点任务》，《福州党校学报》2020 年第 3 期。

黄娅娜、邓洲：《新时代经济高质量发展的内涵、现状、问题和对策》，《中国井冈山干部学院学报》2019 年第 5 期。

张存刚：《"十四五"时期甘肃经济高质量发展的思考》，《党的建设》2021 年第 2 期。

《2021 甘肃经济发展研告》，https：//www.sohu.com/a/478484088_99995154。

陈润羊：《把握五大发力点　推动甘肃高质量发展》，《甘肃日报》2019 年 1 月 22 日。

《中共中央关于制定国民经济和社会发展第十四个五年规划和二〇三五年远景目标的建议》，《中国民政》2020 年第 21 期。

黄汉权：《加快发展现代产业体系　推动经济体系优化升级》，《经济日报》2020 年 11 月 23 日。

逄锦聚：《科学把握共同富裕与高质量发展的关系　加快推进县域经济高质量发展》，《经济日报》2021 年 9 月 6 日。

刘国中：《全力开创县域经济高质量发展新局面》，《经济日报》2021 年 6 月 12 日。

刘伯霞：《坚持以推动高质量发展为主题》，《甘肃日报》2021 年 8 月 20 日。

《两会访谈　全国政协委员谢伏瞻：扎实推进全体人民共同富裕》，http：//www.qstheory.cn/laigao/ycjx/2021－03/09/c_1127191066.htm。

杨昊：《推动民营经济高质量发展（权威访谈）——访全国工商联党组书记、常务副主席徐乐江》，《人民日报》2021 年 10 月 23 日。

陈川、刘渊：《为乡村振兴赋能　数字乡村建设展现广阔前景》，《人民日报》2021 年 10 月 22 日。

《扎实推动共同富裕》，《人民日报》2021 年 10 月 16 日。

沈文刚：《找准定位　错位发展——甘肃省推动县域经济发展综述》，《甘肃日报》2021 年 9 月 13 日。

张慧雅：《甘肃全省经济高质量发展　"一带一路"建设成效显著》，每日甘肃网，2021 年 8 月 19 日。

沈丽莉：《甘肃省全力推动高质量发展显成效》，《甘肃日报》2021 年 8 月 19 日。

赵万山：《甘肃省政府新闻发布会：全省经济高质量发展和"一带一路"建设亮点纷呈》，《兰州日报》2021 年 8 月 19 日。

杨邹、明敏：《看！甘肃实现新变化、取得新成就》，《甘肃日报》2021 年 8 月 18 日。

沈丽莉：《迈出新步伐，取得新成效，全省经济高质量发展呈现六大特点》，《甘肃日报》2021 年 8 月 19 日。

石阿茹娜：《新发展理念视角下鄂尔多斯市经济高质量发展路径研究》，内蒙古民族大学硕士学位论文，2020。

B.8
"新基建"赋能甘肃新发展研究

郝希亮*

摘　要： 自中央提出新型基础设施建设之后，各省区市纷纷出台了相关的规划和实施方案，各行各业也是积极响应，制定出了一些"新基建"建设计划。"新基建"是围绕"数字基建"展开的建设方式，首先，需要对5G通信、互联网基础设施进行建设，成为"新基建"的硬支撑；其次，运用5G和互联网，在生产生活中发挥出作用，就需要一些软技术支撑，即平台建设；再次，还需要5G通信和互联网与生产生活互动融合为一体，相互促进、相互提高；最后，充分认识"新基建"发展的重大意义，推动经济数字化转型和现代产业体系的构建，深化信息技术与经济社会的融合，是经济高质量发展的基石。毋庸讳言，甘肃省是个相对落后的省份，甘肃省亦在努力地追赶，努力地提升经济社会的发展水平。"新基建"是一个重要的机遇期，将"新基建"赋能甘肃经济社会，必将使甘肃发展跃上新的台阶。

关键词： 甘肃　新基建　经济发展

2018年12月9~21日，中央经济工作会议在北京举行，会议重新定义了基础设施建设，首次把5G、人工智能、工业互联网、物联网等定义为"新型基础设施建设"（简称"新基建"）。

---

* 郝希亮，甘肃省社会科学院区域经济研究所助理研究员，主要研究方向为区域经济。

2019 年的政府工作报告提出"加强新一代信息基础设施建设"。

2019 年 3 月两会期间提出除了传统基建外，以 5G、人工智能和工业互联网、物联网为代表的新型基建将承担更为重要的角色。

2019 年 7 月，中共中央政治局会议，提出"加快推进信息网络等新型基础设施建设"。

2019 年 12 月，中央经济工作会议再次强调了战略性、网络型基础设施建设的重要性，会议提出"要着眼国家长远发展，加强战略性、网络型基础设施建设；引导资金投向供需共有受益、带有乘数效应的先进制造、民生建设、基础设施短板等领域，促进产业和消费双升级"。

2020 年 1 月 3 日，国务院常务会议提出"大力发展先进制造业，出台信息网络等新型基础设施投资支持政策，推进智能、绿色制造"。

2020 年 2 月 14 日，中央全面深化改革委员会第十二次会议指出，"基础设施是经济社会发展的重要支撑，要以整体优化、协同融合为导向，统筹存量和增量、传统和新型基础设施发展，打造集约高效、经济适用、智能绿色、安全可靠的现代化基础设施体系"。

2020 年 3 月 4 日的中共中央政治局常务会议上，再次强调，"要加大公共卫生服务、应急物资保障领域投入，加快 5G 网络、数据中心等新型基础设施建设进度"。

2020 年 4 月 20 日，国家发改委首次明确了新基建范围，主要包括三个方面：一是信息基础设施，主要指基于新一代信息技术演化生成的基础设施，比如，以 5G、物联网、工业互联网、卫星互联网为代表的通信网络基础设施，以人工智能、云计算、区块链等为代表的新技术基础设施，以数据中心、智能计算中心为代表的算力基础设施等；二是融合基础设施，主要指深度应用互联网、大数据、人工智能等技术，支撑传统基础设施转型升级，进而形成融合基础设施，如智能交通基础设施、智慧能源基础设施等；三是创新基础设施，如重大科技基础设施、科教基础设施、产业技术创新基础设施等方面。

《中华人民共和国国民经济和社会发展第十四个五年规划和 2035 年远景

目标纲要》明确提出"围绕强化数字转型、智能升级、融合创新支撑，布局建设信息基础设施、融合基础设施、创新基础设施等新型基础设施"，应是"新基建"的内涵。

《中共甘肃省委关于制定甘肃省国民经济和社会发展第十四个五年规划和二〇三五年远景目标的建议》中提出"加快信息基础设施建设，构建覆盖全省、技术先进、安全可靠的新型信息通信网络，推进工业互联网、物联网等建设。突出融合基础设施建设，统筹融合数据中心建设应用，加快5G、大数据、云计算、区块链、人工智能发展和示范应用。建设网络安全产业园区，推动网络安全产学研用。大力发展智慧交通、智慧物流，全面推广新能源汽车，配套建设相关设施。积极发展智慧教育、智慧医疗、智慧政务，全面推进智慧城市建设，强化创新基础设施，建设中子研究大科学装置以及其他重点实验室、产业科技创新中心"。

因此，本文从基础设施建设、融合基础设施发展、创新基础设施发展三个方面，对"新基建"赋能甘肃新发展进行探讨。

一　甘肃省"新基建"发展现状

"新基建"标志着智慧经济时代的到来，是构建以新发展为理念，以技术创新为驱动，以信息网络为基础，面向高质量发展需要，提供数字转型、智能升级、融合创新等服务的"数字化"基础设施体系，"数字化"是"新基建"的核心要素，"数字基建"也就成了"新基建"的内核。

（一）加快推进5G发展

"十三五"期间，甘肃省加快了数字经济、数字甘肃和"一带一路"信息制高点的建设步伐，从规模、效益上稳步提升，信息基础设施在广度和深度上日益完善，产业数字化和数字产业化在对新兴战略产业和传统产业与数字信息结合、应用中，取得了积极的成效，政府数字化治理体系加快发展。

1. 聚焦5G互联网智能化，开展新型信息网络建设

自中央提出"新基建"以来，甘肃省委省政府高度重视，加紧落实部署，2018年省政府办公厅下发《甘肃省工业互联网发展行动计划（2018—2020年)》，明确了五个方面的重点任务：夯实网络基础，打造平台体系，加强产业支撑，培育融合发展新业态，构建安全保障体系。2020年省政府工作报告提出，"加强5G网络基础设施建设，基本实现地级市城区5G基站全覆盖"，并且出台了相关行动方案和计划。2020年甘肃省工信厅、省发展改革委员会、省政府国资委及省通信管理局联合印发《甘肃省5G建设及应用专项实施方案》，要求5G建设必须超前部署，在"数字甘肃"和"一带一路"信息制高点建设中，充分运用5G、工业互联网等基础设施，赋能并带动甘肃新发展。

2. "5G+工业互联网"融合创新，构建产业体系

依托石油化工、有色金属、装备制造等优势产业，开展"5G+工业互联网"试点应用，融合并加强产业区域协作。目前，成功签约了鹏博士兰州5G大数据产业园；兰州全志电子有限公司成功研发出了基于5G的小型微型PLC，是我国第一个自主研发成功的工控器件，已纳入华为生态链；围绕5G在电子装备制造、高速光纤、小型PLC和物联网方面，中电万维、北科维拓等企业研发了许多新产品。同时，发挥甘肃移动、飞天网景、甘肃联通等现有企业优势，不断延伸5G在工业互联网中的应用，成立了5G产业和物联网产业联盟；甘肃联通与宝方碳材料科技有限公司合作，建立了5G+工业制造联合实验室；甘肃移动、甘肃建设矿业、中科院西北生态环境资源研究院三家合作，成立了"绿色智慧矿山联合实验室"；甘肃海丰与兰州大学合作，开展5G网络的无人驾驶实验，成功实现园区内L4级自动驾驶；兰州市与公安部道路交通安全研究中心合作，研制出"无人值守5G网联无人机高速巡查执法系统"，属全国首创，已正式启用。

3. 数字基础设施建设加速，升级显著

"十三五"期间，甘肃省建成移动通信基站18.6万个，其中4G基站数量近60%，累计建成5G基站8509个，全省14个市州主城区实现5G网络覆盖，5G 网络人口覆盖率达 24% 以上；县（市、区）平均达到 200G 以上的出口宽带，百兆以上宽带用户达到 92.5%；全省行政村 4G 网络和光纤宽带覆盖率达到 99% 以上。

（二）深化工业互联网发展

1. 初步建成绿色集约大数据集群

截至 2020 年底，甘肃省建成运行 36 个数据中心，每个中心平均达到 300 个以上的机柜，其他各类数据中心机架总数达到 59012 架，对外提供服务的机柜有 30176 个，平均电能利用效率（PUE）值为 1.31。金昌紫金云大数据中心、丝绸之路西北大数据产业园数据中心、甘肃联通马滩大数据中心、甘肃国网云数据中心等相继投入运营。另外，在建和拟建的数据中心还有 17 个项目，部署机架 12.1 万架，设计平均电能利用效率约为 1.27。

2. 通信网络枢纽稳步推进

以兰州为中心的西北第二大信息通信网络枢纽建成，互联网出省带宽可以达到 14.8T，实现与北京、西安、成都等核心节点的直通，实现与西宁、拉萨、乌鲁木齐、银川等重点城市的网络直联。在兰州新区国际互联网数据专用通道的基础上，建成了兰州新区至酒泉、金昌和天水的高速网络链路，通道运营能力得到有效提升。

3. 数字产业和产业园区建设亮点纷呈

鲲鹏生态创新中心和鲲鹏计算产业项目落户兰州高新区，兰州电子商务孵化园、中科曙光甘肃先进计算中心、三维大数据物联网智能制造产业园、张掖智能制造产业园、平凉智能终端光电产业园、天水电子产业园等加快建设步伐。在甘肃落地的新锐企业还有金山云、猪八戒网、有牛网等一批互联网龙头企业，为甘肃信息产业的加速发展奠定了坚实的基础。

4. 产业数字化应用深入发展

近年来，甘肃农业数字化稳步发展，信息进村入户工程平稳推进，农村电商业的蓬勃发展、县乡村三级电商服务体系的建设对农业生产和产品销售作用显著，为全面建成小康社会和推进乡村振兴建设奠定了信息基础。2020

年，甘肃省农产品网上销售额达到 194 亿元，随着全省 733 个乡（镇）的农产品质量安全信息追溯体系建成覆盖，农产品销售额进一步提高。工业数字化建设成果进展明显，建成兰州工业互联网标识解析二级节点基础平台，是工业互联网互联互通的神经中枢；兰石集团的"兰石云"被国家列为制造业的互联网融合发展试点示范项目；酒钢集团等企业的"钢材溯源"链、知识产权港"知识保护与交易"链等多个区块链应用落地实施。兰州通过了区块链服务网络（BSN）发展联盟的入网要求并成为节点城市。建成的"一中心三体系三朵云"智慧旅游体系，有效地推动了甘肃旅游业的发展。

5. 政务体系数字化发展日趋完善

政务云及互联网、政务专网基础设施初具规模，便利化程度显著提升。"甘快办"移动服务平台，"掌上办""指尖办"等甘肃品牌，都成了为人民办实事的良好平台。甘肃省精准推送的涉企政策系统——"不来即享"服务系统，覆盖全省 41.8 万家企业，受到国务院表彰。开放政务数据共享，推行"数据共享负面清单"，省级数据共享交换平台、政务信息共享网站建成，实现了国家、省、市数据共享交换平台的级联对接。

二 "新基建"与经济社会发展融合问题研究

融合问题是一个世界级的难题，有许多成功的案例，却没有普遍可行的发展模式。本文着重对该问题进行探讨。

（一）对"新基建"长、短期作用的认识

2020 年上半年，受新冠肺炎疫情肆虐的影响，经济出现了"停摆"并大幅下行，"线上"经济的出色表现，对抗疫胜利起到了显著的作用，社会较广泛地认为，通过"新基建"加大投资力度，进行逆周期调节，能够促进中国经济尽快复工复产，摆脱经济衰退的阴影。事实证明，"新基建"确实在抗疫的整个过程中发挥了巨大作用。

国际社会上，一些悲观主义学者认为，数字技术革命与以往的技术革命

不同，其对生产效率的影响甚微，数字革命的关键性贡献已告结束；乐观主义学者认为，数字革命，其技术和创新正处于拐点上，伴随着融合发展的突破，将极大地推动生产效率的上升，加快经济增长。

中国有学者认为，2020年"新基建"投资1.1万亿元并不能有效对冲疫情影响，短期的逆周期调节政策是不可持续的。大多数学者认为，"新基建"包含短期和长期两种作用，短期，"新基建"对于稳投资、稳就业、稳增长、防灾减灾效果显著；长期，建设信息社会、智慧社会，夯实数字经济基础，传统产业在融合中转型升级，都可释放出经济增长潜力，"新基建"对提高国家科技竞争力方面有潜在的长期作用。

在投资实践活动中，我们也可以看到在各省出台的数十亿投资计划中，实际上是多年的投资计划，并且大部分内容依旧是传统基建领域，"新基建"占比很小，形象化特征明显，不能成为新的增长引擎。这也表明了在"新基建"上存在认识不足的问题。

互联网和大数据的发展，或者说"新基建"的发展，可以产生很多新业态、新模式。数字技术既可以对实物资产运行效率和养护进行监测，也可以对资产绩效进行预测，通过数据分析了解资产运行的误差范围，达到衡量和监测资产绩效的目标。

（二）对融合发展的认识

融合在社会层面发展较快。智慧交通、智慧医疗、智慧城市、智慧旅游等，在融合基础设施建设方面成绩斐然，为人民群众生活提供了极大的方便。

融合在企业层面上发展相对薄弱。2020年国家发改委、中央网信办《关于推进"上云用数赋智"行动培育新经济发展实施方案的通知》中要求，"深入实施数字经济战略，助力构建现代产业体系，实现经济高质量发展，从能力扶持，金融普惠，搭建生态等多方面帮助鼓励企业加快数字化转型，培育新经济发展"。该行动方案有六个重要方向。

搭平台：构建多层联动的产业互联网平台。

筑基础：夯实数字化转型技术支撑。

促转型：加快企业"上云用数赋智"。

建生态：建立跨界融合的数字化生态。

兴业态：拓展经济发展新空间。

强服务：加大数字化转型支撑保障。

这些政策措施，强调的是企业能够将物理、数字和人三个方面整合在一起，就可以较快地发展。数字是一种资产，信息经济学证明，信息经济会改变传统经济模式，数字资产在重塑与实体资产的关系时，创新就发生了。新的模式就可以成为企业发展的动力，同样也能成为经济发展的新引擎。

三 "新基建"赋能甘肃新发展

"新基建"要发挥创新引领、赋能甘肃发展的作用，需要本着"打铁尚须自身硬"的道理，先要发展和完善自身。甘肃省"新基建"确定的发展目标是"一年显成效，三年上台阶，五年树标杆"。具体安排如下。

到2021年底，"数字甘肃"的基本框架将初步形成，相关的数字经济政策基本完善，交通文旅、就业社保、生态环境等领域试点示范取得成效。5G网络要超前部署，全省拟建成基站3万个以上，实现县（区）以上区域连续覆盖，重点园区、企业、医院、学校、4A级景区、交通枢纽深度覆盖。启动建设国家一体化算力网络甘肃枢纽节点，确立甘肃省在数据要素汇聚、大数据产业集聚和数据创新应用方面的优势。

到2023年底，在新一代网络覆盖全省的基础上，推动大数据和智能产业方面取得突破，包括的领域有政务平台建设、智慧社区服务建设、应急保障建设和生态环境保护等，同步推进5G安全保障体系建设。建立跨域数据资产流通交易机制，实现全天候网络支撑、全方位数据感知、全链条智能决策、全业务协同治理、全用户便捷服务和全景式综合展示。

到2025年底，数字经济规模总量突破5000亿元，增加值占比上升15个百分点。建成覆盖全省各行业的工业互联网网络基础设施，建成全国一体化大数据中心协同创新体系，农业、工业、服务业数字化转型成效显著，数字产业化生态体系基本形成，建成一批在全国具有鲜明特色的"数字生态样板间"。信息技术与实体经济融合催生的新业态新模式广泛渗透经济社会的方方面面，成为甘肃新经济发展的基本形态。

（一）数字基础设施：赋能甘肃建设

夯实信息网络基础设施，统筹网络基础设施布局，重点围绕宽带网络、5G、IPv6（互联网协议第6版），推进泛在、安全、高效的智能化数字经济网络基础设施建设；围绕全国一体化计算网络甘肃枢纽节点建设，统筹优化全省数据中心布局，引导传统数据中心升级改造，向规模化、集约化、智能化、绿色化方向布局发展。统筹布局丝绸之路信息港数据中心分级、分城区建设，培育丝绸之路信息港云计算大数据集群品牌，构建甘肃新发展的支撑能力。

1. 优化5G网络建设布局：满足人民的需要

实施"千兆城市"和"百兆乡村"工程。按照基础电信运营企业自建一批，园区企业共建一批，社会公共资源开放利用一批的统筹方式，加快推进市州网络建设，逐步延伸至县（区）。其中，甘肃电信2020~2022年计划建设5G基站14000个，甘肃铁塔2020~2022年计划建设5G基站35155个，甘肃广电5G专网（一期）拟建设1个核心网、287个布点基站。加快建设"兰州—成都"第二路由、"西安—西宁"国家一级干线光缆，满足甘肃人民的通信需要。

有序推进IPv6规模部署。加快基础电信网络、数据中心IPv6改造，支持IPv6在5G、工业互联网、物联网等领域融合创新发展，有序提高IPv6服务覆盖能力和移动网络流量。

建设兰州新区高性能计算（超算）中心。统筹规划建设兰州新区高性能计算（超算）中心，做好与国家超算中心的联通、灾备对接，打造西北地区大数据、人工智能等高新技术开发应用基础平台，支撑边缘计算与云计算融合发展，满足工业设备实时业务、应用智能、安全与隐私保护等方面需求。

2. 统筹和优化大数据基础设施布局：赋能甘肃经济建设

优化甘肃省数据中心集群布局，充分整合现有资源，以业务需求为导向，引导全省各市州有序发展数据中心，稳步推进物理分散、逻辑集中的数据中心集群格局。甘肃金昌紫金云大数据中心项目是甘肃省政府确立的丝绸之路信息港建设的重要组成部分和支撑项目，项目建成后，将成为"丝绸之路经济带"互联网的重要通道和"离岸数据区"，承担起全省政务数据以及各行业、企业经济数据的存储、灾备等方面的重任，进一步提升甘肃"丝绸之路"黄金段的地位。目前金昌紫金云大数据中心云平台已搭建完成并上线运行。兰州新区大数据产业园（二期）项目，形成 1 万个机架的服务能力，建设大数据产业孵化器、办公楼和生活配套设施，为入园企业提供产业孵化服务、办公配套及生活保障，助推国家级开发区的高质量发展。酒泉绿能绿色大数据产业园项目，形成 1 万个机架的服务能力，建设数据中心、离岸数据基地、物流基地、孵化基地、研发基地、人才中心及相应配套设施。推进丝绸之路文化遗产数据中心建设，引领丝绸之路的民心相通。鼓励兰州打造中药材健康大数据中心，助力"十大生态产业"之一的中医药产业发展，统筹推进甘肃移动、电信、联通、广电、国网等垂直领域数据中心建设。

为实现碳达峰、碳中和，积极探索建立电力设施和数据中心协同运行机制。鼓励省内电力电网企业以参股等创新方式参与甘肃省数据中心集群建设，构建电网与数网联动、协调运行机制。利用新能源高峰期、低电价的优势，错峰用电、负荷调整、预留电力容量，优化数据中心用电结构，降低用电成本。支持数据中心集群建设配套可再生能源电站，推动源网荷储一体化数据中心发展，通过自发自用、市场交易等，打造成本洼地，吸引外省企业来甘肃投资落地数据中心。

加强智能交通基础设施建设，构建智能交通管控平台，实现交通大数据统筹应用、立体监管、智能疏导，从根本上扭转人民群众出行难的问题。构建数字化资源运管体系，围绕水利大数据体系建设，强化水利数据资源采集、汇集、组织、分析、应用等全生命周期监测，推进城乡水务一体化运营管理，达到水利资源的有效配置，节约、合理利用水资源。构建智能化能源大数据中心体系，汇集水、电、煤、油、气、热等能源数据，建设智慧能源大数据平台，引导公共部门能源领域科学决策，建设智慧能源基地，打造智慧能源产业生态。

（二）培育数据资源要素市场：孕育甘肃数字资本

建设甘肃省一体化大数据中心协同创新体系，重点提升算力服务品质和利用效率，积极承接后台加工、离线分析、存储备份等非实时算力需求，打造面向全国的非实时算力保障基地，形成数字"银行"。完善数据共享平台体系，探索运用数据沙箱、多方安全计算、联邦学习等新技术，建立公共数据开放和开发利用机制，促进政务数据库和公共数据库依法合规向社会开放，支持社会各种新业态的发展。

加快推进"东数西算"试点工程，依托大中型云计算大数据中心基地设施，探索建立与东部"结对子"省份，在算力补贴、税收统筹、能耗指标共享的政策衔接机制，平衡算力扩大容量，纳入更多的经济单元。支持国内互联网头部企业以多种形式扩大对甘肃省算力需求，有效解决算力资源结构性失衡问题，探索形成可复制、可推广的试点经验，打造跨区域算力资源协同发展的样板。

建设国家红色主题数据资源集聚区，发挥甘肃省革命老区红色资源优势，争取落地建设"学习强国"西北数据中心重点项目，构建以红色文化为主题的上下游产业链和跨行业融合数字化生态体系，满足人民群众对文化的增长需求。

建设国家文化大数据集聚区，建设中国文化遗产标本库甘肃库、中华文化基因库甘肃库和中华文化素材库甘肃库，打造国家文化专网（甘肃区域网）和国家文化大数据体系甘肃分平台，推动数字文化产业发展，提升甘肃省内文化数据资源汇聚和开发利用能力，实现甘肃传统文化保护和传承的目标。

在公共数据资源整合共享方面，健全政府机构、公共企事业单位和公共服务机构数据资源共享责任清单机制，建立统一的公共数据资源目录，加快推动邮政、通信、水务、电力、燃气、热力、公共交通、民政等方面公共数据汇聚整合。依托甘肃省一体化政务服务平台，改造升级数据共享交换平台，积极与国家平台对接，推进网上政务服务平台互通、数据共享，方便人民群众的生活。

加强公共数据资源开放利用，建设甘肃省公共数据统一开放网站，制定公共数据开放计划、开放目录和采集标准，优先推动医疗、卫生、环境、交通、旅游、文化、气象等领域数据清洗脱敏后向社会开放，服务于人民群众。在确保隐私和安全的前提下，支持政企数据联合校验和模型对接，形成开发利用智力众包机制。探索建立公共数据开放利用安全评估和风险管控机制，培育可信中立的公共数据运营服务机构，为公共数据进入要素市场创造条件，营造良好的营商环境。

盘活数字资本，探索设立专业化数据交易机构，鼓励产业链各环节主体入场交易；支持数据交易机构搭建数据综合确权平台，营造政企联动的计算环境，建立数据资产价格市场化形成机制，构建数据资源交易监管体系，推动数据可信流通。

（三）产业数字化转型：赋能甘肃传统产业

1.农业数字化转型

着力于农业生产、加工环节数字化改造，运用物联网、人工智能、区块链与农业生产的融合，提升农业发展质量。

实施甘肃数字农业发展行动。基于数字技术在喷滴灌、水肥一体化设施、畜禽标准化圈舍、冷链物流、产品加工设备一体化方面发展、整合、延伸和再造农业产业链。依托临夏州临夏县、武威市凉州区、兰州市榆中县、定西市陇西县等一批国家级和省级现代农业产业园建设，在中医药生产、特色农林牧重点领域，打造数字化现代特色农业示范区；围绕现代丝路寒旱农业和戈壁生态农业，推进优势特色产业集群全产业链大数据试点。依托智慧农业示范园区和示范基地，打造特色农产品产业链，推广机器人、无人机等新型农业装备的应用，促进农产品产供销各环节数字化改造，加快实现装备智能化、管理数据化、服务在线化，催生出农业农村服务业的多种业态。

建设甘肃农业农村大数据中心。整合现有涉农业务数据系统，打造全省数字农业"一张图"。全面采集、整合、集成各类涉农数据资源，构建农业农村数据资源体系，为乡村振兴战略的实施提供精准的信息服务。利用农产品质量安全可追溯平台，提升灾害预警、产销价格监控、地籍管理、土地确权流转等农情信息智能化管理水平。用"12316"三农综合信息服务完备实现信息进村入户的全覆盖，优化提升农村社区网上服务，推进农产品品牌展销中心建设。

发展农业农村电子商务，重点开展鲜活农产品社区直配、放心农资下乡、休闲农业网上营销，加强农业经营主体与电商企业线上线下互动。建立本地物流仓储配送点，围绕兰州百合、陇南橄榄油、庆阳苹果、静宁苹果等，发展 S2B、S2C 等农产品线上零售模式，实现农产品产地联动直销。开展电子商务技能培训，聚焦岷县当归、渭源党参、陇西黄芪等甘肃道地药材，依托短视频直播平台，打造以"岐伯故里，康养臻品"为核心的康养品牌。

2. 工业数字化转型

以"三化"（绿色化、信息化、智能化）理念为指导，围绕黄河流域、河西走廊、陇东南聚集带的产业，聚焦石化、能源、冶金、装备制造等重点行业，打造智能制造产业集群，全面提升企业数字化水平，形成以智能制造为驱动的新型工业体系。

推进传统工业制造业智能化发展。围绕石油化工、有色金属深加工、新材料装备、新能源装备，推进智能化、数字化技术在研发设计、生产制造、经营管理、市场营销、运维服务各环节融合应用，大力推进"机器人＋"行动，加快智能制造单元、智能生产线、数字化车间建设，打造智能制造产业集群，促进生产过程的精准化、敏捷化。

加快工业互联网平台建设。支持工业企业"上云用数赋智"，推进能源、化工、冶金等优势行业工业互联网平台建设。鼓励传统行业龙头企业牵头或联合建设跨行业、跨领域的综合服务平台，重点推进酒钢集团"5G + 智慧矿山"、金川集团工业企业网络安全综合防护，"兰石云"等示范平台建设。加快低时延、高可靠、广覆盖的工业互联网应用普及，支持"互联网 + "新型制造模式发展，促进中小型企业数字化转型、智能化改造。

深化垂直领域融合应用。以兰州新区精细化工园区、金川民营经济产业园、白银综合物流园、天水经济技术开发区等国家级、省级工业园区为重点，加快5G + 智慧园区、工业园区管理变革和数字化转型，对园区的安全、体检、成本和效率进行全方位重塑。

3. 服务业数字化转型

在金融、交通运输、节能环保等行业，继续拓展数字技术在电子商务、物流服务、智慧交通、创新创业、数字金融、环境保护等方面的应用范围；有效整合线上线下资源，在旅游、健康、养老、教育、餐饮、娱乐等领域应用，以个性需求、个性体验为目标，发展生活性服务业定制服务的新业态。

培育壮大服务业新模式新业态。发展新零售"无人经济"，如超市、智能便利店、自动售货机等模式，发展体验消费、社交媒体、电子商务、近场零售等。重点支持创新创业互联网平台发展，在出行、租住等方面培育共享新业态，在众包、众创、众扶、众筹等方面创建更多新模式。探索科研领域中，科学仪器、科研人才、科研信息共享，科研咨询与合作研发结合为一体的创新模式。

提升服务业数字化应用水平。加快数字技术与交通、物流和设计咨询等现代服务业的深度融合。围绕三大空港和三大陆港建设，鼓励发展"互联网 + "车货匹配、无车承运人等新业态新模式。推进网络货运服务平台建设，集聚优质网络货运企业，打造西部网络货运中心。

发挥全国首个中医药产业试验区优势，依托中医药产业博览会，搭建以中医药大数据为牵引的全产业创新发展平台。推进甘肃省人民医院、兰州大学第一医院和第二医院、甘肃省妇幼保健院等省市三级医院5G专网建设，通过5G网络实现4K或8K高清视频传输，推进远程医疗数字化融合应用场景建设，为甘肃省卫生健康事业发展服务。

在金融服务智能化和普惠化方面。支持互联网金融平台建设，稳步开展网络金融业务，促进银行、证券、保险线上办理，规范发展互联网支付业务及区块链等新型金融业态。支持利用数字技术创新金融产业服务，规范发展金融网销、供应链金融、股权众筹融资等互联网金融服务。推进数字技术在金融行业监控预警中的作用，加强事中监测，防范区域金融风险。

4. 持续提升社会数字化发展水平

在智慧城乡建设中，从新型智慧城市延伸、县城智慧化改造、乡村"网格化＋信息化"覆盖三方面着手，强化配套支撑体系建设。加快城乡老旧社区服务设施智能化改造升级，建设设施智能、服务便捷、管理精细、环境宜居的智慧社区，丰富智慧化生活场景。实施数字乡村建设，以政务服务、医疗、教育、现代农业、物流等领域为重点，提升农村地区社会数字化发展水平，化解城乡二元结构性矛盾。搭建甘肃智慧人社综合服务平台，依托社会保障卡实现就业、社会保险、人事人才等人社服务"一网通办、一卡通办"。创新公共服务和社会治理方式，建设由城市延伸到农村的统一社会救助、社会福利、社会保障的大数据平台，推动大数据在城乡劳动用工、创新创业、社保基金监管等方面的应用。

在智慧交通建设中，大力推进构建交通领域传统基础设施与新型基础设施双头并进建设格局，提高对人流、车流、物流信息等大数据的分析和应用能力，建成"大通道＋大数据＋大产业"的创新发展体系。甘肃省公路交通建设集团有限公司"5G＋智慧交通"智能网联产业测试区项目，依托两徽高速公路建设全省首个智能网联汽车测试区；依托 G312 清傅公路建设全省首条"5G＋智慧公路"示范路段；建成全省"5G＋智慧交通"智能网联产业示范，形成可复制、可推广的交通行业应用和产业融合新模式。提升交通运输行业治理能力，以人工智能技术为驱动，建设集感知、监测、预警、决策等于一体的智慧交通中枢，建立实时动态、主动服务的交通体系，提升全省交通运输业治理能力数字化水平。

在智慧文旅建设中，深入挖掘甘肃特色文化资源，提升旅游企业数字化、智慧化水平，建设市场运营端、游客体验端和政府管理端垂直细分平台，推进"信息全覆盖、产品全覆盖"的全域旅游特色工程建设。构建以新媒体平台为核心的网络营销体系，实施"短视频上的甘肃"行动，进一步提升"一部手机游甘肃"的服务能力，打造文化旅游甘肃名片。构建文旅产业融合体系，建设完善的旅游基础信息库、业务信息库、主题信息库和综合信息库，形成信息互联互通新体系，支撑旅游综合管理与服务平台建设。提升重点旅游景区的数字化、智能化水平。开发一批特色鲜明的动漫、游戏、影视、互动娱乐等数字文化产品，推进特色旅游和文创品牌融合。打造自驾旅游信息服务系统，支撑"自驾车＋"生态服务体系建设。

打造公共文化数字化服务体系，建设地方特色文化信息库，整合全省图书馆、文化馆、美术馆、剧场等资源数据，搭建线上资源管理和应用平台，建成一批特色城市书房。在4A级以上景区建设一批文旅信息阅读服务点，配置一批数字阅读及旅游信息服务设备。推动文溯阁《四库全书》数字化及全媒体出版开发，建设甘肃非物质文化遗产大数据平台，实现非遗工作全流程管理数字化。

5. 推进"数字丝绸之路"建设

推进共建"一带一路"国家加强数据资源汇集，在数字化、网络化、智能化方面开展国际合作。充分利用中国"新基建"的优势，围绕中亚、西亚、南亚、中东欧国家，对中国先进数据中心、数据计算、储存、传输等方面的业务需求，积极开展数据共建共享协作，建设面向丝绸之路沿线国家的数据中心。通过相互融通和协商，逐步展开有关国家的政策法规、贸易往来、口岸通关、物流、电子商务的数据汇集，进一步展开空间地理、科学研究、工程项目、合作企业、合作园区、社会舆情的数据汇集，形成相互服务式的信息汇集中心，通过数据交流，建设国际数据中心服务试点。

四 对策与建议

"新基建"是一项"浩大"的工程，所谓"浩大"不是基础设施建设浩大，而是"新基建"与各行各业融合发展的浩大。融合发展的深度，决定了"新基建"的成功与否。所以，为了保障"新基建"推动甘肃省高质量新发展取得显著成效，需要加强统一规划和组织管理，加大投资力度，树立可持续发展理念，明确责任，强化评估考核。

首先，统筹好传统基建和新基建。传统基建仍然是国民经济发展的根本，既不要放松，也不要强行挂入新基建范围。在传统基建上，预设好可数字化的建设空间，为今后数字化转型做好准备。新基建并不排斥传统的基础设施建设，如国家发改委所指的重大科技基础设施、科教基础设施建设等，切不可将新基建与楼堂馆所、房地产建设混为一谈，一定要把持住新基建是数字化的智慧基建。

其次，理顺新基建的建设和使用。新基建的主要目标是产业链上企业的协调发展，技术、资本和市场的互动包容开放，构建新型生态产业，一般也称平台建设，建设了平台，就要充分使用好平台的功能，发挥各行各业的特长，使用平台服务创新发展，也为平台提供更多的数据资源，互动发展也会带来更大智慧。

再次，加大力度培育人才，新基建需要大量的使用、维护和开发方面的人才，尤其是数字经济高层次人才更是稀少，需要培育和引进共举，加强从业人员在信息技术、数据管理等方面的培训，建立灵活的用人机制，对于一些高端人才，用激励换服务，不必"锁定"。

最后，加大政府资本支持，利用新型融资模式，共同推进新基建，如利用政府和社会资本（PPP）模式、BOT（建设—运营—转让）模式、BOO（建设—拥有—运营）模式，也可以用不动产投资信托基金（REITS）。总之，新基建需要创新，融资方式也需要创新。

参考文献

《中共甘肃省委关于制定甘肃省国民经济和社会发展第十四个五年规划和二○三五

年远景目标的建议》，《甘肃日报》2020 年 12 月 31 日。

李明娟：《甘肃"5G＋工业互联网"渐行渐近》，《甘肃经济日报》2021 年 3 月 25 日。

田涛、王海洋：《新型基础设施建设发展研究初探》，《工程建设标准化》2020 年第 5 期。

沈开艳：《基于经济高质量发展的我国新基建宏观战略思考》，《江南论坛》2020 年第 6 期。

郭菊娥、陈辰、邢光远：《可持续投资支持"新基建"重塑中国价值链》，《西安交通大学学报》（社会科学版）2021 年第 2 期。

B.9
"十四五"时期甘肃提升
科技创新能力研究

王丹宇*

摘　要： 作为国家"一带一路"倡议的重要节点，甘肃省经济基础相对薄弱，科技创新能力不强，高质量科技供给不足，科技发展水平显著落后于中、东部地区。"十四五"时期是甘肃省经济转型升级关键期和深化改革开放攻坚期，新发展阶段的高质量发展和效益持续提升，科技创新是刚性需求，科技创新能力提升至关重要。甘肃省科技创新能力提升要注重配置动能、固强补弱，重点要解决好以下四个问题：加强核心技术攻关，培育标志性科技成果；构建良好的科技创新生态；推进科技成果转移转化；明确企业的创新主体地位。有效提升甘肃省科技创新能力的现实路径包括强化基础研究，提升原始创新能力；构建协同创新体系，提升科技创新协同能力；完善科技成果转化机制，提升科技创新扩散能力；深化人才发展机制改革，提升科技创新支撑能力。

关键词： 甘肃　科技创新　创新能力

当前，全球经济一体化下，新一轮科技革命和产业变革深入发展，科技实力成为推动区域经济发展、获取竞争优势的关键因素。谁能够持

---

* 王丹宇，甘肃省社会科学院区域经济研究所副研究员，主要研究方向为区域经济。

续且有效提升科技创新能力，谁就能占领先机，赢得未来发展的领先优势。正因为如此，党的十九届五中全会提出"坚持创新在我国现代化建设全局中的核心地位，把科技自立自强作为国家发展的战略支撑"。在明确"十四五"时期经济社会发展主要目标时，"创新能力显著提升"是全会提出的一项重要标准。在谋划"十四五"时期发展路径时，全会所做的一系列规划都将"创新"放在首位强调。"十四五"时期是甘肃省经济转型升级关键期和深化改革开放攻坚期，无论是实现高质量发展目标，还是构建现代产业体系、优先发展农业农村等重点任务，都需要充分发挥科技创新的支撑引领作用，需要将提升科技创新能力摆在突出位置，聚焦核心重点任务，找到有效提升科技创新能力的现实路径，努力为甘肃融入双循环新格局、实现高质量新发展提供最好支撑、最强引擎、最大动力。

一 "十三五"时期甘肃科技创新能力分析

"十三五"时期，甘肃省深入实施创新驱动发展战略，深化科技体制改革，着力构筑创新高地，全省科技对经济增长贡献率达到55.1%，比"十二五"提升了4.8个百分点，综合科技创新水平位居全国第二梯队，科技支撑能力显著提升，在推动甘肃经济高质量发展、打赢"三大攻坚战"、改善人民生活、优化生态环境等重大任务中发挥了重要作用。

（一）科技前沿突破能力、协同攻关能力跃升

在重要产业领域、关键技术环节不断取得重大进展。甘肃省核应用、新能源、空间技术、新材料、石化装备等领域处于全国领跑地位；碳离子治癌、凹凸棒石、氢能冶金等重大科技成果处于行业领先水平；构建了地质勘探、装备制造、生物医药、航空航天、种子加工等优势产业体系；冰川冻土、草地农业等领域形成了具有较大国际影响的优势学科群；文物保护、固体润滑、生态修复等领域的技术也处于全国领先地位。这些科技创新上的重

大进展，意味着甘肃省科技前沿突破能力、协同攻关能力的提升，并带动相关产业向价值链中、高端跃升。2020 年，甘肃省万人发明专利拥有量 3.14 件，技术市场成交额 233 亿元。

（二）科技创新体系化建设能力提升

截至目前，甘肃省有国家重点实验室 11 个、国家级数据中心 1 个、国家级工程技术研究中心 5 个、国家科技企业孵化器 12 个、国家野外科学观测站 9 个、国家认定的企业技术研发中心 28 个、国家级农业科技园区 10 个、国家级引才引智基地 4 家、国家备案的众创空间 33 个。这些高端平台为甘肃省重点领域、优势学科的高水平科学研究提供了重要支撑。创新人才队伍不断壮大，2020 年全省专业技术人员 59.09 万人，R&D 人员 4.6 万人，比"十二五"末增长了 13%；两院院士 24 名，教育部"长江学者" 34 名，国家杰出青年基金获得者 57 名，享受国务院政府特殊津贴者 1471 人。

（三）创新主体的科技创新能力进一步提升

科技型企业队伍不断壮大，2020 年全省高新技术企业 1229 家，是"十二五"末的 3.9 倍，年均增长 29.6%；省级科技创新型企业 465 家，科技型中小企业 1194 家，高新技术企业总产值占地区生产总值的 12.42%；全省技术合同成交额累计 924 亿元，比"十二五"末增长 96.1%；2019 年，规模以上工业企业有 R&D 活动的数量增加了 1.3 倍，有 R&D 活动的企业占比上升了 4.3 个百分点；规模以上工业企业购买国内技术经费支出 85538 万元，是 2018 年此项支出的 11 倍；规模以上工业企业每万名研发人员平均发明专利申请数增加了 44.44%；科技企业孵化器当年毕业数增加了 46.13%。高校、科研院所的创新能力进一步增强，与省内外龙头骨干企业强强联手，组建 5 个创新联合体，投入支持经费 7000 万元，实施"揭榜挂帅"项目 4 个，集中优势力量开展"卡脖子"技术攻关。"十三五"时期甘肃省科技投入产出系数为 1.29，高于全国平均水平。

（四）科技开放合作能力提升明显

积极融入"一带一路"建设，国际科技交流合作逐步深化，截至 2020 年，建成国家国际科技合作基地 18 家、国家引才引智示范基地 4 家、国家高校学科创新基地 9 家。签订国家区域创新发展联合基金合作协议，连续 5 年、每年资助 3000 万元聚集全国优势科研力量开展联合研究。区域间科技合作稳步推进，省部会商、院地合作、东西部科技协作新格局形成。中国工程院与甘肃省签署了省院科技合作协议，成立中国工程科技发展战略甘肃研究院，通过共建创新平台、联合技术攻关、培养科技人才等方式助力甘肃动力转换加速。依托兰白国家自主创新示范区和上海张江国家自主创新示范区，加强区域创新合作，推进"张江·兰白生物医药协同创新产业研究院"等合作项目落地，为甘肃省吸引高层次人才 1800 多人；聚焦科技支撑乡村振兴项目，吸引天津、济南、青岛等市科技援助项目 44 项，援助资金 1.4 亿元，联合认定东西部"双地"科技特派员 254 名。

二　2020 年甘肃省区域创新能力情况

（一）甘肃省区域创新能力总体水平

2020 年甘肃省区域创新能力在全国排名第 27，较 2019 年下降 2 位；在西部 12 省区市排名第十，下降 1 位，区域创新能力在西部省区居于偏后位置（见表 1）。2020 年全国 31 个省区市排名上升的地区有 12 个，西部省区有新疆、青海、陕西和宁夏，其中陕西、青海、新疆位次均上升了 3 位，表明这三个省区转型动能强劲。

表 1 2018～2020 年全国 31 个省区市创新能力排名

省区市	2020 年	2019 年	2018 年	省区市	2020 年	2019 年	2018 年
广东	1	1	1	辽宁	17	19	17
北京	2	2	2	海南	18	18	16
江苏	3	3	3	河北	19	20	19
上海	4	4	4	贵州	20	16	18
浙江	5	5	5	青海	21	24	23
山东	6	6	6	宁夏	22	23	27
湖北	7	8	9	广西	23	21	20
安徽	8	10	10	山西	24	26	29
陕西	9	12	13	云南	25	22	22
重庆	10	7	8	新疆	26	29	26
四川	11	11	11	甘肃	27	25	25
湖南	12	13	12	吉林	28	27	24
河南	13	15	15	黑龙江	29	28	28
福建	14	14	14	内蒙古	30	30	30
天津	15	9	7	西藏	31	31	31
江西	16	17	21				

（二）甘肃省区域创新实力、效率与潜力

区域创新能力包含创新的实力、效率以及潜力。创新的实力是指区域内包括 R&D 投入、R&D 人员规模、R&D 机构等在内的创新资源；创新的效率是指投入的产出，包括专利申请的授权、发表的科技论文、形成的国家或者行业标准、新产品收入及专利所有权转让与许可收入等；创新潜力是指区域创新发展的速度。2020 年，甘肃省创新实力指标在全国 31 个省区市排名第 25，与 2019 年持平；在西部 12 省区市排名第七，与 2019 年持平。效率指标在全国 31 个省区市排名第 24，较 2019 年下降了 6 位；在西部 12 省区市排名第七，较 2019 年下降了 3 位。潜力指标在全国 31 个省区市排名第 21，较 2019 年下降了 3 位；在西部 12 省区市排名第十，与 2019 年持平（见表 2）。

表 2　2019~2020 年西部 12 省区市创新实力、效率与潜力全国排名

省区市	2020 年			2019 年		
	实力	效率	潜力	实力	效率	潜力
重庆	17	7	12	16	7	5
四川	8	14	17	8	13	15
陕西	13	8	7	13	9	19
贵州	24	21	4	24	19	1
广西	19	20	20	19	20	16
云南	20	30	10	22	28	6
宁夏	29	25	2	29	21	2
青海	30	23	1	30	26	3
甘肃	25	24	21	25	18	18
新疆	27	27	14	28	29	17
内蒙古	26	29	27	26	25	25
西藏	31	28	25	31	31	7

（三）甘肃省区域创新能力综合指标

2020 年甘肃省知识创造综合指标排名第 26，较 2019 年下降了 2 位，原因是专利综合指标排名下降；知识获取综合指标排名第 12，较 2019 年上升了 1 位；企业创新综合指标排名第 28，与 2019 年排位持平，分析可见，企业设计能力综合指标排名上升了 8 位，但是企业研究开发投入综合指标下降了 2 位；创新环境综合指标排名第 27，较 2019 年下降了 7 位，分析可见，创新基础设施综合指标排名下降了 9 位，劳动者素质综合指标排名下降了 11 位，金融环境综合指标排名下降了 10 位；创新绩效综合指标排名第 22 位，较 2019 年上升了 2 位，主要得益于宏观经济综合指标和可持续发展与环保综合指标排名的上升（见表 3）。通过综合指标的分解和动态分析，可以看出专利申请、技术转移、企业研发及金融环境等方面是甘肃省创新能力的"短板"，经济欠发达、科技基础薄弱是根本原因。

表 3　2019～2020 年甘肃省创新能力综合指标

指标名称	2020 年综合指标		2019 年综合指标	
	指标值	排名	指标值	排名
综合值	19.83	27	20.10	25
1. 知识创造综合指标	16.25	26	17.22	24
1.1 研究开发投入综合指标	11.97	24	10.68	25
1.2 专利综合指标	13.31	29	17.20	26
1.3 科研论文综合指标	30.67	12	30.32	8
2. 知识获取综合指标	17.81	12	17.58	13
2.1 科技合作综合指标	25.82	14	22.93	14
2.2 技术转移综合指标	4.60	31	6.39	31
2.3 外资企业投资综合指标	21.72	9	21.96	9
3. 企业创新综合指标	14.20	28	14.97	28
3.1 企业研究开发投入综合指标	12.79	27	15.74	25
3.2 设计能力综合指标	21.71	18	17.50	26
3.3 技术提升能力综合指标	18.97	23	24.54	23
3.4 新产品销售收入综合指标	0.26	31	0.46	31
4. 创新环境综合指标	19.31	27	21.37	20
4.1 创新基础设施综合指标	21.26	26	24.60	17
4.2 市场环境综合指标	20.57	26	17.18	28
4.3 劳动者素质综合指标	29.28	21	31.86	10
4.4 金融环境综合指标	4.84	30	12.14	20
4.5 创业水平综合指标	20.60	19	21.05	17
5. 创新绩效综合指标	31.74	22	28.96	24
5.1 宏观经济综合指标	12.48	29	2.78	31
5.2 产业结构综合指标	31.90	12	32.13	9
5.3 产业国际竞争力综合指标	17.54	23	14.55	16
5.4 就业综合指标	31.37	16	31.67	15
5.5 可持续发展与环保综合指标	65.43	18	63.64	19

资料来源:《中国区域创新能力评价报告(2020)》《中国科技统计年鉴》。

(四)甘肃省区域创新能力关键因素分析

1. 研发投入及强度分析

研发投入与区域创新能力提升密切相关,尽管二者并不完全线性相关，但研发投入、结构及强度是影响区域创新能力的关键因素。对比区域创新能力水平高、提升快的地区，无不伴随着研发投入水平的大幅提升。2019年甘肃省R&D经费内部支出110.2亿元，R&D经费投入强度1.26%，远低于全国2.23%的平均水平。其中政府研发投入53.35亿元，占比48.4%；企业研发投入51.9亿元，占比47.1%，政府研发投入以2016年为起点呈现匀速上升态势（见图1），体现了政府对科技创新的支持力度；政府研发投入强度也呈逐年上升态势，企业研发投入强度大致呈逐年下降态势（见图2）。

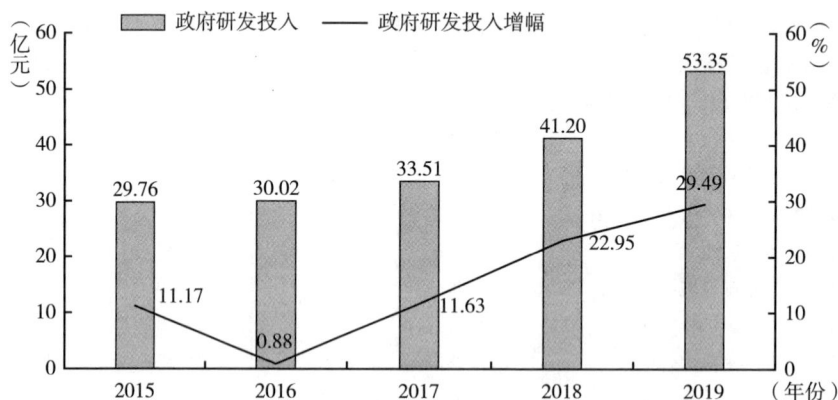

图1 2015～2019年甘肃省政府研发投入及增速变化

2. 研发投入使用结构分析

从2019年研发投入使用结构看，经费使用仍然以试验发展为主，试验发展经费占比61.43%，应用研究经费占比21.73%，基础研究经费占比16.82%。基础研究是原始创新的重要驱动，是核心技术突破的源头供给，加大基础研究投入、强化基础研究能力是区域创新能力提升的重要支撑。甘肃省基础研究投入比重与增速大致呈现缓慢上升态势（见图3）。

3. 专利申请情况分析

专利申请是区域创新能力评价体系中知识创造类指标，它用来衡量区域内技术研发水平。甘肃省三种专利申请受理数、发明专利申请受理数、规模

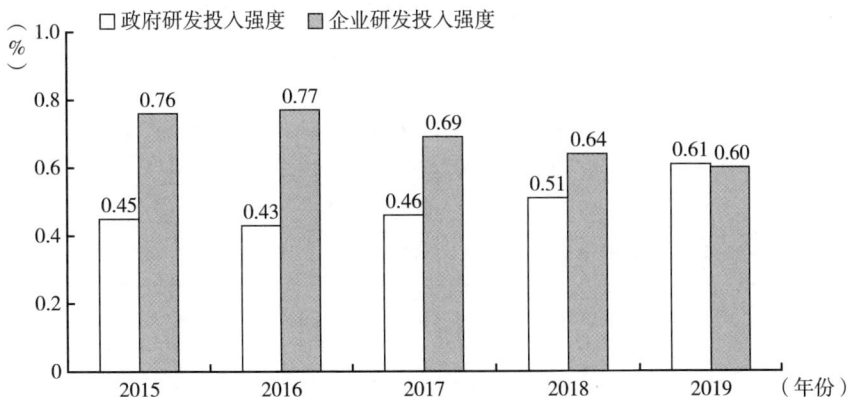

图2　2015～2019年甘肃省政府与企业研发投入强度

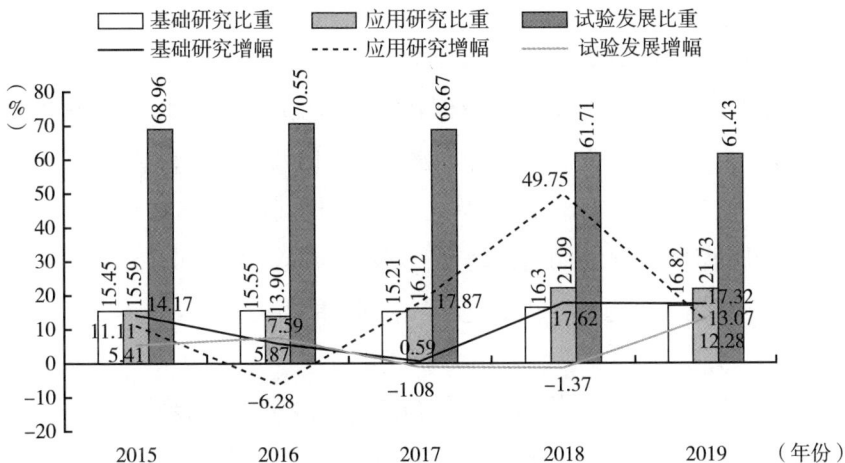

图3　2015～2019年甘肃省研发投入使用结构比重与增幅

以上工业企业三种专利申请受理数、规模以上工业企业发明专利申请受理数都呈逐年下降态势。知识创造力的不佳表现致使甘肃省专利综合指标下降3位，在全国排名第29。值得关注的是，规模以上工业企业发明专利申请数占比呈逐年上升态势（见表4），表明企业创新主体的地位逐渐突出，创新产出正在提升。

表4 2015～2019年甘肃省专利申请变化情况

单位：件，%

类别	2015年		2016年		2017年		2018年		2019年	
	专利数	增长率	专利数	增长率	专利数	增长率	专利数	增长率	专利数	增长率
三种专利	14584	21.33	20276	39.03	24448	20.58	27882	14.05	27637	-0.91
发明专利	5504	10.39	6114	11.08	5785	-5.38	6035	4.32	6056	0.35
规上企业三种专利	2230	-12.82	2600	16.59	3102	19.31	3342	7.74	3393	1.52
规上企业发明专利	698	-10.28	814	16.62	1052	29.24	1207	14.73	1292	7.04
规上企业三种专利占比	15.29		12.82		12.69		11.99		12.28	
规上企业发明专利占比	12.68		13.31		18.18		20		21.33	

注：三种专利指发明专利、实用新型、外观设计。

4.企业研发情况分析

企业研发经费支出是衡量企业创新重视程度的重要指标。2019年甘肃省规模以上工业企业研发经费内部支出50.55亿元，较2018年增长6.15%（见图4），低于7.84%的全国水平，甘肃省企业研发支出增长缓慢。企业是技术创新的主体，企业的创新动力、创新能力是决定区域创新能力的关键因素，企业研发支出增长有利于企业自主创新能力提升。

三 "十四五"时期甘肃省科技创新能力提升的重点任务

作为国家"一带一路"倡议的重要节点，甘肃省经济基础相对薄弱，科技创新能力不强，科技发展水平显著落后于中、东部地区。通过对甘肃省创新能力在全国、西部地区所处位置的分析，通过对甘肃省科技实力、效率、潜力及影响创新能力关键因素的分析，对照甘肃省转型升级的迫切需要和高质量发展的内在要求，甘肃省仍然存在科技创新投入不足、企业创新动力不足、高质量科技供给不足、科技成果转化率偏低、创新要素流动不畅、

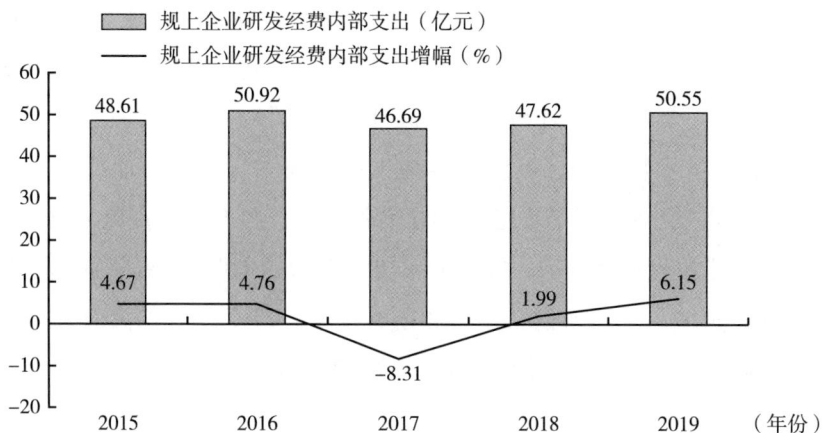

图4 2015～2019年甘肃省规上企业研发经费内部支出及增幅

创新资源整合不够等问题。

"十四五"时期，甘肃省发展目标是"以新发展理念为引领的高质量发展体系更加完善，发展质量和效益持续提升"。新发展阶段的高质量发展和效益持续提升，科技创新是刚性需求。甘肃省要大力提升科技创新能力，以关键核心技术突破和科技成果转化拓展提质增效的发展空间，提高创新供给的质量，促进发展动能转换，为创新甘肃建设奠定坚实的基础，为西部创新驱动发展新高地建设提供有力的支撑。甘肃省科技创新能力提升要围绕国家重大战略部署、符合甘肃实际能力、契合群众期盼、聚焦未来发展明确发力的主要方向，注重配置动能，也注重固强补弱，重点要解决好以下四个问题。

（一）加强核心技术攻关，培育标志性科技成果

"十四五"时期是甘肃省新旧动能转换的关键阶段，迫切需要以科技自立自强推动构建新发展格局。关键核心技术是实现创新驱动发展的关键因素之一，开展核心技术攻关、实现核心技术突破对于甘肃省创新发展积蓄新动能十分重要。开展关键核心技术攻关要"补短筑长"、平衡好短期利益和长期利益的关系。补短就是要解决甘肃省传统产业转型升级和经济社会发展中最紧迫的应急问题，攻克"卡脖子"的技术瓶颈；筑长就是面向未来、着

眼长远，围绕甘肃优势基础学科、特色产业、战略性新兴产业等重要领域，适度超前部署重大基础研究项目和重大技术攻关项目，解决关键技术问题和重大创新难题，形成标志性科技成果。开展关键核心技术攻关还要"点面结合"。核心技术攻关中，不应仅着眼于单一技术、单一产业或者一个领域，而是要充分发挥政府作为创新组织者的作用，整合创新资源，组建创新联合体，构建技术创新生态，推进单一技术创新转向跨学科、跨产业创新，持续提升全领域、全链条创新能力和创新水平，改变因"点突破"而导致突破进度赶不上发展速度，始终落后、被动的局面。

（二）构建良好的科技创新生态

科技创新生态是指影响创新能力与绩效的外部因素。良好的创新生态意味着新技术和新产品的集聚、创新要素和人才资本的集聚，持续优化的创新生态对科技创新能力提升非常重要。2020年甘肃省创新环境综合指标位居全国31个省区市第27，较2019年下降7位。究其原因，既有创新基础设施不足、科技企业孵化器增长缓慢、激励保障机制和收益分配机制不完善、相关技术标准不健全、金融服务及风险投资缺失等情况，也有创新生态系统内各主体之间互动不足、关联不够、合作低效、研发端和落地端对接不畅通等问题。良好的、多要素、多层面联动融合发展的科技创新生态系统对于创新能力的提升至关重要，它要求科技创新激励和保障机制完善，创新资源配置科学、共享充分；创新投入稳定多元，政策法规配套健全；创新服务体系专业高效，知识产权保护有力；各创新主体"各就其位"，创新交流合作持续深化；科学技术普及全覆盖，全社会创新氛围浓厚。

（三）推进科技成果转移转化

科技实力并不等于创新能力，科技实力强并不等同于创新能力强。区域创新能力强的地区有一个共性特征：较强的成果转化、技术转移、知识转移能力，较强的利用各种知识为本地区创新服务的能力。甘肃省科技成果转化、技术转移体系构建取得了一定的进展，但是仍然存在一些问题。需要继续推进科技成果使用权、收益权和处置权的改革进程，解决目前存在的权利落实缺位、责任虚置等问题，激发科研人员创新动力，促进创新要素流动；需要建设枢纽型技术交易市场、综合性创新服务平台、专业型科技服务机构及跨区域、跨行业创新服务网络，解决目前技术转移服务机构规模小、专业化人才少、政策执行能力欠佳、专业服务能力弱的问题；需要政府、企业、科研机构和高校合作，建立技术孵化、开发、转移、中试熟化的综合性、全链条机构，解决目前中试熟化平台缺乏、金融支持缺位、创新链和产业链对接不畅等问题，推进科技成果向现实生产力转化。

（四）明确企业的创新主体地位

2013年国务院办公厅颁布了《关于强化企业技术创新主体地位全面提升企业创新能力的意见》，明确了企业是科技创新的主体。党的十九大报告中明确提出"建立以企业为主体、市场为导向、产学研深度融合的技术创新体系"。可见企业是今天市场的主角、产业发展的重要支柱，更是实施创新驱动发展战略的中坚力量。明确企业的创新主体地位，就是要明确企业在决策权选择权上是主体，企业在科技投入上是主体，企业在创新项目的实施上是主体，企业在创新成果的转化上更应该是主体。要充分发挥大企业的支撑引领作用，整合创新资源，与高校、科研院所联合组建创新联合体，实施体现国家战略、满足甘肃需求的重大科技项目；支持创新型骨干企业健康、快速发展，成为重要的创新发源地；扶持、壮大中小微企业融通创新、互补发展，共同形成强大的创新系统，以企业的主体地位增强和自主创新能力提升促进产业转型升级。

四 甘肃省科技创新能力提升路径

（一）强化基础研究，提升原始创新能力

各国的发展实践证明，持续的经济增长依靠的是创新驱动，是以自主创

新为主的内涵型经济增长。没有一个国家可以通过技术引进支撑经济长期增长。国家如此，区域亦如此。基础研究是原始创新的重要驱动，是关键核心技术突破的源头供给，加大基础研究投入、强化基础研究能力是区域创新能力提升的重要支撑。只有加强前瞻性基础研究、提升原始创新能力，才能真正掌握竞争的主动权。"十四五"时期，甘肃省要把提升科技创新基础支撑能力摆在重要位置，注重原始创新，促进科技自立自强。

探索前沿交叉研究，瞄准甘肃省有比较优势的核科学、能源科学、航空科学、材料科学等领域开展目标导向性基础研究，催生具有自主知识产权的颠覆性技术，以基础研究的突破带动战略性技术产品的突破。凝练甘肃省优势基础学科，组建跨学科交叉科研团队，完善以政府投入为主导的多元化投入机制，支持实施重大基础研究项目的联合攻关。加强基础研究与应用研究融合发展，以需求为导向，以应用研究招标、共建重点实验室等方式引导企业、科研机构对重大共性关键技术开展前瞻性基础研究，促进基础研究成果与相关产业更有针对性衔接、基础研究成果更快地应用于经济社会发展实践。

（二）构建协同创新体系，提升科技创新协同能力

区域协同创新体系建设强调政府、企业、高校、研发机构、服务机构等创新要素的网络化，知识、技术在几个要素之间流动是否充分、是否形成了强大的创新合力是衡量协同创新体系系统化的关键。"政产学研用"相结合、创新链产业链精准对接、技术知识服务协同一体的区域创新体系建设对于甘肃省科技创新协同能力提升至关重要。

大力推进技术创新工程，构建共性技术平台，以政府支持、高校和科研机构主导、共性技术联盟辅助的方式开展共性技术攻关、推动共性技术研发成果转化，实现各创新主体有效协同创新。完善梯度培育发展体系，培育"专精特新"企业，支持企业建立专家工作站等高水平研发机构，构建"产学研用"深度融合的技术创新体系。以高校和科研机构为重点，构建跨学科、跨行业、跨地域的研发组织，以"创新团队—实验室—产学研基地—

中试基地—工程中心"的模式开展基础研究和需求导向研究。构建以专业化人才和专业化机构为支撑的服务体系，依托综合科技服务平台提供成果转化、技术转移、知识产权、金融服务、检验检测等方面的服务。发挥兰白自创区和兰白试验区的创新引领作用，放大科技创新示范区的特色优势，推动创新资源向高端产业集聚，实现功能互补、平台互联、人才互动、技术互通的园区协同发展。

（三）完善科技成果转化机制，提升科技创新扩散能力

创新科技成果转化机制，培育和完善各类科技成果转移、转化机构，加快甘肃省技术转移体系建设，构建以市场为导向、企业为主体的科技成果直通机制，加速科技成果转化为生产力，提升产业链水平，维护产业链安全。深化、落实科技成果权属、转化收益分配等方面的制度改革，完善科技成果评价机制，构建由政府、企业、投融资机构及第三方组织共同参与的多元评价体系；健全企业承接机制，提高转化效率。构建企业、高校、科研机构共同参与的网络框架，从事技术开发、转移和中试熟化，支持以全链条方式建立咨询、孵化、加速到市场的全流程创新体系，切实贯通创新成果转化通道，有效释放创新成果转化的网络效应。充分发挥兰州科技大市场、知识产权港等科技服务组织的作用，以直通机制实现成果转化的产业化和效益化。支持兰白自创区、兰白试验区、高新开发区与技术转移机构合作，开展以需求为导向的"定制化"服务，实现科技创新成果转化率和成功率双提升。实施专利转化专项计划，以更加开放的知识产权信息和更高质量的知识产权运营服务主动对接企业技术需求，拓宽技术要素流转渠道，唤醒"沉睡专利"，推进专利技术转化、实施。

（四）深化人才发展机制改革，提升科技创新支撑能力

2021年9月，中央人才会议在北京召开，习近平发表重要讲话，他强调，我们要深入实施新时代人才强国战略，加快建设世界重要人才中心和创新高地，要深化人才发展体制机制改革，大力培养、使用战略科学家，打造

一流科技领军人才和创新创造团队，全方位培养、引进人才，用好人才。甘肃省要深化人才发展机制改革，创新人才培育、引进、使用、激励和评价体系，形成结构合理、支撑有力的人才布局。

制定科技人才培养长远规划，完善高层次人才培养政策，实施交叉融合型科技人才培养行动，支持高校、科研机构开展人才定向培养，推广"按需培养"的订单式人才培养模式。完善急需紧缺人才引进、使用政策，坚持"引智""借脑""引项目"相结合，以联合培养、合作交流、项目聘任等方式吸引省内外科研人才和创新团队助力甘肃产业发展关键核心技术的突破。加强青年创新人才的培养和使用，对青年科技骨干开展基础研究、应用研究给予项目支持和资金支持。实行更加开放、包容的人才政策，推进科研人员薪酬制度结构性改革，建立多元化的创新激励和保障机制，完善收益分配机制和成果权益分享机制，激发科研人员创新活力。建立、健全以创新能力、质量、绩效、贡献为导向的科技人才分类评价机制。

参考文献

何党生：《深入理解党中央制定"十四五"规划和 2035 年远景目标的战略考量》，《芜湖日报》2020 年 11 月 11 日。

王钦：《提升工业技术创新能力的重点任务和实施路径》，《智慧中国》2021 年第 4 期。

秦娜：《切实提高科技创新支撑能力》，《甘肃日报》2021 年 1 月 8 日。

B.10
兰州—西宁城市群发展对策研究

刘伯霞*

摘　要： "十四五"时期中国城市发展面临的新变化与新挑战之一，就是城市群、都市圈与区域协调发展。未来一段时期，我国最大的结构性潜能也是都市圈和城市群加快发展。因此，未来兰西城市群如何健康发展，将是"十四五"时期甘肃、青海两省，甚至西北地区进一步完善城市和区域经济发展战略的重点任务。本文从兰西城市群提出的背景、意义、目标及任务入手，详细分析了兰西城市群的发展现状，找出当前兰西城市群存在的问题，最后提出相关对策建议，期望能对"十四五"时期兰西城市群的发展有一定的参考和借鉴作用。

关键词： 甘肃　兰西城市群　区域经济

城市群是推动城市化加速发展的主体形态，是区域经济的重要增长极，也是区域重点开发及协调发展的主要形式，对提升区域竞争力具有非常重要的作用。城市群的发展不但能形成较合理的区域发展格局，而且能健全区域协调互动的机制，同时，还终结了长期以来"优先发展大城市还是中小城市"的城镇化路线之争。2018年国家批复成立的兰州—西宁城市群（也称"兰西城市群"），地处国家"一带一路"重要区域，是我国西部重要的跨省

---

* 刘伯霞，甘肃省社会科学院区域经济研究所研究员，主要研究方向为区域经济、城市经济和农村经济。

区城市群，也是国家批准的第九个城市群、西北第二个城市群，在国家改革发展大局中具有重要战略地位，对于推动新时代西部大开发、促进区域均衡发展意义重大，对于维护我国国土安全和生态安全具有不可替代的独特作用和战略价值。

一　兰州—西宁城市群提出的背景及意义

（一）兰西城市群提出的背景及规划范围

2018 年 2 月 22 日，国务院批复同意《兰州—西宁城市群发展规划》（以下简称《规划》），提出把兰州—西宁城市群培育发展成为支撑国土安全和生态安全格局、维护西北地区繁荣稳定的重要城市群。《规划》的制定实施是在行政区经济向城市群经济转变的大背景下，着眼点是构建西部大开发新格局，促进国土空间均衡发展的国家大战略，也是甘肃和青海的地方性发展战略融入国家大战略的重大实践。

兰西城市群地跨甘肃、青海两省，规划范围包括甘肃兰州市，白银市下辖的白银区、平川区、靖远县、景泰县，定西市下辖的安定区、陇西县、渭源县、临洮县，临夏回族自治州下辖的临夏市、东乡族自治县、永靖县、积石山保安族东乡族撒拉族自治县，以及青海省西宁市，海东市，海北藏族自治州海晏县，海南藏族自治州下辖的共和县、贵德县、贵南县，黄南藏族自治州下辖的同仁县、尖扎县，共涉及甘肃、青海两省 5 市 4 州 39 个县区（见图 1），总面积 9.75 万平方公里，常住人口 1193 万人，是黄河上游首个跨省域城市群，是黄河上游重要生态屏障，也是青藏高原边缘唯一捍卫国家安全的城市群。

（二）建设兰州—西宁城市群的战略意义

兰州—西宁城市群所在地自古以来就是国家安全的战略要地，培育发展兰西城市群，有利于保障国家生态安全，有利于维护国土安全和促进国土均

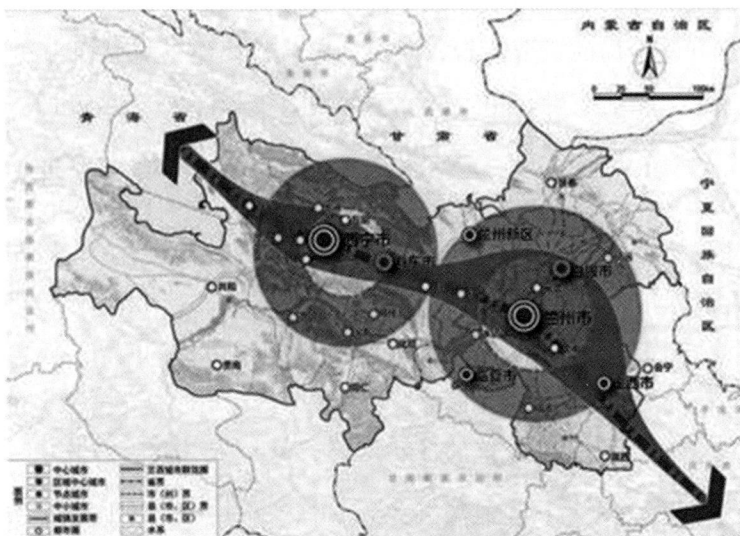

图1　兰西城市群空间格局示意

注：示意图来自2018年3月由国家发展改革委、住房城乡建设部联合印发的《兰州—西宁城市群发展规划》。

衡开发，有利于带动西北地区实现"第二个一百年"奋斗目标，有利于促进"一带一路"和长江经济带互动发展。

1.培育发展兰西城市群，有利于保障国家生态安全

兰西城市群地处黄河上游，位于生态屏障青藏高原与北方防沙带之间，与我国以"两屏三带"为主体的国家生态安全战略格局密切相关，对于保护好"中华水塔"、阻止西部荒漠化地区向东蔓延具有独特的战略作用，是维护国家生态安全的战略支撑。

2.培育发展兰西城市群，有利于维护国土安全和促进国土均衡开发

兰西城市群位于欧亚大陆桥中段，地处新疆、青海、内蒙古、宁夏和四川等西北多民族地区结合部，是进藏入疆的"锁钥之地"，城市群内少数民族众多，包括藏族、回族、东乡族、土族、蒙古族、保安族、撒拉族等30多个少数民族，河湟走廊是中原地区、西南地区通往西北边疆和中亚西亚南亚的战略通道，也是维护西北边境安全的重要支撑区域。

如今兰西城市群已成为西北地区发展条件较好、发展潜力较大地区，是优化国土开发格局的重要平台，对于加强民族团结，巩固西部边防，促进各民族交流交往交融，稳定西北、西南，维护国土安全有重大而深远的战略意义。

3. 培育发展兰西城市群，有利于实现西北地区"第二个一百年"奋斗目标

城市群的建立，可以极大地缩小两极分化，缩小地区差距，以此来实现区域协调发展。以实现新一轮西部大开发、加快西部地区新型城镇化、促进西部地区协调发展为背景，在甘肃、青海两省比较发达的兰州—西宁片区优先构建兰西城市群，对于促进西部城市发展，培育和形成支撑西北地区发展的重要增长极，支持西北地区的甘肃、青海两省经济发展、产业升级、人口转移等方面发挥重要作用，对在"丝绸之路经济带"建设中全面提升兰西整体发展水平、带动和实现两省经济社会协调发展，具有重大的现实意义和深远的战略意义。

兰西城市群是继关中平原城市群之后，西北地区的又一增长极。以"兰州—西宁"为中心点推进城市群建设，培育发展一批布局合理、功能完善的城镇，不只是加快甘肃、青海的高质量发展，促进人口和经济要素进一步集聚和优化配置，还有利于带动周边区域发展走上快车道，促进西北地区经济社会发展水平提升，开启现代化建设新征程，早日实现西北地区"第二个一百年"奋斗目标。

4. 培育发展兰西城市群，有利于促进"一带一路"和长江经济带互动发展

兰西城市群是促进我国向西开放的重要支点，是"一带一路"向西开放的重要节点，是沟通西北西南的重要枢纽，是成渝城市群及长江经济带连接欧亚大陆的桥梁，通过协同发展、优势互补，促进西北西南地区开发开放，加快长江经济带发展和我国向西开放步伐。兰西城市群是多条国家高速公路的交会点，随着西部第二轮发展和中国西部开放格局的逐步形成，以及西部陆海新通道及川渝滇黔桂综合通道的打通，兰州、西宁的综合枢纽功能将进一步强化；随着西宁曹家堡机场和兰州中川机场的扩张改建，兰西城市群的客运能力将会大幅度提升，更增强其作为西北综合运输枢纽的地位。兰西城市群承东启西的区位优势和向西开放战略平台地位的逐渐增强，更有利于促进"一带一路"和长江经济带互动发展。

二 兰州—西宁城市群发展的目标及任务

（一）兰州—西宁城市群发展的目标

2018 年 3 月，国家发展和改革委员会、住房和城乡建设部印发的《兰州—西宁城市群发展规划》指出：要以建成具有重大战略价值和鲜明地域特色的新型城市群为目标，把兰州—西宁城市群培育发展成为维护西北地区繁荣稳定的重要城市群，成为"一带一路"计划的中坚城市力量，从而带动整个西北地区经济文化长足有效发展，到 2035 年兰西城市群协同发展格局基本形成。

（二）兰州—西宁城市群发展的任务

推动兰西城市群发展是黄河流域生态保护和高质量发展的重要任务，到 2035 年基本形成兰西城市群协同发展的格局，各领域发展取得长足进步，发展质量明显提升，在全国区域协调发展战略格局中的地位更加巩固。

1. 生态环境根本好转

生态空间扩大，黄河、渭河、湟水河等流域综合治理取得明显成效，以主体功能区为基础的国土空间开发与保护格局基本形成。建成一批绿色宜居城镇和森林城镇，空气质量优良天数比例达到 85% 以上，土壤环境风险得到全面管控。城市群内外生态建设联动格局基本形成，对青藏高原生态屏障和北方防沙带建设的支撑作用明显增强。

2. 人口集聚能力和经济发展活力明显提升

供给侧结构性改革取得重要进展，经济发展和人口集聚的短板和瓶颈得到有效缓解，创新活力、创新实力进一步提升，市场主体活力增强，特色产业体系有效构建，人口吸纳能力进一步增强，人口总量和经济密度稳步提升。

3. 强中心、多节点的城镇格局基本形成

兰州作为西北地区商贸物流、科技创新、综合服务中心和交通枢纽功能得到加强。西宁辐射服务西藏新疆、连接川滇的战略支点功能更加突出，具有一定影响力的现代化区域中心城市基本建成。中小城市数量明显增加，城镇密度逐步提升，对周边地区的支撑和服务功能不断加强。

4. 对内对外开放水平显著提升

城市群开放平台作用进一步发挥，与周边区域的协同合作能力持续增强，深度融入"一带一路"建设，开放型经济向更广领域、更深层次、更高水平迈进，文化影响力显著提升，基本建成面向中西亚、东南亚商贸物流枢纽、重要产业和人文交流基地。

5. 区域协调发展机制建立健全

阻碍生产要素自由流动的行政壁垒和体制机制障碍基本消除，区域市场一体化步伐加快，交通基础设施互联互通，公共服务设施共建共享，生态环境联防联控联治，创新资源高效配置的机制不断完善，城市群成本共担和利益共享机制不断创新，一体化发展格局基本形成。①

三 兰州—西宁城市群发展现状

自2018年3月国务院批复《兰州—西宁城市群发展规划》以来，甘肃、青海两省签订了《深化甘青合作共同推动兰西城市群高质量协同发展框架协议》，建立了联动推进机制，出台了一系列配套政策，部署实施了一批重大工程，全力推动兰西城市群建设。两省有关部门签署10个专项领域合作行动计划，城市群建设取得一定成效。

（一）经济发展初具规模

兰西城市群成为甘肃、青海两省经济实力最强的区域。2019年，兰西

---

① 兰州—西宁城市群发展的目标及任务均摘自《兰州—西宁城市群发展规划》，https：//www. ndrc. gov. cn/xxgk/zcfb/ghwb/201803/W020190905497954521548. pdf。

城市群地区生产总值 5773.69 亿元，较 2015 年增长 20.78%，较 2017 年增长 15.34%，占甘肃青海两省的 49.51%；人均地区生产总值为 47489.67元，高于甘肃青海两省 40988 元的平均值。兰西城市群单位面积地区生产总值为 592.17 万元/平方公里，高于甘肃省 20.48 万元/平方公里和青海省 4.11 万元/平方公里的经济密度，也高于西北五省区 171.32 万元/平方公里的经济密度。

（二）产业结构不断优化，产业优势和产业集群逐步形成

兰西城市群的产业结构逐步优化、升级。第一产业增加值比重较低。2012～2019 年第一产业增加值占比介于 5.87%～9.89%（见图 2），由 2012 年的 5.98% 上升到 2019 年的 6.71%，仅 2015 年第一产业占比超过 7%，其余年份第一产业增加值占比均低于 7%。第二产业增加值比重波动式下降。第二产业占比介于 34.16%～54.69%，其中 2012～2013 年先呈上升趋势，2013～2014 年下降，2015 年上升到最大值 54.69% 以后，2015～2019 年第二产业增加值占比又开始呈现下降趋势，2019 年降为最低的 34.16%。第三产业占据主导地位。第三产业增加值比重介于 35.41%～59.26%，呈波动式上升趋势。由 2012 年的 53.46% 上升为 2019 年的 59.26%。2019 年兰西城市群三次产业增加值占 GDP 的比重为 1:5.09:8.83，产业结构"三＞二＞一"的特征明显，反映出兰西城市群注重现代化产业发展，产业结构在逐步优化升级。

兰西城市群作为重要产业基地，竞争优势和发展潜力在西北地区日益显现，逐步形成以农产品加工、有色金属冶炼加工、盐湖化工、装备制造、石化、新能源、旅游等为代表的具有特色优势的产业链。同时，依托不断网络化的高速公路和越来越先进的基础设施，抓住机遇，在工业基础较好的兰州、白银、西宁、定西、临夏、海东等地，正在形成一批工业产业集群。

（三）人口聚集度高，城镇化进程加快推进

兰西城市群是甘肃省和青海省人口密集区，人口集聚程度较高。截至

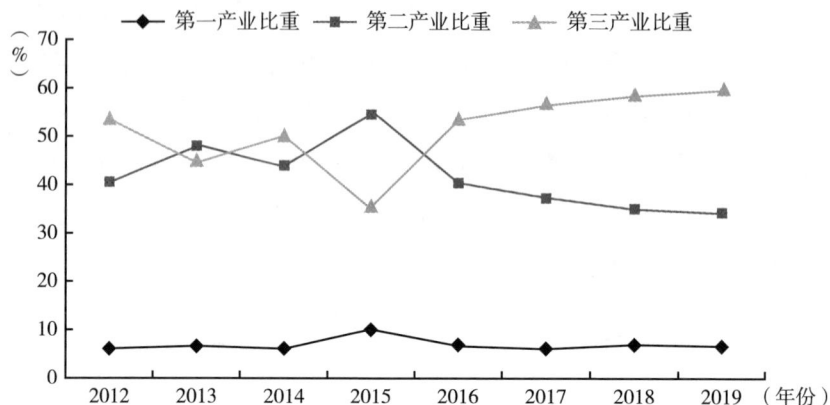

图2　2012～2019年兰西城市群三次产业结构演变

资料来源：王钰《兰西城市群产城融合发展水平及限制因素分析》，青海师范大学硕士学位论文，2021。

2019年末，兰西城市群常住人口1215.78万人，占甘肃、青海两省常住总人口的37.35%。其中，甘肃省片区776.69万人，青海片区439.09万人，分别占城市群总人口的63.88%和36.12%。兰西城市群的人口密度为124.7人/平方公里，远远高于甘肃、青海两省28.35人/平方公里、西北五省区75.8人/平方公里的平均密度。兰西城市群以占甘肃、青海两省8.49%的面积承载了占两省37.35%的人口，人口集聚程度较高。

兰西城市群的城镇化水平逐步提高，两大核心城市的辐射力增强。近年来，兰西城市群的城市化速度逐步加快，成为推动西北城市化进程的主力军。2019年，兰西城市群常住人口城镇化率达到62.4%，高于甘肃省48.5%和青海省55.52%的城镇化率，也高于全国60.6%的平均城镇化率。兰西城市群内城市人口密集，远远高于西北地区的平均水平。城市群的两大核心城市兰州和西宁，常住人口分别为379.09万人和238.71万人，城镇化率分别为81.04%和72.85%，在甘肃青海两省的辐射带动能力增强。

（四）中心城市发展基础较好，城市群人口分布格局基本稳定

兰州和西宁作为城市群两大中心城市，发展基础较好，在兰西城市群中

具有绝对优势，吸纳了较多的人流、物流、资金流、信息流，其城镇人口比重也已远超农村人口比重，成为要素聚集高地，对城市群内其他城市具有一定的辐射带动能力。城市群内各城市城镇人口在总人口中所占比重呈增加趋势。2019 年，兰西城市群常住人口达到 1215.78 万人，比 2018 年刚成立时增加了 22.78 万人，年平均增长率为 7.29%。兰西城市群人口分布格局基本稳定，具有"大分散、小集中"的分布特征，其中，西宁都市圈主要沿湟水河流域分布，兰白都市圈主要沿黄河及其支流分布。兰西城市群的人口分布具有空间自相关性，热点区位于兰州、西宁和临夏市区，形成 3 个人口极核，其中，兰州市已呈现人口"虹吸效应"。一项研究结果表明，兰西城市群人口分布是多因素共同作用下非线性耦合的结果，各驱动因子之间具有协同增强的作用。三大影响因素对人口分布的解释力大小表现为：经济因素＞社会因素＞自然因素，其中，自然因素是人口分布的稳定影响因素，经济因素对人口空间分布的方向和程度产生扰动，社会因素对人口分布具有明显的导向作用。

（五）自然环境与生态保护情况良好

兰西城市群拥有得天独厚的自然地理环境，且生态保护工作明显改善。一是兰西城市群水资源丰富，集中了甘肃、青海两省最好的水资源——黄河、湟水（黄河一级支流）等。二是甘肃省和青海省的生态保护工作得到明显改善。近年来，兰西城市群生态环境治理取得突破性进展，空气优良天数逐年增加，工业固体废弃物综合利用率、垃圾无害化处理率和城镇生活污水处理率逐年提高，建成区绿化面积逐年增加。而且已建成三江源国家公园（青海）和祁连山国家公园（甘肃、青海）。三是兰西城市群及其周边旅游资源丰富，甘肃、青海两省是全国旅游大省，近年来旅游业迅速发展，已拥有众多知名景区，并在保护中发展，在发展中保护。

（六）立体交通运输体系和各级公路网络日趋完善

兰西城市群位于西北物流中心、战略物资储备中心，由于其承东接西、联南济北的特殊区位，尤其是位于西北地区铁路和公路网中心位置的兰州市，不仅交汇于陇海、兰新、包兰、兰青四条铁路干线，也交汇于国道 109 线和国道 312 线。兰新高铁兰州段、南山路、兰州至银川快速铁路、兰州至西宁城际铁路等，已有的交通基础设施加上这些新建项目，特别是新的铁路枢纽建成后将有 10 个方向的铁路在兰州交会，青藏铁路的开通和丝绸之路的复兴，以及兰新铁路的二线、兰渝铁路的通车，使两市的交通有了较大改善。目前，兰州西宁两市初步形成了由兰新高铁、兰青铁路、兰西高速公路、109 国道等构成的立体交通运输体系，省道、县道等各级公路网络也日趋完善，成为连接西南西北，通往新疆、青海和中亚的重要通道与枢纽。

四 兰州—西宁城市群发展存在的问题

近几年，兰州、西宁市政府采取了许多措施，尤其是在推进地区间经济联系与合作发展方面，但从整体上看，仍然是总量不高、层级偏低，过重的行政区划观念，使区域经济联系还停留在较低的层面上，主要表现在以下几个方面。

（一）城市群经济发展水平不高，整体竞争能力不强

经过多年的发展，虽然兰西城市群所在的省整体经济水平已经有了很大的提升，但较之全国，经济总体发展水平还很低，特别是与东部沿海发达城市相比，经济发展水平差距更大。从 GDP 来看，2019 年，兰西城市群地区生产总值虽然已接近甘肃、青海两省的一半，但仅占西北五省区的 10.53%，占全国的 0.58%，与成渝城市群和关中城市群差距更大。甘肃、青海两省与北京、广东等发达地区的 GDP 差距大（见图 3），即使兰州、西宁两市 GDP 在各自省内所占比重偏大，整体发展水平在省内偏高，但因其所依赖的省份总体发展水平偏低，增长缓慢，从而使兰西城市群经济区的发展受到限制；从人均 GDP 来看，2019 年，兰西城市群人均地区生产总值为47489.67 元，比青海省人均 GDP（48981 元）低 1491.33 元，比全国人均

GDP（70892 元）低 23402.33 元，与我国西部其他城市群相比差距更大；从经济密度来看，兰西城市群经济密度为 592.17 万元/平方公里，虽然高于西北五省区的经济密度，但远低于全国 1032.15 万元/平方公里的平均经济密度。另外，在财政收入、工业产值、固定资产投资、社会消费品零售总额等方面，兰西城市群均与西部城市群有较大差距。

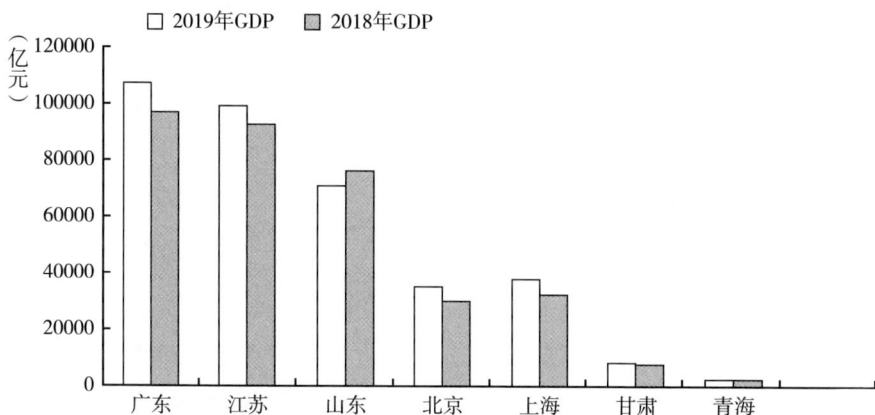

图 3 2018 年与 2019 年甘肃、青海两省与东部地区部分省市 GDP 的对比

资料来源：国家统计局。

（二）产业发展水平低，且产业协作不足，结构同构现象明显

甘肃、青海两省是我国重要的能源、原材料基地，处于国家重点投资范围内，目前两省的工业体系大部分都是在三线建设时期形成的。三线时期，这一工业体系模式使得原材料和初级产品在产业结构中占很大的比重，是依赖区外要素推动形成的以资源型为主的初级产品输出省区。尽管目前新能源、新材料、盐湖化工、装备制造已成为兰西城市群较具影响力的特色优势工业，但是城市群的产业发展层次并不高。工业结构中仍以劳动密集型产业、传统产业为主，能源原材料工业占据较大比重，技术密集型产业、高技术产业比重较低，产品技术含量和附加值不高，生产性服务业发展相对滞后，市场竞争力不强，对外开放水平也不高。尤其是，近年受国际国内市场

需求低迷影响，以资源加工和重化工业为主导的产业结构，其工业增加值增长乏力，第二产业占 GDP 比重持续走低。同时，第三产业发展缓慢，贡献率在"十三五"期间上升较为缓慢。兰西城市群的产业结构仍处在演进的较低层次，滞后于全国其他城市群。

分区域看，兰州市、西宁市一产占比较低，二、三产业占主导地位，白银市、海东市、海南州二产占比较高，以工业为主，其他城市三产、一产占比较高。中心城市之间产业同构。例如，兰州和西宁市两个中心城市的支柱产业中装备制造和能源产业是重复出现的，这是很明显的产业同构问题，是两市缺乏有效分工合作的具体表现。中心城市与次级城市产业环节雷同，亟待统筹。如兰州—白银—定西的有色金属加工和化工产业、西宁—海东的金属冶炼加工商贸物流均有待统筹。周边的中小城市产业特色缺失，与中心城市产业关联性弱，例如，海北、黄南多为体量小的三产主导，农畜产品加工、商贸突出，城市特色不明显。总体来说，兰西城市群主导产业比较单一，受限于传统产业发展问题突出。一方面，产业发展过程中生产性服务产业缺失，产业结构不合理现象突出，未形成梯度。另一方面，产业自身特点、地方政府保护主义的存在，使部分产业缺乏与其他产业部门的联系互动。城市间的招商引资上，甚至存在恶性竞争与排挤现象。

（三）城市群整体城镇化率不高，空间差异大，城乡二元结构严重

从城镇化水平来看，2019 年兰西城市群的城镇化率（60.84%）比关中城市群 2016 年的城镇化率（63.74%）还低。这说明包括兰西城市群在内的西部地区城市群仍处于较低层次，兰西城市群整体发展水平不高，进而导致整体竞争能力不足。

从行政单元来看，空间差异较大。兰西城市群城镇化率近年来虽然有所提升，但区域间差异较大。尽管兰西城市群城镇人口从 2000 年的 300.97 万人增长到 2019 年的 739.74 万人，平均年增长率为 7.29%；城镇化率从 2000 年的 27.83% 增长到 2019 年的 60.84%，比 2019 年的全国城镇化率平均水平

60.6%高出 0.24 个百分点，但与东部等其他发达地区的城市群相比，整体城镇化水平不高。从行政单元来看，2019 年，省会城市兰州和西宁常住人口城镇化率分别为 81.04%、72.85%，此外白银市的白银区、平川区和临夏回族自治州临夏市较高，均在 70% 以上，但其他区域城镇化率均在 40% 左右，城镇化水平较低。而且，中心城市兰州的城镇化发展停滞不前，2016～2019 年的城镇化率分别为 81.01%、81.02%、81.03%、81.04%，发展缓慢。

兰西城市群城乡二元结构严重，社会发展差距大，农村基础设施薄弱，产业结构单一。农业生产条件陈旧，农村劳动力教育培训不足，农民收入水平低。农村社会保障体系不健全，覆盖面较小，城乡差距大。

（四）城市群内部发展不平衡，断层现象严重，都市圈发展缓慢

兰西城市群内部发展不平衡的问题非常突出，城市间发展水平差距较大。除了兰州、西宁两个中心城市发展较快，对人口的吸引力较大，基础设施、投资环境、政策创新等方面优势突出外，其他等级城市发展速度较慢，尤其是小城市的问题更加突出。而且，兰西城市群中有 12 个县（区）还曾被划为国家级扶贫县，经济发展基础非常薄弱。

都市圈发展缓慢。兰州市、西宁市是兰西城市群的两大中心城市，兰西城市群内其他城市分别以兰州和西宁为核心形成紧密联系的都市圈。但是，由于城市数量少、交通网络密度小和区域通达性不高等，兰西城市群空间联系程度还远不及国内成熟、发达的城市群，其城市群竞争力更无从谈起，兰西城市群都市圈发展水平更低。兰州都市圈和西宁都市圈 2018 年就被定义为"弱人口—弱经济"型，人口密度、经济发展水平和中心城市贡献度排名在全国 34 个都市圈垫底。2019 年，兰州都市圈和西宁都市圈各单项指标仍然排末位，综合排名分排全国倒数第三、第二，仅优先于乌鲁木齐都市圈。

（五）城市群发育程度较低，中心城市带动力不强，城市规模体系不完善

近年来，兰西城市群的核心城市兰州市和西宁市均取得较快发展，但其

综合实力和城市群的核心地位与其他城市群相比还存在较大差距，表现为：两市还处于极化发展阶段，城市功能和综合承载能力不足，"城市病"日益凸显，辐射作用小，还未能成为具有强大主导作用的中心城市。从中心城市指数看，兰州和西宁在城市地位、城市实力、辐射能力、广域枢纽、开放交流、商务环境、创新创业、生态环境、生活品质、文化教育等方面均落后于西部其他主要城市群中心城市。同时，与西部其他中心城市相比，兰州和西宁的城市发展空间受限，辐射能力仅局限于本省范围，加之总体实力较低，也在一定程度上影响了兰州、西宁作为兰西城市群中心城市的辐射带动能力。

城市规模体系不完善。长期的不均衡发展策略使中心城市首位度过高，中等城市缺位，这也使县城成了城镇化的主要载体。从某种程度上看，这种不完善的城市规模体系也因此限制了兰西城市群的发展。根据 2014 年国务院公布的城市规模划分标准，兰州—西宁城市群没有超大城市与特大城市。根据 2016 年的城市常住人口数量标准，截至 2016 年，只有兰州市和西宁市分别满足 I 型大城市和 II 型大城市的标准。兰西城市群城市规模体系不完善，大城市和中等城市数量少，小城市发展动力不足，核心城市的辐射带动能力弱，而城市间这种松散的联系反过来又导致产业关联度进一步弱化。

（六）兰西城市群地区市场化与国际化程度低

兰西城市群地区市场化程度较低。兰西城市群和我国发达城市区域相比最主要的差异是城市群地区的运行体制落后，经济结构调整速度过慢，所有制结构中国有经济比重过大，至今还没有形成非公有制经济良好发展的条件，致使产业发展变慢，而且没有能够从根本上解决国有企业的现代化企业制度改革问题。其中一个重要原因是政府跟不上西部大开发步伐的要求，市场培育滞后，特别是没有完善资本、人才、技术等市场要素，尚未形成非公有制经济持续健康发展的良好环境，也正是这个原因使工业经济效益偏低，企业、城市和地区间经济竞争力较差。

城市群地区国际化程度较低。近年来，西部省区在国家大力支持下，固定资产投资额迅速上升，投资年均增长率远高于全国平均水平，为东部和海外的各类生产要素进入西部提供了巨大商机。在全球经济一体化的形势下，不发达地区城市发展非常重要的动力源将会是外商直接投资，已经有不少跨国公司都在成渝城市群占据了有利地位，而兰西城市群在这方面基本没有突出成绩，目前其面临的主要问题还是对外开放程度低、与东部地区相比还处于低水平。实际外商直接投资数额小也是兰西城市群地区与其他城市群间最大的差距之一。

（七）交通支持能力不强，城市群地区的交通通达度不高

城市群内骨干交通网络尚未完全形成。城市群内各城市间缺乏快捷通道，兰州环线高速尚未建成，特别是兰州三环高速，建设里程长，投资体量大，但涉的兰州、定西、白银和临夏四市州财力有限，建设进度缓慢；包括23%的国道和46%的省道在内的1700公里未能达到规划的二级和三级技术标准；部分已建成的农村公路技术等级偏低、抗灾能力较弱，大多数进入维修期，四级及等外公路、农村公路占到95%，亟须提升改造。

兰西城市群之间的交通体系还没有完全成形，中心城市与节点城市之间、节点城市之间的交通网络亟待建设，"一小时经济圈"还没有形成。兰西城市群地处交通要塞，但受限于河谷地形，交通基础设施只能沿河谷伸展，中部地区的一些县级地区交通依旧不方便，使得交通通达度不高，从而限制了城市群交通基础设施的发展。尤其是，兰州中心城区处于河谷盆地，城市建设用地与环境容量有限，城市人口规模已接近饱和。尽管依托兰新高铁兰州至西宁中心城市间2小时内到达（实际为1小时12分至1小时34分），但运行时速偏低，还不能完全满足1小时通勤圈需要，G109线和G6京藏高速公路交通繁忙，运行时间要3.5小时左右；规划中的"321"环兰高速公路和大兰州城际铁路环线还未建成，过境交通压力较大；兰州至西宁公路快速通道单一，服役时间长，通行能力与服务水平在逐年下降；定西、白银与西宁三市还未实现"2小时通达"。规划建设中，对不同运输方式的统筹协调不够，致使通道资源集约利用率不高，枢纽一体化衔接不畅，综合

交通枢纽布局与城镇化空间格局不协调，还不能完全满足城市群"高强度、多样化、高频次、强时效"的交通需求。

（八）生态和资源环境约束日益加剧

兰州、西宁两市由于特殊的地形以及重化工业的发展，生态环境问题十分突出。区域生态环境本底脆弱，水资源时空分布不均，城市大气污染治理难度大，土壤重金属污染问题明显，这些问题严重制约着兰西城市群的快速发展。

五　兰州—西宁城市群发展的对策建议

兰州—西宁城市群位于中国西部腹地，战略地位突出，促进该地区发展，关系到国家安全和发展战略全局，关系到西部地区早日实现社会主义现代化，必须抢抓机遇、发挥优势、补齐短板，以更大的决心和气力培育发展城市群。

（一）国家区域政策的支持是兰西城市群建设的重要支撑

构建兰西城市群是国家区域协调发展战略的重要组成部分，在此进程中需要国家区域政策倾斜，政策倾斜的重点不在于资金多少，核心是赋予城市群足够的自主权，使其能有较大的体制与机制的探索空间。即国家需要在财政税收重大项目的审批权、土地资源的配置权、规划建设的自主权、城乡协调发展、能源资源开发、生态保护等方面，赋予经济区相应的改革权。同时在城乡基础设施、公共服务、重大环保与生态项目、产业结构调整、人才建设以及技术创新等方面，探索积极的政策与财政支持，是城市群建设的重要支撑。

（二）以产业高质量发展推动兰西城市群经济建设

产业优化发展对促进区域经济增长、实现区域产业结构调整具有重要意义。同时，产业不但是城市生存与发展的基础与动力源，还是城市竞争力的关键所在。因此，无论是面对当前，还是着眼未来，都要大力推动城市产业发展，实现质量、效率和动力"三大变革"，增强城市的区域带动力和国际竞争力。

1. 优化城市群产业体系

城市群的发展需要强化主导产业、培育特色优势产业以及发展战略性新兴产业来促进其产业优化发展。一要改造提升传统产业，增强传统产业的竞争实力。兰西城市群要在积极营建新型产业模式的同时，聚焦"高端化、智能化、绿色化、服务化"方向，加大新业态、新技术和新模式的推广与运用，做大做强龙头企业，增强传统产业的竞争实力。调整和优化产业结构，市场上传统产业依旧占据着主要地位，要推动传统企业向新型产业模式转变，扩大企业规模，增强企业实力，促进传统产业转型升级。二要培养特色优势产业集群，强化科技创新。城市群要加快培育发展一批特色产业集群，提高产业专业化和创新发展水平，培育一批具有竞争力的企业、领军企业、特色企业等。瞄准世界科技发展前沿，依托自身资源禀赋和产业基础优势，谋划科技创新，促进先进适用技术成果转化运用，打造优势突出、特色鲜明的高科技产业体系，为城市发展培育新动能。三要培育壮大战略性新兴产业。战略性新兴产业的出现为传统产业的发展带来了新目标，战略性新兴产业引领传统产业走向全新的发展道路。新兴产业自诞生之日起，就拥有领先的技术和科学知识做引导，拥有先进的生产设备、生产工艺、经营理念做基础。要用新兴产业的发展模式冲破传统产业发展的瓶颈。适应消费升级和深化供给侧结构性改革需要，积极推广运用大数据和物联网等信息技术，培育在线消费、无人配送、智能制造和医疗健康等新兴产业，推动虚拟经济、平台经济等新业态快速发展，尽快形成新的经济增长点。

2. 促进兰西城市群产业结构优化升级

一是发展产业集群，提高产业的配套水平。尤其是在工业建设方面，两省要合力追求地区间的项目配套，尽快形成配套能力迅速增强的工业密集区。通过发展产业集群来提高工业内部以及工业与一二三产业之间的配套水平，提高一二产业与科技、教育、信息产业的配套水平，增强这一地区的产业优势和综合经济优势，大规模吸引外部投资，加快实现经济高速发展的关键性条件。二是以高新技术为主导，促进高新技术产业园区向产、学、研联合协作的高新技术产业集群升级。主动协调有关经济科研机构，发挥各类高新技术产业园区在地理位置、人才、技术、信息方面的优势，从而实现分工细化基础上的产业关联，完善园区运行的市场机制，完善激励创新的制度、政策。三是加强自主创新能力来集中建设具有科技创新能力尤其是自主创新能力的产业集群区，增强研究开发能力和技术服务能力。通过确定以一体化的产业整合观念来有效地优化区域产业结构，突出区域优势，需要加强产业转型期的产业间融合，从而逐步形成各自产业特点，构筑可以在相邻的区域间互相协调的产业，同时还能体现出自身的优势。

3. 重塑产业链，实现城市群创新协调发展

兰西城市群创新发展特征表现为核心引领模式，由于受制于核心城市虹吸效应，区域创新发展协同程度较低。基于此，在"双循环"新发展格局下，兰西城市群应着重重塑产业链价值链结构。一要认清发展格局，将"虹吸效应"转变为"带动效应"。兰州与西宁作为兰西城市群的两大核心，肩负着"西部崛起"的重要使命，两个省会城市对创新要素不仅需要发挥集聚效应，而且应发挥带动效应，消除创新要素在城市间的流动壁垒，通过向周边城市倾斜创新资源和创新人才，依托产业集群实现协同创新，破解人才流失问题，开创具有西部特色的协同创新发展新局面。二要进一步优化良性协同创新发展环境。相较于粤港澳、京津冀等城市群，当前兰西城市群协同创新发展能力整体较低，应该紧扣细化双圈产业链分工、破题两地同质化竞争的创新发展主体，借鉴优秀城市群经验，优化区域内协同创新机制，提高区域整体协同创新发展能力。

（三）大力发展中心城市建设，提升城市群整体优势

1. 注重中心城市建设

城市基础设施建设，强化城市间的空间联系水平，反映了城市化的质量，是区域在经济发展、社会进步、环境建设方面取得成绩的关键要素，尤其对地区经济的发展起到了示范作用。兰西城市群基础设施的健全离不开充足的资本投入，而城市群核心城市是现代化地区经济发展的基础，政府财政必须抓住关键、主动牵头、全力扶持，不断投入和健全中心城市的基础设施建设，推动城市在经济、社会等方面的持续发展和再度繁荣。政府要采用科学的财政预算、统筹安排、财政贴息等手段，分阶段健全城市群核心城市的基础设施。

对于兰西城市群而言，不仅要强化两大中心城市的综合实力，加快城市群的基础设施建设和对外开放，更要从中小城镇入手，提高中小城镇的吸引力，强化对人口及资源的集聚能力，加强区域内大、中、小城市之间的空间联系，整合城市群内信息、产业、技术、资金等各种要素和资源，提升兰西城市群的整体优势。

2. 完善城市群空间结构

构建一个规模等级合理、内部分工有序、空间联系紧密的城市群，对促进地区社会经济的发展具有重大意义。根据兰西城市群现状、城镇分布、产业发展状况、空间联系方向和地理环境特征，采取"两圈两轴多点"的城市空间发展战略。其中，"两圈"是指兰州都市圈和西宁都市圈。兰州都市圈以兰州市主城区（城关区、安宁区、西固区和七里河区）、兰州新区和白银市白银区为核心，以兰州市红古区、永登县、皋兰县和榆中县，定西市临洮县，临夏州永靖县为紧密联系区，以白银市平川区、靖远县、景泰县和会宁县，定西市安定区、陇西县、渭源县、通渭县、岷县和漳县，临夏州临夏市、临夏县、东乡县、广河县、康乐县、和政县、积石山县和武威市天祝县为外围辐射区；西宁都市圈以西宁市城东区、城中区、城北区和城西区为核心，以西宁市大通县、湟中县和湟源县和海东市平安区为紧密联系区，以海东市乐都区、互助县、民和县、化隆县和循化县，海南州共和县、贵德县和贵南县，黄南州同仁县和尖扎县以及海北州海晏县为外围辐射区。"两轴"是指沿兰西铁路城镇发展主轴和沿京藏高速公路（宁夏—兰州段）以及兰（州）海（口）高速公路城镇发展次轴。城镇发展主轴是我国内陆与中亚、欧洲的战略通道，兰州、西宁、定西、海东均位于城镇发展主轴上，加强沿线城市产业分工协作，向东加强与关中平原和东中部地区的联系，向西连接丝绸之路经济带沿线国家和地区，打造城市群发展和开放合作的主骨架。城镇发展次轴是兰州城市群与宁夏沿黄城市群、成渝城市群的快速通道。"多点"分别为白银、海东、定西、临夏、海南、海北等市区（州府）以及实力较强的县城。强化海南对青藏高原腹地的综合服务功能，提升定西、临夏、海北、黄南对周边地区脱贫攻坚带动作用，进一步发挥节点城镇对国土开发的基础性支撑作用。在城市空间发展战略中，充分发挥不同层次核心城市对周边区域城镇化和经济发展的中心带动作用，依托发展轴线联动各级城镇，促进城乡一体化发展。

（四）增强中心城市和城市群经济、人口承载力，加强城乡融合载体建设

中心城市的发展思路从"控人口"向"增强承载力"转变，这一转变应该在放开人口落户限制上有所体现。即2022年初步建立兰西城市群城乡融合发展体制机制，基本打通城乡要素自由流动制度性通道，消除城市落户限制，加快实施城市化战略。一方面，必须加快各类建筑性住宅的开发和现代化的第三产业发展，规划建设大型公共基础服务设施，为农村人口向城镇集中创造物质基础。另一方面，要完善生产要素市场，为农村人口向城镇集中创造体制环境，消除阻碍城市化进程的体制和政策障碍。

建设城乡融合载体，缩小城乡差距。加快建设兰西城市群和兰州、西宁都市圈，推进同城化和城乡一体化发展。全面推进城市群异地联网售票，推行兰西城市群内客票一体联程和"一卡互通"服务。培育和扶持一批美丽乡村和特色小镇，突出县城与中心镇的带动作用。抓好国家农村产业融合发展示范园区建设，增强各类农业园区的产业融合功能。连通城市群县（区）、乡（镇）、村之间的公路网，连通兰西核心区与贫困地区之间的公路，通过环兰公路网、兰州市域网和西宁"三环七射""畅通西宁"绿色交通升级版等交通工程建设，使省内外游客能顺畅到达各乡村旅游景点。以乡

村旅游业的发展带动城市群农村经济发展，逐步缩小城乡差距。

加快推进"双核"兰州—西宁城市群的两圈相向抱团发展。以兰州为中心，加强城市间功能互补，支持榆中、皋兰等"卫星城"建设，形成联系紧密、分工有序的都市圈空间发展格局；将兰州市打造成西北科技创新、商贸物流、综合服务中心和交通枢纽，基本形成兰州都市圈城镇格局。以西宁都市圈为龙头牵引青海形成"两核一轴"发展格局；把青海纳入长江经济带"不搞大开发、共抓大保护"范畴；在青海创建国家第二个可再生能源发展示范区；提升西宁都市圈高质量发展的区域价值。

（五）用"全域旅游"模式，提升兰西城市群整体形象

1. 在全域旅游发展理念下打造统一的旅游目的地

在全域旅游发展理念指引下，根据当前旅游市场的需求打破兰州、西宁现有的行政区划界限，重新整合资源、定位发展方向，引导创新要素资源从欠发达地区向发达地区的单向流动转变为非线性的多向流动，通过互补的比较优势资源差异性发展，在空间格局上实现从单极化向多极化、扁平化方向发展，发展格局从以大城市为主转向大中小城市和小城镇协调发展，目的地经济从区域极化转变为均衡增长、协同创新。以全域旅游理念为指引，建立兰西城市群的区域协调机制，处理好兰西的竞合关系，将兰西城市群看成一个统一的旅游目的地来规划开发。让全域旅游成为推动兰西城市群域内节点贫困地区的传统经济转型升级与贫困人口脱贫致富的新动能。

2. 用一体化模式整合旅游产业资源

一是联合推进"一轴、两心、一环"旅游产业空间整合。兰西城市群要根据城市群现实条件和旅游资源分布，以"政府主导、适应市场、社会参与、持续发展"的大旅游发展机制，打造"一轴、两心、一环"旅游资源整合的空间结构模式，形成兰西城市群一体化的旅游集聚区。"一轴"，是指古丝绸之路和宝兰—兰新高铁线。沿古丝绸之路而建的、将西北地区高铁全面纳入全国高铁网的"宝兰—兰新"高铁，打通了中国高铁横贯东西的"最后一公里"，为兰西城市群迎来四海游客带来无限生机。"两心"，指

两个区域旅游发展核心——"黄河之都·丝路明珠"兰州和"高原古城·中国夏都"西宁。"一环",指以兰州和西宁为中心辐射带动周围小城镇而形成的高质量旅游"环"。以兰西城市群旅游产业链的延长与拓宽,丰富并拓展旅游资源的内涵与外延、优化升级县域产业结构,助力共同致富,整体提升"如意甘肃"与"大美青海"品牌的影响力。二是加快旅游融合发展,通过"交通先行"带动旅游业大发展。①畅通对外综合通道。通过畅通陇海—兰新通道,建设西宁(兰州)—成都铁路和兰西城际铁路,尽快形成连通西北、西南,以及南亚、东南亚的大通道。②统筹多元化客运发展,提升综合交通运输服务能力。力争探索开通西宁—海东—兰州新区(机场)、海东—民和(海石湾)—兰州(火车站)高客线路,加强客运服务线路、运力、运营时间等的衔接,提升一体化客运服务水平。

(六)加快推进兰西城市群的市场一体化进程,提高国际化水平

为推进兰西城市群的市场一体化进程,一是全面取消兰州、西宁等城市落户限制性条件,相对消除城市之间发展壁垒,以促进城市群内人口自由流动,进一步缩小区域发展差距。二是实现兰西城市群内税务、就业与市场监管等部门信息共享,资质、品牌互认,执法互助,经营许可信息网上实时共享查询。三是构建省际行政协调机制。不同区域之间能增强区域竞争力的选择趋势就是区域一体化,全球各个城市群发展的基本趋势为整合与协调。为了能够推动兰西城市群经济不断向前发展,尤其是兰州、西宁中心城市,必须加快带动形成城市群之间的相互联系、紧密协作和专业化的分工体系,促进城市群内部合作,加快城市群市场一体化进程,推动兰西城市群经济社会又好又快发展。四是加快建立甘肃、青海两省跨区协调的合作机制,建设甘肃、青海区域合作创新发展示范区,进一步提高兰西城市群的管治力度。

积极融入"一带一路"建设,提升开放合作水平,提高国际化水平。实施更加积极主动的开放合作战略,强化我国向西开放的重要支点作用,形成全方位的开放格局和区域合作竞争新优势。兰州、西宁作为沟通西南、西北的重要交通枢纽,依托区位优势要着力打造全国性综合开放门户。以兰

州、西宁为窗口，加强与关中平原、成渝等城市群的合作，共同打造飞地园区，积极承接创新成果转移。同时要深化与周边国家的经贸合作交流，在能矿资源、高端装备制造、绿色食品加工等领域要加强与东欧国家的合作。在农业、旅游、生物资源开发等相关领域着力推进与东亚国家的合作交流。

（七）优化交通、信息基础设施网络体系，提升城市群内外通达性

基础设施是城市群空间联系的载体，其完善性与通达性直接影响或制约着城市群空间联系的程度。

1. 促进甘肃、青海两省道路交通互联互通，推动兰州—西宁城市群交通基础设施建设一体化

交通历来就是国民经济的先导产业，也是支撑建设区域性大城市的首要条件。在交通互联互通方面，一是打通"断头路"，畅通节点城市间的交通联系，完善交通网络。构建由高速铁路、城际铁路和普通铁路组成的铁路网和以高速公路为骨干的公路交通网，共同推动兰西城市群城市铁路、轨道交通等连接线建设，提升城市群内部各城市之间的空间联系水平，扩大城市的辐射范围。二是升级交通网络。完成现有铁路干线的升级，新建城市群内部快速联络线，加快中心城市轨道交通建设，形成对外交通快速、对内交通便捷、主要城镇全部联通的一体化交通网络。三是发挥航空枢纽功能，携手共建"空中丝绸之路"，密切与国内外重要城市之间的联系。优化中川机场和曹家堡机场航线，开拓面向中西亚的国际航线，带动周边机场的发展，吸引越来越多的国内外游客到兰西城市群观光旅游，提升城市群对外联络程度。四是谋划建设兰州—西宁—拉萨的青藏高速铁路，填补青藏高原无高铁空白，推动兰州—西宁城市群基础设施建设一体化，筑牢国家安全防线。

需要特别注意的是，在提升兰西城市群交通基础设施层次的过程中，不仅要从交通的通达性方面考虑来增强城市群内外的区域联系，更要侧重从"经济距离"角度，通过改善交通工具，提高交通工具的行驶速度，延长使用年限，降低交通工具的运输成本，在此基础上再修建适合该种交通工具运行的交通基础设施，以有效规避引力模型中的"距离衰减系数"，从而达到

改善和增强兰西城市群空间联系的目的。

2. 改造提升信息网络，推进兰西城市群信息网络一体化发展

以兰州、西宁为核心，构建兰西城市群数字化网络平台，在移动通信、互联网、电视广播等方面实行城乡信息网络一体化，提高电子商务在兰西城市群的应用服务功能，促进信息要素在兰西城市群的流动性；同时，要积极推进各项信息传输部门的业务融合，推进兰西城市群信息网络一体化，从而加强城市群的空间联系。

3. 完善公共基础设施建设，保障基本公共服务能力

一是实施引调水、电气输送、轨道交通等一批打基础、强功能、利长远的重大项目工程，筑牢国家生态及黄河上游地区的安全屏障。二是优化城镇化空间格局，加大政策、项目、产业、土地和资金等方面的支持力度，完善水、气、电、交通和通信等基础设施，吸引资源要素集聚融合，更好地承接疏解省会城市的功能。三是打造全国生态绿色环保能源基地和面向"一带一路"的交流平台与载体，提升城市资源配置活力与效率。四是增强可持续发展能力，完善转移支付制度，加大财力支持力度，增强基本公共服务保障能力，让城市群各族群众的获得感、幸福感和安全感更强。

（八）大力发展生态建设，保障城市群可持续发展

保护生态是兰州—西宁城市群最大的责任。兰州—西宁城市群是瑷珲—腾冲线以西唯一跨省区城市群，也是中国—中亚—西亚经济走廊的重要支撑。兰州—西宁城市群建设最大的责任和潜力都在生态，要联合开展黄河、湟水流域水污染以及大气、垃圾等环境污染的治理与防控，合理规划人口、城市和产业发展。积极发展旱作农业、富硒农业、中草药种植、草地畜牧业等现代生态农牧业，建设高原绿色有机食品生产基地，适度发展特色旅游，推动生态价值实现。

1. 整体推进兰西城市群域内"生态共建"

兰西城市群在生态环境问题上存在上下游休戚与共的利益关系，因此，生态环境建设必须从流域整体角度出发，坚持保护与治理并重的原则，在城

镇化、工业化、城市建设、旅游资源开发等方面实现生态共建。一是在城镇化进程中，建立健全推动城镇化绿色循环低碳发展的体制机制，如生态文明考核评价机制和国土空间开发保护机制。实行最严格的生态环境保护制度，形成节约资源和保护环境的空间格局、产业结构、生产方式和生活方式。二是在工业化发展过程中，全面融入生态文明理念，着力推进绿色发展、循环发展、低碳发展，节约集约利用土地、水、能源等资源，强化环境保护和生态修复，减少对自然的干扰和损害，推动形成绿色低碳的生活方式和城镇建设运营模式。三是在旅游资源开发中，要推进生态环境同建共治，加强对青藏高原生态屏障和北方防沙带的修复维护与建设，共同维护黄河上游地区的生态安全。

2. 建立健全联防联控机制，加强区域生态环境治理与保护

兰州、西宁两市要开展大气、水、土壤等污染治理技术的交流合作。相互借鉴污染防治、企业技术升级改造和工业园区管理等方面好的经验与做法。开展跨区域环境影响评价研讨，提升源头管控水平。成立流域水污染联防联控联治领导机构，实行联席会议制，定期召开专题会议，不断加大流域水污染防治和饮用水源保护力度。要定期排查和严格管控各自辖区内的污染源，查处环境违法行为。筑牢跨区域资源和生态环境保护法治屏障，建立自然保护区跨区域协作保护机制。建立健全两地危险废物处置信息共享机制和危险废物转移快审快复机制。建立健全突发水污染事件联防联控机制，加强沟通协商，快速反应，协同管控；探索建立环境应急预警系统，共同推进生态保护与补偿工作，形成生态环境保护和治理的长效机制。进一步提高两地沙尘天气预警水平，并能及时快速采取有效措施应对或减轻重污染天气影响。对跨区域单方面无法完成的环境污染问题，及时互通信息、启动联防联控机制，共同采取应急处置措施。

参考文献

国家税务总局甘肃省税务局课题组：《从税收视角看兰州—西宁城市群发展规划》，

《发展》2020 年第 1 期。

陈亮：《兰西城市群域内特色小城镇网络化建设策略探析》，《甘肃农业》2021 年第 8 期。

《甘肃省政府印发〈兰州—西宁城市群发展规划实施方案〉》，http：//gansu. gansu daily. com. cn/system/2018/08/14/017024575. shtml。

罗君、石培基、张学斌：《基于乡镇尺度的兰西城市群人口分布特征及其影响因素》，《干旱区资源与环境》2020 年第 7 期。

刘云：《"一带一路"背景下兰西城市群发展研究》，《甘肃高师学报》2020 年第 2 期。

赵狄娜：《解码"黄河战略"下的重点城市群》，《小康》2021 年第 9 期。

傅祥云：《兰州—西宁城市群发展问题研究》，《江苏商论》2021 年第 4 期。

国家发展改革委、住房城乡建设部：《兰州—西宁城市群发展规划》，2018。

徐婧：《兰西城市群文化旅游资源整合开发研究》，湘潭大学硕士学位论文，2020。

赵武生：《城镇化进程中兰西城市群复合生态系统耦合协调度研究》，西北师范大学硕士学位论文，2020。

王钰：《兰西城市群产城融合发展水平及限制因素分析》，青海师范大学硕士学位论文，2021。

梁峰：《兰西城市群空间联系及发展策略研究》，西北师范大学硕士学位论文，2018。

姜宝中：《中国国家级新区对城市经济发展的影响研究》，吉林大学博士学位论文，2020。

张秋凤、牟绍波：《新发展格局下中国五大城市群创新发展战略研究》，《区域经济评论》2021 年第 2 期。

景丽：《丝绸之路经济带建设背景下兰西城市群发展路径研究》，《营销界》2020 年第 47 期。

《打造"兰西城市群"的意义在哪儿?》，https：//www. sohu. com/a/455920707_ 449009。

申铖、张大川：《2035 年兰西城市群协同发展格局将基本形成》，新华网，2018 年 3 月 21 日。

刘薜梅、杜萍：《告别"单打独斗" 兰西城市联合治理助界河碧波荡漾》，新华网，2020 年 11 月 27 日。

孙海玲：《协力推动兰西城市群高质量发展——访青海省发展和改革委员会副主任肖向东》，《青海日报》2020 年 9 月 20 日。

陈俊、郑思哲：《兰西城市群建设步入"深耕细作"新阶段》，《青海日报》2020 年 7 月 28 日。

张旭永：《兰州市支持红古区打造兰西城市群节点》，《兰州日报》2020 年 3 月 27 日。

李清晓：《青海甘肃携手推进兰西城市群建设》，http：//qh. people. cn/n2/2020/0513/c378418 – 34015310. html。

花木嵯：《以创新发展先行区建设小切口　推进兰西城市群大发展》，《青海日报》2020 年 6 月 24 日。

方创琳：《培育发展兰西城市群　推动黄河流域高质量发展》，http：//qh. people. com. cn/n2/2020/0709/c378418 – 34145974. html。

魏爽：《李青委员建议加快兰西城市群高质量发展更好融入新发展格局》，《青海日报》2021 年 3 月 11 日。

高翔：《专家学者齐聚兰州　为兰州—西宁城市群高质量发展"把脉"》，http：//gs. people. com. cn/n2/2020/0927/c183348 – 34319995. html。

成忱：《兰西两地携手推进黄河流域生态保护和高质量发展》，http：//www. qh. gov. cn/zwgk/system/2020/12/12/010372321. shtml。

张新新、崔翰超：《甘青共建兰西城市群"1 小时经济圈"　将全面取消落户限制》，http：//www. gov. cn/xinwen/2020 – 05/13/content_ 5511336. htm。

刘诗萌：《中央定调区域发展新思路：增强中心城市和城市群经济、人口承载力》，《华夏时报》2019 年 8 月 30 日。

游士兵、马瑞：《优化产业体系　激发消费需求　提升治理水平　推动城市高质量发展（有的放矢）》，《人民日报》2021 年 6 月 21 日。

张万宏：《兰州西宁城市群发展规划出炉》，《兰州日报》2018 年 3 月 21 日。

《兰州西宁城市群发展规划出炉》，甘肃频道 – 人民网，http：//gs. people. com，2018。

陈亮：《兰西城市群建设中旅游扶贫模式构建研究》，《甘肃农业》2020 年第 9 期。

郭峰：《甘肃省推进兰西城市群交通发展的初步思考》，《科技创新与应用》2021 年第 18 期。

郑思哲：《兰西两地携手推进黄河流域生态保护和高质量发展》，《青海日报》2020 年 12 月 12 日。

解丽娜：《"兰西城市群"迈向协同发展新时代》，http：//www. qh. gov. cn/zwgk/system/2018/03/27/010298010. shtml。

燕春丽：《兰州—西宁城市群发展规划印发》，《甘肃经济日报》2018 年 3 月 21 日。

B.11
2011～2020年消费对甘肃经济增长的
贡献分析及对策建议

关　兵[*]

摘　要： 2011～2020年，甘肃省消费占最终需求的比重小幅波动上升，目前已成为最终需求的最大构成主体。近十年来消费对经济增长贡献率常态保持在55%以上水平，年均拉动经济增长5.17个百分点，是甘肃经济增长的重要贡献主体和主要拉动力之一，也是保持甘肃经济稳定增长的"压舱石"。居民是甘肃消费需求的主体，对居民消费进行进一步分析并结合居民消费诸因子与经济增长关系的实证计量模型考察结果，得出结论，当前提升消费对甘肃经济增长的贡献的最优路径应有以下三方面：提升城镇居民消费水平、提升农村居民收入水平进而提升农村居民消费水平和降低城乡消费差距、全面推进消费升级。

关键词： 甘肃经济　居民消费　经济增长

　　当前，构建以国内大循环为主体的"双循环"新发展格局，已成为国家战略。甘肃省融入以国内大循环为主体的国家"双循环"新发展格局，需要加快实现"增强消费基础性作用"的战略任务，同时，当前尽快把疫情防控中被抑制的消费释放出来，让消费更好支撑甘肃经济平稳运行也具有

---

[*] 关兵，甘肃省社会科学院区域经济研究所助理研究员，主要研究方向为产业经济学、计量经济学。

现实紧迫性。本文系统梳理近十年来甘肃省消费需求对经济增长的贡献率和拉动作用，全面分析近十年甘肃消费需求的变动特征和现状问题，定量分析甘肃省消费诸因素的经济增长效应，从中归纳研判当前甘肃省促进消费对经济增长贡献的主要着力点和优先推进目标，在此基础上提出针对性政策建议，为助力甘肃省扩大内需、促进消费、进一步实现消费对经济增长的基础性作用服务。

一 近十年消费需求对甘肃经济增长的贡献率和拉动作用分析

一般经济理论认为，最终需求包括消费、投资、货物与劳务出口三部分，这三部分被称为驱动经济增长的"三驾马车"。其中消费具有基础性作用，消费需求不仅直接拉动经济增长，而且能通过价格机制引领生产方式和产业结构转变；作为社会再生产循环的终点和新的起点，产生引致投资需求扩大的作用。就甘肃的情况来看，由于甘肃省地处内陆，对外贸易不发达（净出口往往为负），经济增长主要由消费和投资驱动，保持消费需求的稳步增长并持续提升消费对经济增长的贡献率，形成消费和投资的良性循环和持续增长态势，是甘肃经济实现高质量健康稳定发展的关键。

（一）近十年甘肃省最终消费率分析

最终需求中的消费需求比重称为消费率，根据消费主体不同，又分为居民消费率和政府消费率；最终需求中的投资需求比重称为资本形成率；最终需求中的净出口由于在甘肃经济增长中不具关键意义，因此本文在以下分析消费需求比重及其贡献率和拉动作用时，仅取投资需求的相关指标作为对照。2011~2020年，甘肃省消费需求占总需求的比重即消费率总体上保持着小幅波动上升的良好发展态势，目前已成为甘肃省国民经济最终需求构成的最大主体。

1. 近十年来消费率总体保持小幅波动上升的发展态势，目前已成为最终需求的最大构成主体

2011~2016 年，甘肃省消费率与资本形成率基本相当，共同构成甘肃最终需求的主体，消费率在此期间实现小幅波动增长，由 2011 年的 59.1%上升到 2016 年的 66.9%；2017 年是甘肃省最终需求中消费与投资比重彼消此长的关键一年，在当年资本形成率严重下滑的情况下，消费率仍然实现了 3 个百分点的正向增长，在 2018~2020 年投资需求经历由下滑到低位恢复性增长的同期，消费需求保持稳定并经受住了 2020 年疫情对消费的冲击总体实现微幅增长。从近十年甘肃省消费需求的总体发展态势来看，消费率总体保持小幅波动上升的良好发展态势，由 2011 年的 59.1%上升到 2020 年的 69.6%，目前已成为最终需求构成的最大主体。

2. 最终消费率中的政府需求基本保持稳定，居民消费率构成最终消费率的主体

由图 1、表 1 可见，2011~2020 年，甘肃省最终消费率中的政府需求基本保持稳定，占最终需求的比重基本保持在 20%左右。最终消费率中的居民消费需求逐年稳步攀升，居民消费率由 2011 年的 38.2%上升至 2020 年的

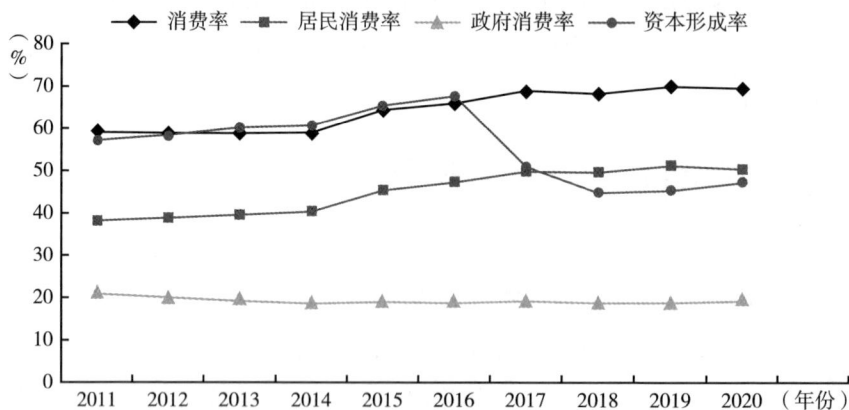

图 1   2011~2020 年甘肃省最终需求中消费率与资本形成率变动趋势

资料来源：国家统计局编《中国统计年鉴》（2011~2020）。

50.4%，已成为当前最终消费率的主体。鉴于当前甘肃省居民消费占 GDP 的比重已达 50%以上，并且居民消费既是经济发展的源泉，也是各项促进消费、扩大内需政策的出发点和着力点，本文以下研究消费对经济增长的贡献，政策建议将主要围绕对居民消费的相关分析展开。

表1 2011～2020 年甘肃省最终需求中的消费率与资本形成率

单位：%

年份	最终消费率			资本形成率
	合计	居民消费率	政府消费率	
2011	59.1	38.2	20.9	57.2
2012	58.9	38.9	20.0	58.4
2013	58.8	39.6	19.2	60.2
2014	59.0	40.4	18.6	60.7
2015	64.4	45.4	19.0	65.5
2016	66.0	47.3	18.7	67.7
2017	69.0	49.8	19.2	51.0
2018	68.3	49.6	18.7	44.9
2019	70.0	51.2	18.8	45.3
2020	69.6	50.4	19.2	47.2

资料来源：国家统计局编《中国统计年鉴》（2011～2020）。

（二）近十年甘肃省消费需求对经济增长的贡献率和拉动作用分析

1.近十年来，消费对经济增长贡献率常态保持在55%以上水平，年均拉动经济增长5.17个百分点，是甘肃经济增长的重要贡献主体和主要拉动力之一

2011 年，甘肃省消费对经济增长的贡献率已达到 56.14%，拉动当年经济增长 7.41 个百分点；2011～2016 年，消费对经济增长贡献率实现小幅波动增长，消费贡献率和拉动力略小于投资贡献率和拉动力，和投资一起构成甘肃经济增长的主要贡献力量和重要拉动力；2017～2018 年，在投资"失速"的情况下，消费发挥了中流砥柱的作用，是这两年经济增长保持正向的关键；2019 年，在投资实现恢复性增长的情况下，消费对经济增长的贡

献率和拉动作用也恢复常态范围并实现小幅上升；2020 年，消费对经济增长的贡献率和拉动作用尽管一定程度上受到疫情对消费需求的冲击影响，但依然保持在近年常态范围，对经济增长的贡献率为 55.63%，拉动经济增长2.17 个百分点。整体来看，近十年来，消费对经济增长贡献率常态保持在55% 以上水平，年均拉动经济增长 5.17 个百分点，已成为甘肃经济增长的重要贡献主体和主要拉动力之一（见表 2、图 2、图 3）。

表 2　2011～2020 年甘肃省消费需求对 GDP 的贡献率与拉动力

单位：%，百分点

年份	GDP 增长率	消费需求		投资需求	
		贡献率	拉动百分点	贡献率	拉动百分点
2011	13.20	56.14	7.41	58.78	7.76
2012	11.80	57.32	6.76	67.61	7.98
2013	11.30	57.30	6.47	77.32	8.74
2014	9.00	62.06	5.59	65.86	5.93
2015	8.20	63.01	5.17	62.33	5.08
2016	7.60	65.05	4.94	66.52	5.02
2017	3.50	152.98	5.35	-412.52	-14.11
2018	6.10	61.34	3.74	-13.17	-0.8
2019	6.20	65.30	4.05	51.73	3.21
2020	3.90	55.63	2.17	72.62	2.83

资料来源：国家统计局编《中国统计年鉴》（2011～2020）。

2. 消费需求具有"韧性"，是甘肃经济实现稳定增长的"压舱石"和"稳定器"

消费需求具有"韧性"，一般受长期因素如消费心理、消费习惯、收入变动等影响较大，而对短期因素的冲击不敏感，其受冲击时的波动幅度在三大需求中一般较小。在 2017 年、2018 年甘肃省投资"失速"的情况下，消费发挥了保持经济稳定正向增长的重要作用；此外，2020 年尽管受到疫情冲击，但消费仍保持了对经济增长的一定拉动作用，并在疫情趋缓后迅速恢

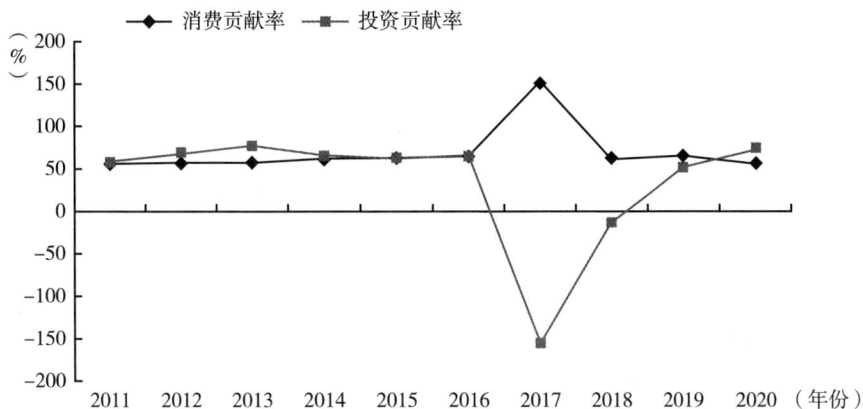

图2 2011~2020年甘肃省消费贡献率与投资贡献率变动趋势

注：图中2017年投资贡献率为示意性质，具体数值见表2。
资料来源：国家统计局编《中国统计年鉴》(2011~2020)。

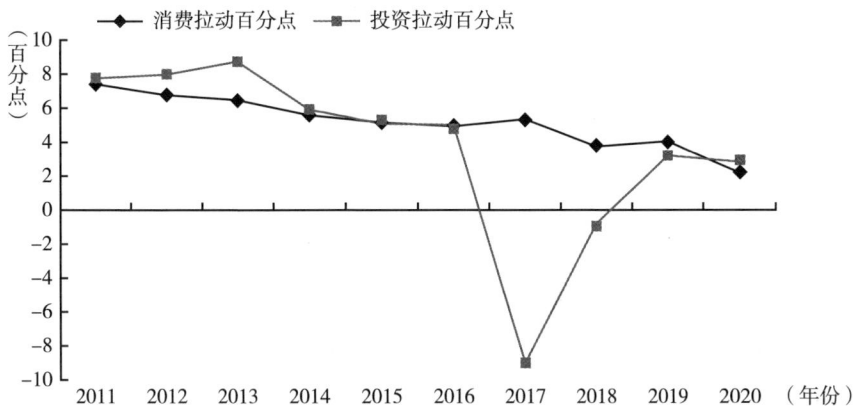

图3 2011~2020年甘肃省消费与投资拉动经济增长变动趋势

注：图中2017年投资拉动百分点为示意性质，具体数值见表2。
资料来源：国家统计局编《中国统计年鉴》(2011~2020)。

复，2021年上半年，甘肃消费市场回暖迅速，社会消费品零售总额同比增长达24.8%。甘肃经济增长的另一个主导力量——投资的波动性一般较强，出口的不可控性较强，有时也会对经济增长产生一定冲击，因此，促进消费需求持续增长，充分发挥消费对经济增长的"压舱石"和"稳定器"作用，对甘肃经济发展具有重要战略意义。

（三）近十年甘肃省居民消费对经济增长的贡献率和拉动作用分析

2011～2020年，甘肃省居民消费对经济增长的平均贡献率达50.87%，年均拉动经济增长3.83个百分点，是甘肃经济增长的重要贡献主体和主要拉动力之一。居民消费按主体不同分为城镇居民消费和农村居民消费两部分，其中城镇居民消费对经济增长的贡献率和拉动力显著高于农村居民，农村居民消费对经济增长的贡献率和拉动作用长期来看比较平稳、波动较小（见表3）。

表3 2011～2020年甘肃省居民消费需求对GDP的贡献率与拉动力

单位：%，百分点

年份	居民消费		城镇居民消费		农村居民消费	
	贡献率	拉动百分点	贡献率	拉动百分点	贡献率	拉动百分点
2011	36.16	4.77	21.70	2.86	14.46	1.91
2012	43.87	5.18	30.80	3.63	13.05	1.54
2013	46.08	5.21	31.29	3.54	14.83	1.68
2014	49.42	4.45	41.37	3.72	8.05	0.72
2015	50.40	4.13	39.40	3.23	11.00	0.90
2016	52.00	3.95	43.20	3.28	8.80	0.67
2017	119.34	4.18	94.68	3.31	24.56	0.86
2018	47.78	2.91	22.87	1.40	24.93	1.52
2019	46.20	2.86	31.20	1.93	15.04	0.93
2020	17.43	0.68	6.90	0.27	10.39	0.41
平均	50.87	3.83	36.34	2.72	14.51	1.11

资料来源：国家统计局编《中国统计年鉴》（2011～2020）。

1. 近十年来城镇居民消费对经济增长的贡献、拉动作用显著高于农村居民

2011～2020年，甘肃居民消费对经济增长的贡献率中除2018年、2020年（2020年因新冠肺炎疫情对农村居民消费影响明显小于城镇）外，城镇

居民消费对经济增长贡献所起的作用均要显著高于农村居民。2011～2020年，居民消费对经济增长的直接贡献率年平均为50.87%，其中城镇居民消费的年平均贡献率为36.34%，占居民总消费对经济增长贡献率的71.44%，农村居民消费对经济增长的年平均贡献率为14.51%，占居民总消费对经济增长贡献率的28.56%；从居民消费对经济增长的拉动百分点数来看，城镇居民年消费平均拉动百分点为2.72个，农村居民消费拉动百分点是1.11个，城镇居民消费对经济增长的拉动百分点数是农村居民消费拉动百分点数的2.45倍，说明城镇居民消费对经济增长的拉动作用比农村居民消费对经济增长的拉动作用显著。

2.近十年来农村居民消费对经济增长的贡献作用和拉动力较城镇居民稳定，整体波动较小

从图4、图5可以看出，近十年来城镇居民消费对经济增长贡献率的波动与居民消费总体对经济增长贡献率变动轨迹基本一致，而农村居民消费对经济增长的贡献除2017年在投资严重"失速"的当年上升幅度较大外，其波动一直比较平稳，说明农村居民消费对经济增长的贡献作用和拉动力长期以来比较稳定。

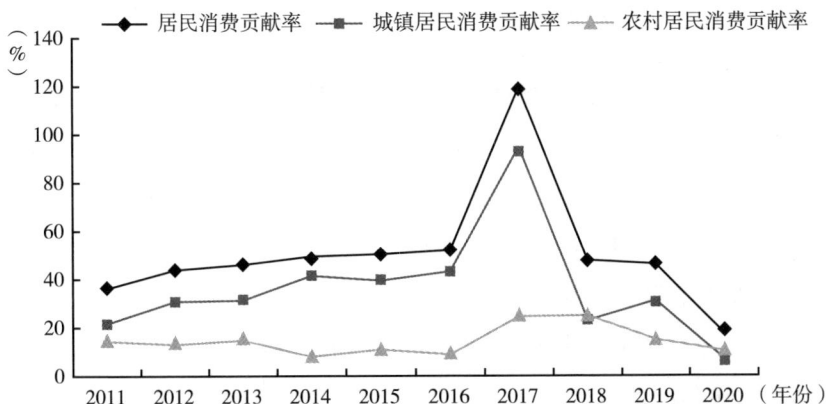

图4 2011～2020年甘肃省城镇、农村居民消费对经济增长贡献率的变动趋势

资料来源：国家统计局编《中国统计年鉴》（2011～2020）。

图5 2011~2020年甘肃省城镇、农村居民消费对经济增长拉动作用的变动趋势

资料来源：国家统计局编《中国统计年鉴》（2011~2020）。

二 2011~2020年甘肃省居民消费的变化特征和现状问题

（一）近十年甘肃省居民消费水平的变化特征和现状问题

1. 近十年来甘肃居民消费水平稳步提升，但相对消费水平依然不足

2011~2020年，随着甘肃经济的不断向好发展，城乡居民生活水平日益改善，居民消费水平实现逐年稳步提升。2020年，甘肃省城镇居民人均消费支出达24614.6元，比2011年增长11040.6元，增长1.81倍；农村居民人均消费支出达9922.9元，比2011年增长5945.9元，增长近2.50倍。但与全国平均水平比较，2020年甘肃省城镇居民人均消费支出24614.6元仅是同期全国城镇居民人均消费支出27007元的91.1%；2020年农村居民人均消费支出9922.9元仅是同期全国农村居民人均消费支出13713元的72.4%，可见当前甘肃省居民消费的相对水平仍然偏低（见表4、表5）。

2. 近十年来居民消费增长率趋于回落，平均增速高于同期经济增长率水平

2011～2020年，甘肃省居民消费增长率趋于回落放缓，城镇居民消费增长率由2011年的高点14.2%波动回落至2019年的8.2%；农村居民消费增长率由2011年的高点27.2%波动回落至2019年的6.9%（2020年的增速数据因受疫情影响参考意义不大）。这种回落虽在很大程度上是受甘肃经济十年来由高速增长期到新常态经济增速放缓影响，但也须引起有关方面高度重视，使今后居民消费增速保持在合理稳定水平。2011～2020年，甘肃省居民消费平均增长率高于同期GDP平均增长率，城镇居民消费平均增速高于同期GDP平均增速0.2个百分点，农村居民消费平均增速高于同期GDP平均增速2.1个百分点，是十年来居民消费率在最终需求中比重稳步提升的主因。2011～2020年，甘肃省城镇居民十年消费平均增长率高于同期全国居民十年消费平均增长率5.69个百分点；农村居民消费平均增长率低于同期全国居民消费十年平均增长率1.41个百分点（见表4、表5）。

3. 近十年来城乡消费差距逐步减小，但仍需优化调整

2011～2020年，城乡消费差距逐步减小，城乡消费差距比由2011年的3.41减至2020年的2.48，但目前甘肃省居民消费城乡消费差距仍然偏大，2020年，全国的城乡消费差距比为1.97，与甘肃省的相差0.51；同期甘肃省城镇居民人均消费支出占全国的91.1%，而农村居民人均消费支出仅占全国的72.4%（见表4、表5）。

表4　2011～2020年甘肃省居民消费水平

年份	居民消费绝对值（元）		城乡消费差距比	居民消费增速（%）		GDP增速（%）
	城镇居民	农村居民		城镇居民	农村居民	
2011	13574.0	3977.0	3.41	14.2	27.2	13.2
2012	15048.0	4563.0	3.30	8.6	12.8	11.8
2013	16327.0	5245.0	3.11	13.3	8.1	11.3
2014	17925.0	5661.0	3.17	9.6	7.3	9.0
2015	19480.0	6255.0	3.11	7.1	9.0	8.2

续表

年份	居民消费绝对值（元）		城乡消费差距比	居民消费增速（%）		GDP 增速（%）
	城镇居民	农村居民		城镇居民	农村居民	
2016	21128.0	6781.0	3.12	7.3	6.4	7.6
2017	22344.0	7395.0	3.02	4.7	9.2	3.5
2018	22606.0	9064.6	2.49	9.4	12.9	6.1
2019	24453.9	9693.9	2.52	8.2	6.9	6.2
2020	24614.6	9922.9	2.48	0.7	2.4	3.9
平均	—	—	—	8.3	10.2	8.1

资料来源：国家统计局编《中国统计年鉴》（2011~2020）。

表5 2020 年甘肃省居民消费水平与全国的比较

区域	居民消费绝对值（元）		城乡消费差距比	居民消费增速（%）		居民消费十年平均增速（%）	
	城镇居民	农村居民		城镇居民	农村居民	城镇居民	农村居民
甘肃省	24614.6	9922.9	2.48	0.7	3.4	10.22	8.08
全国	27007	13713	1.97	-3.8	2.9	4.53	9.49

资料来源：国家统计局编《中国统计年鉴》（2011~2020）。

（二）近十年甘肃省居民消费支出结构的变化特征和现状问题

1. 近十年来甘肃居民消费的恩格尔系数逐年下降

2011~2020 年，随着甘肃经济发展水平的稳步增长，居民消费支出结构的一个显著变化就是恩格尔系数（食品消费占居民消费支出的比重）逐年下降：2011 年甘肃省城镇居民恩格尔系数为 37.38%，2015 年下降至 30.63%，2020 年已下降至 28.72%；2011 年甘肃省农村居民恩格尔系数为 42.20%，2015 年下降至 32.86%，2020 年已下降至 30.90%（见图6）。恩格尔系数的不断下降，不仅意味着城乡居民生活水平的不断提高，也意味着将有越来越多的居民消费需求从满足温饱中释放出来，为进一步引导居民实现消费升级等扩大内需的政策打开空间。

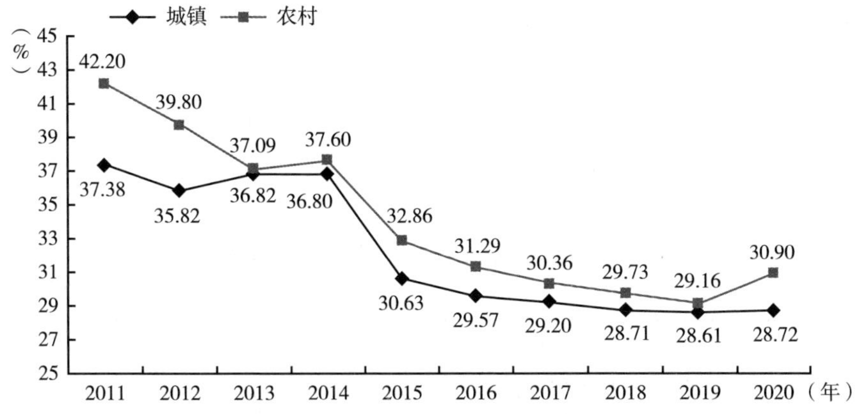

图6　2011~2020年甘肃省城镇、农村居民消费恩格尔系数

资料来源：国家统计局编《中国统计年鉴》（2011~2020）。

2.近十年来甘肃居民消费支出结构仍以基本需求型为主，发展型、享乐型需求发展缓慢

2011~2020年，尽管甘肃居民消费支出结构中的恩格尔系数逐年下降，但甘肃居民消费近年来仍以满足基本需求为主。根据一般经济理论和对近十年来甘肃居民消费结构变化的分析（见表6、表7），可把甘肃居民对食品烟酒、衣着、居住的需求归为较长一段时期内的居民基本需求，这类基本需求2015年占城镇居民消费结构的61%，2020年占比59.78%；2015年占农村居民消费结构的57.56%，2020年占比56.24%。可以看出，当前及今后一段时期内，甘肃居民消费结构仍将以这类基本需求型支出为主体，而以生活用品及服务、交通和通信、教育文化娱乐、医疗保健等为代表的发展型、享乐型需求发展缓慢。加速推进甘肃省居民消费结构向发展型、享乐型需求转变，除了持续提升居民收入外，亟须切实有力的消费升级等相关政策加以引导、催化。

（三）近十年甘肃省居民消费与经济增长实证分析

由一般经济理论和上文对甘肃省居民消费特征的分析可知，当前甘肃省居民消费对经济增长的影响主要体现在居民消费水平、城乡消费差距、居民消费支出结构三个方面，本文由此选择合理的量化指标，对这三方面因素对经济增长的影响进行量化分析，为甘肃省促进消费对经济增长贡献相关政策的战略实现路径探寻思路。

表6　2015～2020年甘肃省城镇居民消费结构

单位：元，%

项目	2015 年构成	2016 年构成	2017 年构成	2018 年构成	2019 年构成	2020 年构成
生活消费支出	100	100	100	100	100	100
食品烟酒	30.63	29.57	29.20	28.71	28.61	28.72
衣着	10.08	9.09	9.22	8.43	7.85	7.55
居住	20.29	19.21	18.53	22.39	22.99	23.51
生活用品及服务	6.45	6.80	6.57	6.40	5.95	6.75
交通和通信	10.60	12.89	14.29	10.83	12.47	12.52
教育文化娱乐	11.72	11.88	11.34	10.79	10.45	9.86
医疗保健	7.97	8.10	8.43	9.76	9.1	8.49
其他商品和服务	2.26	2.46	2.42	2.67	2.58	2.60

注：2015 年之前数据未列出。
资料来源：国家统计局编《中国统计年鉴》（2015～2020）。

表7　2015～2020年甘肃省农村居民消费结构

单位：元，%

项目	2015 年构成	2016 年构成	2017 年构成	2018 年构成	2019 年构成	2020 年构成
生活消费支出	100	100	100	100	100	100
食品烟酒	32.86	31.29	30.36	29.73	29.16	30.9
衣着	6.82	6.44	6.33	6.15	5.69	6.13
居住	17.88	17.91	19.45	19.04	19.26	19.21
生活用品及服务	6.52	6.13	6.04	5.67	5.96	5.93
交通和通信	11.89	12.75	12.65	11.89	12.33	12.44
教育文化娱乐	12.50	12.90	12.38	13.26	13.73	12.21
医疗保健	9.81	10.97	11.09	12.49	12.20	11.49
其他商品和服务	1.73	1.61	1.70	1.77	1.67	1.69

注：2015 年之前数据未列出。
资料来源：国家统计局编《中国统计年鉴》（2015～2020）。

1. 甘肃省居民消费与经济增长实证分析模型指标选择

（1）被解释变量——经济增长

为与解释变量诸因子指标相一致，模型被解释变量——经济增长的相应指标选择为人均 GDP。

（2）解释变量——居民消费相关诸因子

居民消费，采用城镇居民人均消费支出和农村居民人均消费支出两项指标反映居民消费对经济增长（人均 GDP）的影响。

城乡消费差距，采用城乡消费水平对比作为基本指标，以城乡消费水平对比变化度作为解释变量反映城乡消费差距变动对经济增长（人均 GDP）的影响。

居民消费支出结构，采用居民基本需求（食品烟酒＋衣着＋居住消费支出）占消费支出比重和发展型、享乐型需求（生活用品及服务＋交通和通信＋教育文化娱乐＋医疗保健＋其他商品和服务消费支出）占消费支出比重作为基本指标，以这两项指标的年度变动度作为解释变量反映居民消费支出结构变动对经济增长（人均 GDP）的影响。

2. 甘肃省居民消费与经济增长实证模型运行分析

依上文所述，以人均 GDP 作为模型的被解释变量（Y），引入甘肃省居民消费对经济增长三方面影响因素的 7 个影响因子：城镇居民人均消费支出（CR），农村居民人均消费支出（NR），城乡消费水平对比变化度（CNB），城镇居民基本需求构成变化度（CJB），城镇居民发展型、享乐型需求构成变化度（CFB），农村居民基本需求构成变化度（NJB），农村居民发展型、享乐型需求构成变化度（NFB）作为解释变量，建立当前甘肃省居民消费对经济增长影响因素计量模型如下。

$$Y_t = C + \beta_1 CR_t + \beta_2 NR_t + \beta_3 CNB_t + \beta_4 CJB_t + \beta_5 CFB_t + \beta_6 NJB_t + \beta_7 NFB_t + \mu$$

将 2011～2020 年所有变量数据输入 Eviews 计量软件，进行回归分析，逐步剔除不显著的变量，得到最终模型和回归结果如下（见表8）。

$$Y_t = C + \beta_1 CR_t + \beta_2 NR_t + \beta_3 CNB_t + \beta_5 CFB_t + \mu$$

表8 甘肃省居民消费与经济增长模型运行结果

变量	Coefficient	Std. Error	T_Statistic	Prob.
CR	1. 370718	0. 113465	2. 113846	0. 0048
NR	0. 453653	0. 283646	1. 987833	0. 0039
CNB	- 0. 72765	0. 309695	1. 967837	0. 0027
CFB	0. 157659	0. 298032	1. 945628	0. 0032

注：R - squared：0. 890769，Adjusted R - squared：0. 904327，Durbin - Watson stat：2. 186692。
资料来源：国家统计局编《中国统计年鉴》(2011～2020)。

模型具有较高的拟合优度，说明解释变量能够较好地解释因变量，解释变量的估计系数都能通过显著性检验，且符号与其经济意义预期相符，从 D - W 值看，误差项的自相关也得到较好克服。

3. 基本结论和政策启示

本文采用2011～2020年的时间序列数据对甘肃省居民消费诸因子与经济增长之间的影响关系进行了实证分析，样本数据的回归结果表明：目前城镇居民人均消费支出，农村居民人均消费支出，城乡消费差距的变动，城镇居民消费结构中发展型、享乐型需求占消费支出比重的变动对甘肃经济增长（人均 GDP）具有正向促进作用。具体结果分析如下。

城镇居民人均消费支出目前对甘肃省经济增长（人均 GDP）具有最明显的正向促进作用，城镇居民人均消费支出每提高 1 单位，能使人均 GDP 提升 1. 37 个单位，远高于农村居民人均消费支出对经济增长的推动作用。表明当前甘肃省促进消费对经济增长的相关政策重点应放在着力提升城镇居民消费需求方面。

增加农村居民人均消费支出和缩小城乡消费差距目前均能对促进甘肃经济增长（人均 GDP）发挥一定正向促进作用，而二者发挥作用的根源均在于要能有效提高农村居民收入水平。从提高农村居民收入水平入手，增加农村居民人均消费支出和缩小城乡消费差距应是当前甘肃省促进消费对经济增长的相关政策的另一个重要着力点。

城镇居民发展型、享乐型需求占消费支出比重的变动对甘肃经济增长

（人均GDP）具有正向促进作用表明，目前，甘肃省居民（特别是城镇居民）消费结构的升级已开始能对经济增长发挥一定促进作用，适时全面推进消费升级等相关政策将适逢其时，功效显著。

三 促进消费对经济增长贡献的对策建议

由上文分析可知，居民是甘肃省最终消费需求的主体，居民消费中城镇居民消费对经济增长的贡献、拉动作用显著高于农村居民，实证分析表明当前城镇居民人均消费分析支出增加对人均GDP增长的促进作用远大于农村居民人均消费支出增加，因此，当前甘肃省促进消费对经济增长的相关政策重心首先应放在着力提升城镇居民消费需求方面。其次，农村居民消费对经济增长具有较为稳定的贡献和拉动作用，实证分析表明当前农村居民人均消费支出增加和缩小城乡消费差距都对经济增长有较好正向拉动作用，而这两项内容最终都可归结为有效提升农民收入水平，进而提升农村居民人均消费支出和缩小城乡消费差距。此外，分析表明居民消费支出结构长期以来仍以基本需求型为主，发展型、享乐型需求发展缓慢，但城市居民发展型、享乐型需求比重提升已开始对经济增长（人均GDP）产生较好正向拉动作用，当前优化居民消费支出结构亟须进一步全面推进消费升级等相关政策加以引导、催化。

（一）着力提升城镇居民消费需求水平

一是要从根源上致力于提高城镇居民收入，尤其是提高城镇居民消费主体——中等阶层群体的收入，努力缩小各阶层居民群体间的收入差距，推动居民消费潜力和活力的全面释放；二是要优化城镇居民消费支出结构，坚持"房住不炒"的原则，建立房价长效稳定调控机制，防止"房贷"对居民消费空间的挤占，使城镇居民收入能更多用于其他发展型、享乐型消费；三是要不断完善社会保障制度，使城镇居民的"预防性储蓄"意愿降低，现期消费提升；四是要致力于增加城镇居民消费的有效供给，支持引导以城镇居民为需求主体的相关产业如汽车制造销售业、文化旅游业、健康医疗保健业等加快发展。

（二）着力提高农村居民收入水平，提升农村居民消费需求水平，缩小城乡消费差距

一是要大力实施乡村振兴战略，乡村振兴是当前促进农村消费的总抓手，乡村振兴了，农村居民收入水平和消费水平也会随之提高。为此要着力推动乡村文化振兴，搭建乡村全域旅游的载体；着力推动乡村生态振兴，不断丰富生态产品的供给和消费；着力推进城乡一体的市场体系建设，消解农产品流通壁垒；着力搭建农产品推介平台，健全农村电商消费服务体系。二是要加快建立城乡融合机制，持续推进城乡服务均等化，持续推动要素流动合理化，致力于解决好持续人力资本分布不均衡问题，从而不断弱化城乡二元结构，缩小城乡收入差距和消费差距。

（三）进一步全面推进消费升级

甘肃省进一步全面推进消费升级，需要在扎实落实省委省政府消费升级相关政策、计划的基础上，重点做好以下工作：一是努力增加消费的有效供给，扩大服务消费，发展中高端消费，推动信息消费扩大升级；二是需要在实施消费升级计划的进程中开展好相关消费促进活动，推动消费创新升级，有效推进地区间产销衔接；三是要加快推动消费渠道升级，在这一进程中做好加快流通创新、推进市场体系建设、推进农村电子商务进入深度贫困地区等工作；四是要不断优化消费环境，有效提升消费者的消费意愿。

参考文献

王鹏程、晁伟鹏：《新疆居民消费对经济增长的实证分析》，《数学的实践与认识》2016年第19期。

宋毅：《消费结构升级与经济增长互动关系分析——以广东省为例》，《改革与战略》2018年第9期。

李雪、蒋志华：《浙江省城乡居民消费对经济增长影响效应分析》，《合作经济与科技》2019年第10期。

B.12
甘肃传统产业与绿色产业融合发展研究

尹小娟*

摘 要： 在新常态背景下，甘肃传统产业不断转型升级寻求自身的发展
之路。2021年1~8月，煤炭、电力、冶金、有色、石化五大
传统产业发展稳定，煤炭、电力、有色工业增速均在10%以
上；主要工业产品产量保持稳定增长，生铁、粗钢、钢材产量
及发电量均保持两位数增长。同时，全省绿色生态产业增长较
快，绿色生态产业体系不断推进。但综合来看，传统产业在创
新、集群、融合和绿色发展的过程中依然面临诸多困难与不
足。未来，甘肃省要"全面推进传统工业体系绿色化转型，加
快推进农业现代化建设，深度促进文化旅游产业融合发展，促
进信息技术在全产业链的深度融合"，促进传统产业与绿色生
态产业融合发展，走具有甘肃特色的高质量绿色发展道路，实
现绿色发展崛起。

关键词： 甘肃 传统产业 绿色产业

随着新兴产业的不断发展壮大和产业结构的改革调整，一些传统产业在
我国国民经济中的地位将逐步降低。甘肃省传统产业大多是污染较多的重化
工业，不可避免地带来环境污染。绿色发展是构建高质量现代化经济体系的
必然要求，是解决污染问题的根本之策。在生态优先、绿色发展大背景下，

---

* 尹小娟，甘肃省社会科学院区域经济研究所副研究员，研究方向为生态经济学、消费经济学。

如何实现传统产业的转型升级、保证经济的高质量发展成为当前甘肃省传统产业面临的严峻挑战。

一 甘肃省传统产业升级与绿色
生态产业发展现状

（一）甘肃省传统产业发展现状

甘肃传统产业伴随着甘肃工业的发展而成长壮大，并成为甘肃工业最重要的组成部分。从新中国成立之初约占国家级重点建设项目10%的16项落地甘肃，到第三、第四个五年计划期东部沿线地区的部分机械、冶炼加工产业迁移，再到改革开放后甘肃工业进入快速发展时代，以能源和原材料为重点的传统产业得到快速发展。煤炭、电力、冶金、有色、石化等传统产业在甘肃国民经济中的比重稳步上升，成为甘肃工业的支柱性产业。

1.五大传统产业主体地位突出、增长稳定

近年来，煤炭、电力、冶金、有色、石化五大传统产业增加值占甘肃规模以上工业增加值的比重居高不下。2020年，全省煤炭、电力、冶金、有色、石化工业分别占规模以上工业增加值的6.3%、17.7%、7.8%、11.0%、26.4%，共占甘肃规模以上工业增加值的69.2%。与前几年相比，该占比有所萎缩，但主体地位依旧突出。

从2017年开始，五大传统产业增加值增速与"十一五"末期相比下降幅度在10个百分点左右，与"十二五"末期相比，除电力增速上升外，其他四类传统产业增速也呈下滑状态，其中煤炭产业受近年国家化解过剩产能影响，增速下滑幅度最大，达到12.3个百分点。2018年在省委省政府各项止滑回稳联动措施下，甘肃经济摆脱了在全国垫底的局面，五大传统产业增速略有回升。如表1所示，2019年，电力、冶金、有色工业的增速均在6%

215

以上。① 2020 年，电力和冶金工业增长较快，增速分别达到 11.7% 和 8.6%。② 2021 年 1~8 月，煤炭、电力、冶金、有色、石化五大传统产业发展稳定，增速分别为 16.2%、12.5%、8.1%、17.3% 和 5.8%。其中，煤炭工业表现突出，增速比上一年高出 14 个百分点以上。③

表 1　2019 年至 2021 年 1~8 月甘肃五大传统产业产值增速

单位：%

传统产业	2019 年		2020 年		2021 年 1~8 月
	增长	占比	增长	占比	增长
煤炭工业	4.6	5.9	1.5	6.3	16.2
电力工业	6.3	15.8	11.7	17.7	12.5
冶金工业	7.3	7.6	8.6	7.8	8.1
有色工业	9.5	9.9	4.0	11.0	17.3
石化工业	2.8	32.3	5.0	26.4	5.8

资料来源：甘肃省统计局、国家统计局甘肃调查总队，2019 年、2020 年甘肃省国民经济和社会发展统计公报；2021 年甘肃统计月报（1~8 月），甘肃省统计局网站。

2. 主要工业产品产量保持稳定增长

近十年来，甘肃省主要工业产品产量呈增长态势，增速放缓。2019 年以来，除原油加工量和水泥产量增速下滑以外，其他工业产品产量均保持稳定增长。2021 年 1~8 月，粗钢、钢材、生铁和发电量均保持两位数增长（见表 2）。

2021 年 1~7 月，甘肃省规模以上工业实现利润总额 360.9 亿元。其中，五大传统产业共实现利润 247 亿元（见表 3），占到工业利润总额的 68.44%。

---

① 甘肃省统计局、国家统计局甘肃调查总队：《2019 年甘肃省国民经济和社会发展统计公报》，2020 年 3 月 20 日。

② 甘肃省统计局、国家统计局甘肃调查总队：《2020 年甘肃省国民经济和社会发展统计公报》，2021 年 3 月 30 日。

③ 2021 年甘肃统计月报（1~8 月），甘肃省统计局网站。

表2　2019年至2021年1～8月甘肃省主要工业产品产量及增速

主要工业产品	2019年		2020年		2021年1～8月	
	产量	增长(%)	产量	增长(%)	产量	增长(%)
原煤(万吨)	3663.1	1.3	3859	4.7	2685	7
原油(万吨)	903.5	5.1	968.7	7.2	680.7	4.7
原油加工量(万吨)	1465.6	1.8	1467.5	0.1	967.8	-0.6
水泥(万吨)	4409.5	14.2	4651.2	5.0	3040.2	-0.5
粗钢(万吨)	877.8	9.4	1059.2	20.7	819.3	26.8
钢材(万吨)	936.7	13.7	1102.6	17.7	829.2	18.9
生铁(万吨)	659.1	5.4	782.3	18.7	622.1	30.5
十种有色金属(万吨)	329.0	-1.9	350.6	6.6	238.4	4.0
发电量(亿千瓦时)	1479.6	2.2	1762.4	8.1	1155.1	10.0

资料来源：甘肃省统计局、国家统计局甘肃调查总队，2019年、2020年甘肃省国民经济和社会发展统计公报；2021年甘肃统计月报（1～8月），甘肃省统计局网站。

表3　2021年1～7月甘肃五大传统产业行业利润总额

单位：亿元

时间	煤炭工业	电力工业	冶金工业	有色工业	石化工业	共计
1～7月	21.2	24.8	31.1	92.1	77.8	247

资料来源：2021年甘肃统计月报（1～8月），甘肃省统计局网站。

（二）甘肃省绿色生态产业发展现状分析

1. 绿色产业发展政策不断落地

近年来，中央高度重视生态文明建设和绿色产业发展。2012年，党的十八大做出了"大力推进生态文明建设"和"推进绿色发展、循环发展、低碳发展"的战略决策。2015年，国家相继出台了《中共中央国务院关于加快推进生态文明建设的意见》①和《生态文明体制改革总体方案》②，同

---

① 《中共中央、国务院关于加快推进生态文明建设的意见》，中央政府门户网站，2015年5月5日。
② 《中共中央、国务院印发〈生态文明体制改革总体方案〉》，中央政府门户网站，2015年9月21日。

年 10 月，增强生态文明建设被写入国家"十三五"规划；2017 年，党的十九大提出要建设美丽中国，推进绿色环保产业发展；2018 年，生态文明建设又被写入我国第五次宪法修正案；2019 年，国家发改委、工信部、自然资源部、生态环境部等多部门联合印发了《绿色产业指导目录》，使"绿色产业"有了明确的界定。

国家的战略要求为甘肃加快构建生态产业体系指明了方向、提供了根本遵循。甘肃省是国家重要的生态安全屏障，构建生态产业体系对经济结构优化升级、加快发展方式转变和实现增长动力转换具有重大深远的意义。省委省政府贯彻党的十九大和习近平总书记视察甘肃重要讲话精神，汲取甘肃祁连山国家级自然保护区生态环境破坏问题深刻教训，重新认识把握省情，调整发展思路，把构建生态产业体系作为今后甘肃经济发展的主攻方向。2018年，甘肃省出台《甘肃省人民政府关于构建生态产业体系推动绿色发展崛起的决定》《甘肃省推进绿色生态产业发展规划》① 和各生态产业专项行动计划，设立了绿色生态产业发展母子基金，梳理形成了十大生态产业政策汇编，搭建起了"1 + 1 + 10 + X"的政策框架体系，② 以资源环境承载力为前提，立足甘肃产业基础和资源禀赋，紧密结合国家产业发展导向和产业发展趋势，提出大力发展节能环保、清洁生产、清洁能源、循环农业、中医中药、文化旅游、通道物流、军民融合、数据信息和先进制造十大绿色生态产业③，以促进经济发展模式从粗放型向绿色低碳、清洁安全转变，提高经济创新力和竞争力，实现绿色发展崛起。2021 年 5 月，甘肃省工业和信息化厅发布《高端化智能化绿色化改造推进传统产业转型升级 2021 年工作要点》，推动传统产业转型升级，提升产业基础能力和产业链发展水平，实现制造业高质量发展。④ 同年 8 月，甘肃省人民政府印发了《关于加快建立健

---

① 《甘肃加快构建十大生态产业体系》，《甘肃日报》2018 年 7 月 29 日。
② 《绿色产业引领高质量发展　甘肃开创富民兴陇新局面》，《经济日报》2021 年 6 月 30 日。
③ 《甘肃加快构建十大生态产业体系》，《甘肃日报》2018 年 7 月 29 日。
④ 《甘肃省工业和信息化厅关于印发高端化智能化绿色改造推进传统产业转型升级 2021 年工作要点的通知》，甘肃省工业和信息化厅，2021 年 5 月 26 日。

全绿色低碳循环发展经济体系实施方案的通知》，提出到2035年绿色产业规模迈上新台阶，重点行业、重点产品能源资源利用效率达到国际先进水平，① 基本实现美丽甘肃建设目标。

2. 绿色生态产业体系不断推进

第一，绿色生态产业增长较快，占地区生产总值比重持续提高。2018年，十大生态产业完成增加值1511.3亿元，占全省生产总值的18.3%。② 2019年，全省十大生态产业增加值2061.9亿元，比上年增长36.4%，占全省地区生产总值的23.7%，比全省地区生产总值增速高5.4个百分点。③ 2020年，全省十大生态产业增加值2179.4亿元，比上年增长5.8%，占全省地区生产总值的24.2%。④

第二，各生态产业的带动性工程进展顺利，对生态产业发展的带动和支撑作用显现。《甘肃省推进绿色生态产业发展规划》中共确定建立了包含265个总投资达8200多亿元的绿色生态产业重点项目库。⑤ 2018年确定带动性工程34项，子项目139个，总投资1600亿元。当年完成省级带动性工程投资343亿元，累计完成投资586亿元。⑥ 各市州围绕主导发展的生态产业，在2018年谋划选择带动项目160个，总投资3006亿元，当年完成投资198亿元，累计完成496亿元。2019年更新调整了项目库和重大带动性工程项目，剔除退出一批条件不成熟、无法落地实施的项目和处于谋划阶段的项目，增列了一批投资规模大、能落地实施、带动作用明显的项目。⑦

① 《甘肃：推进光热发电与风光电协同发展，支持国有资本布局清洁能源等绿色产业》，甘肃省人民政府，2021年8月27日。
② 《2018年甘肃十大生态产业完成增加值1511.3亿元》，中国甘肃网，2019年1月26日。
③ 《2019甘肃十大生态产业增加值2061.9亿元增长7.8%》，人民网，2020年1月21日。
④ 《甘肃省2020年生产总值突破9000亿元十大生态产业占比超过24%》，新浪财经，2021年4月2日。
⑤ 《甘肃省确定绿色生态产业发展重大带动性项目265个》，大西北网，2019年1月15日。
⑥ 《甘肃省大力培育十大生态产业34项重大带动性项目累计完成投资586亿元》，每日甘肃，2019年1月25日。
⑦ 《我省十大生态产业稳步增长》，《甘肃工人报》2019年10月31日。

3. 生态产业发展态势良好

（1）节能环保产业

节能环保产业呈现较好的上升趋势，环保装备制造业规模和行业水平稳步提升。带动性工程进展顺利，兰州红古区国家级"城市矿产"示范基地项目建设已完成进度的九成，建成有色冶金循环经济产业链和铝基循环经济产业基地，基本形成了"收集—拆解—加工"模式的废旧资源回收加工利用产业链，年再生资源集聚量达到88万吨，产业集群初具规模。① 2019年，节能环保产业保持上升趋势，在高效节能电机、高效换热设备领域技术位于全国前列。节能环保业基地建设加速，危固废综合利用项目总投资18.15亿元的13个项目全面开工。②

（2）清洁生产产业

工业企业绿色化、循环化改造加快推进，酒钢集团、金川公司等重点企业绿色化改造部分工程已基本完成或已投入试生产。2021年，省工信厅制定印发《清洁生产产业推进2021年工作要点》，全面安排部署清洁生产产业推进工作。2021年全省共有98家企业申报绿色工厂、绿色园区、绿色供应链、绿色产品及工业节水型企业。截至2021年3月底，清洁生产带动性项目共开工14个，已建成项目7个，有7个项目正在抓紧办理前期手续；项目总投资200.02亿元，累计完成投资50.98亿元，占总投资的25.49%；2021年度计划投资37.33亿元，已完成投资3.89亿元，占计划投资的10.43%。③

（3）清洁能源产业

国家首批光热发电示范项目甘肃入选8个，是中国重要的新能源基地。2020年甘肃外送电量520.16亿千瓦时，同比增长23.23%。新能源发电量379.59亿千瓦时，同比增长7.7%，新能源利用率为95.28%，较2019年提升了1.63个百分点。截至2021年9月，全省新能源装机2369万千瓦，占

---

① 《红古国家级"城市矿产"示范基地建设进展顺利》，《甘肃经济日报》2018年12月4日。
② 《我们这一年·2019答卷》系列报道，《甘肃日报》2020年1月6日。
③ 《清洁生产产业发展工作积极有序推进》，循环经济发展处，2021年5月14日。

全省总装机的 42%。①

（4）循环农业

目前酒泉市戈壁农业面积一共 11.7 万亩，是全国最大的戈壁农业。② 张掖"三元双向"循环种养模式成为循环农业发展的典范，计划到 2022 年 投资 131.19 亿元，在全市新建高标准日光温室 11 万亩、钢架大棚 1.7 万 亩，累计发展戈壁农业 12.7 万亩。③

（5）中医中药产业

确定了以陇药为主的带动性工程 4 项，总投资 140.7 亿元。④ 2018 年成 功举办首届中国（甘肃）中医药产业博览会。2019 年 9 月全省规模以上医 药行业生产企业累计实现工业增加值 33.7 亿元，同比增长 2.2%。⑤ 2020 年 出台了《甘肃省关于大宗地产中药材产地加工（趁鲜切制）工作方案》，为 全省中药材产地加工提供了强有力的政策支持。⑥

（6）文化旅游产业

2018 年全省文化产业增加值 178.16 亿元，增速 8.9%；全年共接待国 内外游客 3.02 亿人次，实现旅游综合收入 2060 亿元，分别较 2017 年同期 增长 26% 和 30% 以上；⑦ 2019 年，全省共接待游客 3.74 亿人次，实现旅游 综合收入 2680 亿元，分别同比增长 24% 和 30%。⑧

（7）通道物流产业

目前已建成 10 个大市场、20 个农产品产地批发市场、1133 个农贸市

---

① 《"十三五"甘肃清洁能源现状分析 较"十二五"末提高 35 个百分点》，每日甘肃网，
2021 年 9 月 13 日。

② 《甘肃酒泉：种菜"抗寒"又"抗旱"戈壁农业一路走来磨砺多》，新华网，2021 年 1 月
18 日。

③ 《张掖市大力发展戈壁农业综述》，甘肃张掖网，2021 年 6 月 8 日。

④ 《甘肃培育生态产业 先进制造业发展抢眼》，中国产业经济信息网，2019 年 2 月 22 日。

⑤ 《甘肃省十大生态产业稳步增长 前三季度完成增加值 1305.79 亿元 同比增长 6%》，《甘 肃日报》2019 年 10 月 29 日。

⑥ 《甘肃全力推动中医药产业高质量发展》，每日甘肃网，2021 年 10 月 19 日。

⑦ 《文旅产业产值居全省十大生态产业首位 去年接待游客超 3 亿人次 旅游综合收入突破 2000 亿元》，中国甘肃网，2019 年 1 月 18 日。

⑧ 《2019 年甘肃省实现旅游综合收入 2680 亿元》，人民网，2020 年 1 月 21 日。

场，农产品冷链库容增加 140 万吨。口岸建设成绩显著，兰州航空口岸已开通了 3 条国际货运包机航线，敦煌航空口岸正式运营，粮食指定口岸正式对外开放。国际货运班列常态化运营，截至 2020 年 7 月底，全省累计发运国际货运班列 1666 列，货重 148.5 万吨，货值 173 亿元。①

（8）数据信息产业

2018 年确定带动性工程 3 项，子项目 14 个。到 2019 年 9 月底，累计完成投资 57.32 亿元。丝绸之路国际信息港建设顺利推进，金昌紫金云产业区数据中心、兰州新区大数据产业园、丝绸之路西北大数据产业园等子项目进展顺利，华为、腾讯、京东、阿里、中科曙光等国内领先信息和大数据企业纷纷在甘落户。

（9）先进制造产业

目前，多项重点工程已完成，甘肃镍钴新材料创新中心综合服务楼已完成建设，3.5 万吨/年硫酸镍扩能技术改造项目已建成投用，能源装备研发设计检测公共服务平台项目、高端装备重大产品研发和试验检测平台建设项目等四个重要平台项目也已完成，其他子项目工程正在加速进行中。认定 9 家技术创新示范企业，其中 5 家上榜工信部国家志精特新"小巨人"企业名单，4 家被公示为国家中小企业创业创新示范基地，② 先进制造产业将有望引领甘肃经济转型升级和高质量发展。

二 传统产业转型升级的机遇与优势、矛盾与挑战

（一）传统产业转型升级的机遇与优势

1. 提升企业自主创新能力是源源不断的内生动力

第一，集中力量做优做精实业主业，推动制造业向数字化、智能化转型

---

① 《关注 | 新丝路 新通道 新机遇——甘肃省国际货运班列运行综述》，澎湃网，2021 年 9 月 21 日。

② 《甘肃省发布 2018 年技术创新示范企业名单》，中国甘肃网，2019 年 1 月 8 日。

升级。2019年，甘肃省政府出台《甘肃省绿色化信息化智能化改造推进传统产业升级实施方案（2019～2022）》，提出对石化、冶金、煤炭、火力发电、物流等传统产业进行绿色化、信息化、智能化改造。① 金川公司、酒钢集团、白银公司等大力发展有色金属新材料和精深加工，兰石集团、甘肃省建投、长城电工、长风科技、兰州电机等加大制造工艺数字化、智能化改造升级，从单一制造向"制造＋服务"转型。②

第二，混合所有制改革促进生产要素流动性不断增强。2018年，兰石重装、白银公司、金川公司等国企通过并购、联合投资、入股等方式实现与多家非国有企业的合作，酒钢集团、祁牧乳业公司等8家企业开展员工持股改革试点。③ 2020年，全省45%的省属企业实现了混合所有制。④ 随着国有企业混合所有制改革的深入推进，民营企业发展环境将大幅改善，市场化机制有利于提高企业市场占比、促进产品竞争力不断提升。

第三，培育创新人才，不断激发企业自主创新能力。一是人才培养机制改革聚焦于创新型企业人才的培育，加速科技成果最大限度、最快时速转化为生产力，为企业科技创新提供支持。在2017年度国家科学技术奖励大会上，甘肃省科技人员首次荣获科技进步"创新团队奖"，并获得3项二等奖。⑤ 2019年国家科学技术奖评审中，甘肃省有9个项目获奖。⑥ 二是企业创新能力、研发投入比例、与科研院所的科技合作情况更加紧密。一方面是科技合作的途径和形式增多，另一方面企业用人需求和大专院校、科研院所培育人才的匹配性有所增强。

---

① 《推进传统产业转型升级　甘肃省明确"三化"改造重点》，经济带网，2020年12月28日。
② 《甘肃国企改革激活经济增长新动能》，《经济参考报》2019年4月16日。
③ 《甘肃国企改革推动战略重组　激活发展新动能》，《经济参考报》2019年4月17日。
④ 《2021甘肃省政府工作报告》，《甘肃日报》2021年2月2日。
⑤ 《2017年度国家科学技术奖揭晓甘肃首次荣获国家科技进步创新团队奖》，《甘肃日报》2018年1月9日。
⑥ 《甘肃骄傲！国家科学技术奖励大会上，他是西北五省区首位获奖的一线工人》，掌上兰州，2020年1月11日。

2. 推进平台建设为企业转型升级提供了良好的外部环境

第一，科技创新园区成果丰硕，集聚效应不断增强。2012～2017年，兰州新区生产总值年均增长26.57%，规上工业增加值年均增长96.61%，固定资产投资年均增长15.82%。① 2018年获批建设兰州白银国家自主创新示范区，国家级科技孵化器和众创空间分别达到8家和30家，全省6个项目获2018年度国家科学技术奖，3人获何梁何利基金科学与技术奖。推动245项应用成果转化，创造经济效益601.22亿元，科技对经济增长贡献率提高到52.8%。②

第二，紧抓政策机遇发展外向型经济，不断促进传统企业转型升级。甘肃省政府抢抓"一带一路"建设及新一轮西部大开发政策机遇，努力为企业创造活跃的发展环境，全省外向型经济发展势头良好。2018年，全省外贸进出口总额达到394.7亿元，增长21%，增速比上年提高44.9个百分点，对共建"一带一路"国家贸易增长22.9%，③ 对外开放新格局已经形成。近年来，全省集中力量做大做强优势产品，不断壮大国内外市场主体，培育自主品牌，建设出口基地。金川公司、白银公司等大型国有企业的国际、国内市场布局不断优化。

第三，政府不断转变职能，政务环境不断改善。全面深化改革对进一步破解深层次体制机制障碍、推动传统企业持续健康发展具有重要意义。一是关注重点企业，更畅通快捷、更阳光透明，及时解决企业发展中存在的突出问题和反映强烈的热点问题；二是"放管服"改革取得新突破，80%以上的政务服务事项实现在线办理，1644项实现"最多跑一次"，企业开办和一般不动产统一登记时间压缩至5个工作日，新增市场主体25.66万家。④

---

① 《从"内陆腹地"到"开放前沿"——甘肃省扩大对外开放40年综述（上）》，中国兰州网，2018年12月21日。
② 《甘肃省经济运行实现速度效益同步增长——〈政府工作报告〉解读》，中国甘肃网，2019年1月27日。
③ 《2018年甘肃全省外贸进出口总额达394.7亿元》，中国甘肃网，2019年1月26日。
④ 《甘肃多措改善经商"软"环境破"先天性不足"难题》，中国新闻网，2019年1月29日。

3. 坚持绿色发展，促进传统产业与生态产业融合发展

第一，"十大生态产业"实现良好开局，为传统产业转型升级提供了方向。2018 年，甘肃省制定出台发展规划、专项行动计划和系列配套政策，建立 265 个总投资 8200 亿元的重大带动性工程项目库，设立总规模 2000 亿元的绿色生态产业发展基金。① 十大生态产业完成增加值 1511.3 亿元，占全省生产总值的 18.3%，增长 6.7%。② 十大生态产业发展的良好开局为传统产业转型升级提供了方向。

第二，推广复制循环经济等可持续发展模式。循环经济以"低开采、高利用、低排放"为特征，以"资源—产品—再生资源"的反馈式流程组织经济活动，力求所有的物质和能源能在这个不断进行的经济循环中得到合理和持久的利用，把经济活动对自然环境的影响降到尽可能小的程度。③ 2018 年，兰州和平凉获批创建国家资源循环利用基地，国内首个百兆瓦级熔盐塔式光热电站在敦煌并网投运，河西 750 千伏第二通道开工建设，全国首个国家网域大规模 720 兆瓦时电池储能电站试验示范项目获批，外送电量 324.38 亿千瓦时，弃风、弃光率分别下降 14 个和 10 个百分点。④

第三，积极推进农业现代化建设，推广农业清洁生产技术，促进循环农业发展。2020 年，全省戈壁生态农业总量达到 26 万亩。⑤ 酒泉已建成全国最大的日光温室蔬菜有机生态无土栽培示范区，张掖建成亚洲单体规模最大、种植技术最先进、节能环保程度最高的海升现代农业智能玻璃温室。⑥

第四，"互联网＋"推动传统产业转型升级。电子商务产业作为区域经济发展的新载体，对实体经济产生一定冲击的同时，也推动了传统企业考虑自身转型的问题。近年来，全省多措并举推动电子商务与实体经济对接，积极引导传统企业利用"互联网＋"实现自身转型升级，有效拓展了电子商

---

① 《2019 年甘肃省〈政府工作报告〉》，《甘肃日报》2019 年 2 月 1 日。
② 《2019 年甘肃省〈政府工作报告〉》，《甘肃日报》2019 年 2 月 1 日。
③ 《发展绿色经济　建设生态文明》，生态文明建设与研究，2019 年 12 月 13 日。
④ 《2019 年甘肃省〈政府工作报告〉》，《甘肃日报》2019 年 2 月 1 日。
⑤ 《戈壁生态农业点石成金》，新华网，2020 年 11 月 12 日。
⑥ 《2019 年甘肃省〈政府工作报告〉》，《甘肃日报》2019 年 2 月 1 日。

务在各个领域的应用，逐步形成了电商经济与实体经济相融合的发展态势。

第五，文化旅游业综合效应持续放大。文化和旅游深度结合，打破了以往传统旅游产业的发展模式。2018 年，敦煌文博会荣获"十大政府主导型展览会"大奖，与首届中国（甘肃）中医药产业博览会一起，极大地提升了甘肃省的知名度、美誉度和影响力。[①] 2019 年，"交响丝路·如意甘肃"品牌的影响力和知名度进一步提升，全省全年共接待游客 3.74 亿人次，实现旅游综合收入 2680 亿元，分别同比增长 24% 和 30%。[②]

（二）传统产业面临的矛盾与挑战

在新常态背景下，甘肃传统产业不断转型升级寻求自身的发展之路。现实中不乏成功案例，但综合来看，大部分传统产业转型升级过程并不顺利，在创新、集群、融合和绿色发展的过程中依然面临诸多困难与不足。

1. 产品结构层次较低，创新能力亟待提高

第一，产品结构层次较低，高附加值产品较少，处于产品链条的底端。甘肃传统产业发展主要为资源依赖型的发展模式。以矿产资源为例，这类产业基本是依靠对本地自然资源开采后进行简单加工得到初级产品，借此实现自身的经济增长。无论是产业和产品，都存在技术含量和附加值低的问题，长期以来资源消耗大、生产效率低，已经无法适应当前新常态的发展形势。

第二，多数企业研发投入比例不高，自主创新能力较弱。与陕西省、四川省相比，甘肃省国有企业仍然存在结构调整缓慢、转型发展动力不足等问题。据统计，2019 年全省国有企业在产业升级技术改造和绿色生态产业的投资占比不足 20%，自主创新能力依然较弱。[③]

第三，资源配置效率低，核心竞争力弱。部分国有企业内容管理机制落后，无法与现有市场机制相匹配，严重阻碍了资源配置效率和企业核心竞争

---

① 《2019 年甘肃省〈政府工作报告〉》，《甘肃日报》，2019 年 2 月 1 日。
② 《2019 年甘肃省实现旅游综合收入 2680 亿元》，人民网，2020 年 1 月 21 日。
③ 《甘肃省省属企业经济运行平稳》，《甘肃经济日报》2019 年 12 月 3 日。

力的提高。

2. 生产要素流动不足，产业亟须集群化发展

第一，已有产业集群多以资源导向布局，并未实现较强的规模效应。据了解，目前，甘肃省传统企业资产规模只有 1.5 万亿元左右，对全省经济社会发展的带动和支撑能力不强，传统企业工业增加值只占全省规模以上企业的 18%[①]；因产业集群发展初期以数量扩张为主，并未实现区域内产业协调错位发展，产业集群还存在产业结构相似、产业雷同、产品重复等问题。

第二，大型企业集团辐射带动能力仍须强化。甘肃省大部分传统产业发展集群效应不足，主要表现在产业链条不健全、产品间研发协助不紧密等方面。龙头企业的数量和规模虽然都得到提升，但仍然缺乏跨地区、跨行业的大型企业集团，龙头企业与中小企业协同发展不足。若能够对重点行业和关键领域中的企业给予支持，促进其通过联合、重组等多种方式形成具有核心竞争力、可持续发展能力强的大型企业集团，就能够推进龙头企业与中小企业协同发展，实现产业链的整合。

第三，土地、资金、劳动力、信息、技术等要素流动不畅通依旧是制约产业转型升级的主要因素。一方面，发展规划、资金短缺、融资困难、环保问题等对传统产业转型升级的制约十分突出。另一方面，政策有待进一步加强，服务发展环境等有待进一步优化。虽然省内出台了一些优惠政策，但吸引和激励作用不够，一些部门服务意识不强，导致传统产业转型升级进展不快。

3. 传统产业广而不强，产业亟须融合发展

第一，现代服务业发展水平低，不利于传统产业服务化发展。现代服务业的发展水平已经成为评价一国国际竞争力的重要指标。制造业服务化有助于促进传统制造业延伸产业链，从单一产品的提供者转变为集成服务的提供

---

① 《甘肃省省属企业经济运行平稳前十一月工业总产值预计超两千亿元》，每日甘肃，2019 年 12 月 3 日。

者，从而实现产品附加值的提升。然而，甘肃省现代服务业发展水平低，传统产业没有很好地与服务业实现融合，多数产业处于以生产制造为主体的模式中，产业链条一直处在中低端。

第二，传统产业与互联网大数据仍需深度融合。传统产业信息化发展可以不断提升产品的技术含量，极大地提高资源配置效率，从而逐步降低资源消耗，减轻经济发展带给环境的压力，实现产业向资源节约、环境友好的生产体系转型。但是，要实现传统企业向互联网转型，将互联网深入实体经济内部是非常艰难的。提升运营效率只是实现传统企业与互联网融合发展的第一步，更重要的是建立一种新的经营形态，将创新意识和互联网精神与传统产业深度融合。

第三，传统产业绿色发展面临诸多挑战。一是绿色转型落实难。绿色发展在落实过程中会面临很多具体的问题，主要是如何平衡经济发展与人口、资源及环境之间的矛盾。甘肃省原本经济规模就小，环境脆弱，传统产业绿色化转型矛盾突出、困难重重。二是绿色发展对技术、资金、知识水平要求高。工业体系绿色化建设、新能源的开发利用、助力企业充分融入绿色发展等都需要持续投入大量的资金、技术和人才，这些对于社会经济发展水平较低的地区来说都是极大的挑战。三是现有绿色产业受资源、政策影响大，存在市场定位不准的问题。有些产业扎堆搞，缺乏对相关产业发展的评估、研究和预测，造成产能过剩。比如风能、太阳能等，经济价值没实现，反而造成资源浪费和环境破坏。

三 推进传统产业与绿色产业
融合发展的对策建议

（一）全面推进传统工业体系绿色化转型

第一，大力推进绿色制造体系建设。一是严格要求重点行业在低碳和绿色制造等方面对标达标，持续推进重点行业领域减污降碳行动。二是聚焦钢铁、有色、化工、轻工、建材、装备制造等行业，选择一批发展基础好、动力足的企业创建绿色工厂，开展绿色产品和绿色供应链试点建设，在此基础上打造绿色示范园区。

第二，推动节能环保产业高质量发展。一是加快推进钢铁、石化、有色金属等重化工企业与节能环保产业融合发展，实现节能环保技术装备的改造升级。二是促进产学研相结合，集成企业、高等院校和科研院所等资源优势共同开发产业技术创新机制，高标准推动大气、水、土壤等污染防治以及循环利用等节能环保技术装备的研发和制造，不断提供绿色发展新动能。三是依托国家绿色发展、"一带一路"建设、黄河流域生态保护和高质量发展等重大战略契机，围绕节能环保产业打造新经济增长点，不断提升节能环保产业的辐射力。

（二）加快推进农业现代化建设

第一，加快发展特色优势产业。实施高标准、集群化、产业链发展模式，做大做强"牛羊菜果薯药"六大特色产业；全力打造中医药产品生产加工基地，推动中医中药产业高质量发展。

第二，加快发展戈壁生态农业。一是普及现代化设施农业，不断完善戈壁农业育苗、生产、仓储、物流、销售网络体系；二是依托向西开放、南向通道建设等政策优势，发挥自身通道及农产品优势，不断开拓戈壁农业在国内外的市场前景。

第三，促进农业农村生态功能产业化发展。一是依托自身优势和已有条件，积极探索农业与新业态融合发展路径，推进农业与旅游、教育、文化、医药、健康养老等产业深度融合，促进农业生产全环节升级、全链条升值。二是积极推进农业示范区（园）建设，开展国家级田园综合体建设，不断完善现代农业发展格局。

（三）深度促进文化旅游产业融合发展

第一，立足资源优势，深挖文化内涵。以华夏文明传承创新区建设为统揽，立足敦煌文化、先秦文化、丝路文化、始祖文化、民族民俗文化、红色文化等文化资源优势，不断深挖文化内涵，推动文化产业与旅游业深度融合发展。

第二，创新发展模式，培育文化旅游品牌。2018年，甘肃全面打响"交响丝路·如意甘肃"品牌，文化旅游产业增势强劲，接待国内外游客突破3亿人次，旅游综合收入突破2000亿元，分别增长26%和30%以上。[①] 敦煌文博会和敦煌行旅游节已成为推动丝路沿线国家文化交流、开发合作的桥梁纽带，[②] 临夏"八坊十三巷"文旅新地标以及张掖创建"双创"示范城市的做法示范效应突出，值得推广复制。未来，要积极探索"文旅+"模式，全面推动文化旅游与乡村振兴、城镇化等方面深度融合发展，完善、提升文旅品牌，大力推广可持续发展的文旅创新模式。

（四）促进信息技术在全产业链的深度融合

第一，推进信息技术与制造业深度融合。一是推动传统产业智能化发展。加快运用互联网、大数据、物联网等信息技术推动制造业向数字化、智能化的方向转型升级。2018年，中国铝业兰州分公司、大禹节水实施的智能制造项目入选国家试点示范项目名录[③]。二是推动制造业从生产型向服务型转变。选择发展优势突出、基础条件好的重点企业，实施智能化管理、服务等试点建设，推动制造业从生产型向服务型转变，不断拓展制造业发展空间。

第二，新发展格局下不断提升产业链、供应链现代化水平。一是优化区域产业链布局。立足自身产业发展优势，围绕兰州经济圈、河西产业走廊、兰西城市群等不断优化城市产业格局，促进先进制造业集群化发展。二是聚焦科技创新和数字经济，培育发展新兴产业链。2019年，甘肃省电子信息

---

① 《构建生态产业体系 推动绿色发展崛起》，《甘肃日报》2019年1月29日。
② 《第五届敦煌文博会和第十届丝绸之路国际旅游节将于24日开幕》，澎湃网，2021年9月15日。
③ 《甘肃：为西部生态筑屏障》，中国小康网，2018年3月14日。

产业实现主营业务收入 223.43 亿元，同比增长 12.97%，① 已经成为全省十大生态产业重点之一。今后要进一步加强与华为等企业的合作，围绕数据信息产业打造新的经济增长点。三是充分利用信息技术，发挥物流通道优势。加速推进互联网、大数据、人工智能与物流通道经济的融合发展，运用信息技术不断提高多式联运效益，完善跨境电商海外仓网络布局，进一步发挥中欧班列在国际物流中的重要战略通道作用。

---

① 《鲲鹏展翅　蓄势腾飞　甘肃数字经济正在崛起》，每日甘肃，2020 年 11 月 17 日。

B.13
甘肃国有控股上市公司发展分析与预测

常红军*

摘　要： 甘肃国有控股上市公司顺应我国资本市场发展潮流，在过去二十多年中发展较为迅速，综合实力不断增强，已成为甘肃经济发展中的重要力量。但甘肃国有控股上市公司也存在数量少、规模小、融资能力较弱、行业相对单一、科技创新不足、上市后备资源匮乏等诸多问题。认真研究甘肃国有控股上市公司发展思路和对策对加快国有经济占主要成分的甘肃经济发展具有重要的现实意义。甘肃应抓住我国资本市场当前快速发展机遇，进一步加大政府推动国有控股上市公司发展力度，把握我国稳妥推进混合所有制改革契机，加快甘肃国有控股上市公司并购整合，着力发展战略性新兴产业，注重提高甘肃国有控股上市公司科技创新能力，促进甘肃国有控股上市公司快速发展。

关键词： 甘肃经济　国有控股上市公司　资本市场

　　改革开放以来，随着我国资本市场的蓬勃发展，甘肃国有企业积极进军资本市场，甘肃国有控股上市公司一方面借助资本市场快速发展，另一方面也为甘肃资本市场发展做出了重要贡献。当前，我国正在积极推动国有企业改革三年行动，增强国有企业活力，提高国有资本效率，做强做优做大国有经济。甘肃国有控股上市公司作为甘肃经济发展的重要组成部分，认真研究

---

* 常红军，甘肃省社会科学院区域经济研究所副研究员，研究方向为金融证券、区域经济学。

甘肃国有控股上市公司发展现状，深度剖析甘肃国有控股上市公司目前存在的问题，提出能够切实加快甘肃国有控股上市公司发展的对策建议，对推动甘肃经济持续健康发展将会产生积极作用。本研究主要基于甘肃在上海证券交易所和深圳证券交易所上市的 A 股上市公司。

一 甘肃国有控股上市公司发展现状分析

（一）甘肃省国有控股上市公司发展现状

目前，甘肃省 A 股上市公司共有 34 家，其中有 16 家是国有控股上市公司，如表 1 所示。

表 1 甘肃省国有控股上市公司

序号	公司名称	股票代码	股票简称	证券类别	控股股东	注册地址
1	甘肃靖远煤电股份有限公司	000552	靖远煤电	深交所主板A股	甘肃省人民政府国有资产监督管理委员会	白银市
2	甘肃工程咨询集团股份有限公司	000779	甘咨询	深交所主板A股	甘肃省人民政府国有资产监督管理委员会	兰州市
3	甘肃电投能源发展股份有限公司	000791	甘肃电投	深交所主板A股	甘肃省人民政府国有资产监督管理委员会	兰州市
4	甘肃陇神戎发药业股份有限公司	300534	陇神戎发	深交所创业板A股	甘肃省人民政府国有资产监督管理委员会	兰州市
5	甘肃亚盛实业（集团）股份有限公司	600108	亚盛集团	上交所主板A股	甘肃省人民政府国有资产监督管理委员会	兰州市
6	甘肃酒钢集团宏兴钢铁股份有限公司	600307	酒钢宏兴	上交所主板A股	甘肃省人民政府国有资产监督管理委员会	酒泉市
7	甘肃省敦煌种业集团股份有限公司	600354	敦煌种业	上交所主板A股	酒泉市行政事业单位国有资产管理局	酒泉市
8	甘肃莫高实业发展股份有限公司	600543	莫高股份	上交所主板A股	甘肃省人民政府国有资产监督管理委员会	兰州市
9	甘肃祁连山水泥集团股份有限公司	600720	祁连山	上交所主板A股	中国建材集团有限公司	兰州市

序号	公司名称	股票代码	股票简称	证券类别	控股股东	注册地址
10	甘肃蓝科石化高新装备股份有限公司	601798	蓝科高新	上交所主板A股	中国机械工业集团有限公司	兰州市
11	兰州佛慈制药股份有限公司	002644	佛慈制药	深交所中小板A股	兰州市政府国有资产监督管理委员会	兰州市
12	兰州庄园牧场股份有限公司	002910	庄园牧场	深交所中小板A股	甘肃省人民政府国有资产监督管理委员会	兰州市
13	兰州长城电工股份有限公司	600192	长城电工	上交所主板A股	甘肃省人民政府国有资产监督管理委员会	兰州市
14	兰州兰石重型装备股份有限公司	603169	兰石重装	上交所主板A股	甘肃省人民政府国有资产监督管理委员会	兰州市
15	白银有色集团股份有限公司	601212	白银有色	上交所主板A股	甘肃省人民政府国有资产监督管理委员会	白银市
16	读者出版传媒股份有限公司	603999	读者传媒	上交所主板A股	甘肃省人民政府	兰州市

（二）甘肃省国有控股上市公司综合实力不断增强

甘肃国有控股上市公司经过 20 多年的发展，数量、规模、效益等都取得了长足进步，涉足行业也更加丰富，在甘肃经济发展中有着重要的地位，在增强经济活力、调整产业结构、扩大社会就业等方面发挥着积极的作用，对甘肃经济社会发展做出了突出贡献。2018～2020 年，甘肃国有控股上市公司营业收入和盈利能力呈现良好态势（见表2）。

表2　2018～2020 年甘肃国有控股上市公司经营情况

序号	公司名称	营业收入（亿元）			归属于母公司股东的净利润（万元）		
		2020 年	2019 年	2018 年	2020 年	2019 年	2018 年
1	甘肃靖远煤电股份有限公司	36.87	40.65	40.92	44540	52010	57350
2	甘肃工程咨询集团股份有限公司	24.81	21.38	21.15	30870	30260	23870
3	甘肃电投能源发展股份有限公司	22.65	22.68	23.06	51740	48520	50800

序号	公司名称	营业收入（亿元）			归属于母公司股东的净利润（万元）		
		2020 年	2019 年	2018 年	2020 年	2019 年	2018 年
4	兰州佛慈制药股份有限公司	6.681	6.288	5.446	11170	7467	7428
5	兰州庄园牧场股份有限公司	7.398	8.136	6.577	1045	5132	6353
6	甘肃陇神戎发药业股份有限公司	2.549	2.390	2.032	328.3	1536	1228
7	甘肃亚盛实业（集团）股份有限公司	31.32	28.39	25.08	-88340	7278	8260
8	兰州长城电工股份有限公司	20.65	19.17	17.84	-21440	1879	2011
9	甘肃酒钢集团宏兴钢铁股份有限公司	370.20	467.4	454.3	51890	124400	109900
10	甘肃省敦煌种业集团股份有限公司	9.542	11.84	7.675	2538	-21590	-26470
11	甘肃莫高实业发展股份有限公司	0.631	0.3278	1.330	-1727	-689.7	-305.2
12	甘肃祁连山水泥集团股份有限公司	78.12	69.31	57.75	154900	130700	68880
13	白银有色集团股份有限公司	330.00	132.1	614.2	18040	9937	19420
14	甘肃蓝科石化高新装备股份有限公司	11.80	10.79	8.043	1179	-4530	5554
15	兰州兰石重型装备股份有限公司	29.01	34.38	25.47	-26960	8871	-148200
16	读者出版传媒股份有限公司	10.84	9.719	7.607	7492	6255	4043
	合计	993.071	884.9508	1318.48	237265.3	407435.3	190121.8

（三）甘肃国有控股上市公司在资本市场地位越来越高

近年来，甘肃国有控股上市公司稳步发展，发展态势良好，在甘肃资本市场的地位也越来越高。2018～2020 年，甘肃国有控股上市公司营业收入和盈利能力在甘肃全部上市公司中的占比越来越高（见表3）。

表3 2018～2020年甘肃上市公司经营情况

序号	公司名称	营业收入（亿元）			归属于母公司股东的 净利润（万元）		
		2020年	2019年	2018年	2020年	2019年	2018年
1	甘肃国有控股上市公司合计	993.071	884.9508	1318.48	237265.3	407435.3	190121.8
2	甘肃非国有控股上市公司合计	418.495	1872.8605	12498.6328	230100.992	-368411.8	717326
3	甘肃上市公司合计	1411.566	2757.8113	13817.1128	467366.292	39023.5	907447.8
4	甘肃国有控股上市公司占比（%）	70.35	32.09	9.54	50.77	1044.08	20.95

（四）甘肃省国有控股上市公司在甘肃经济社会发展中发挥着重要作用

2018年、2019年和2020年甘肃国有控股上市公司实现利润分别占甘肃省规模以上企业利润的10.41%、19.55%和11.51%；分别占甘肃省规模以上国有及国有控股企业利润的16.72%、26.82%和16.07%（见表4）；通过分析数据可以看出，甘肃国有控股上市公司主要经营利润在全省规模以上工业企业经营利润中占有较大比重，发展质量明显优于全省企业平均水平，甘肃国有控股上市公司在全省的经济发展中发挥着重要的作用，具有重要地位。

表4 甘肃国有控股上市公司利润情况

项目	2020年	2019年	2018年
甘肃国有控股上市公司利润（亿元）	32.74	49.23	28.16
甘肃省规模以上工业企业利润（亿元）	284.30	251.80	270.40
甘肃省规模以上国有及国有控股工业企业利润（亿元）	203.70	183.50	168.40
占甘肃省规模以上工业企业利润比（%）	11.51	19.55	10.41
占甘肃省规模以上国有及国有控股工业企业利润比（%）	16.07	26.82	16.72

（五）甘肃省国有控股上市公司实际控制人情况

甘肃16家国有控股上市公司的实际控制人中，甘肃省人民政府控股1

家，为读者出版传媒股份有限公司；甘肃省人民政府国有资产监督管理委员会控股 11 家，分别为甘肃靖远煤电股份有限公司、甘肃工程咨询集团股份有限公司、甘肃电投能源发展股份有限公司、甘肃陇神戎发药业股份有限公司、甘肃亚盛实业（集团）股份有限公司、甘肃莫高实业发展股份有限公司、甘肃酒钢集团宏兴钢铁股份有限公司、兰州庄园牧场股份有限公司、兰州长城电工股份有限公司、兰州兰石重型装备股份有限公司、白银有色集团股份有限公司；兰州市政府国有资产监督管理委员会控股 1 家，为兰州佛慈制药股份有限公司；酒泉市行政事业单位国有资产管理局控股 1 家，为甘肃省敦煌种业集团股份有限公司；中国建材集团有限公司控股 1 家，为甘肃祁连山水泥集团股份有限公司；中国机械工业集团有限公司控股 1 家，为甘肃蓝科石化高新装备股份有限公司。

二　甘肃省国有控股上市公司发展中存在的主要问题

（一）甘肃省国有控股上市公司数量少、规模偏小

截至 2020 年底，在上海证券交易所和深圳证券交易所上市 A 股上市公司总数为 4287 家，其中，甘肃 A 股上市公司家数为 34，占全国 A 股上市公司总数的 0.793%，甘肃国有控股上市公司家数为 16，占全国 A 股上市公司总数的 0.373%，甘肃国有控股上市公司数量明显偏少；沪深两市总市值近 80 万亿元，而甘肃国有控股上市公司总市值为 910.16 亿元，占比非常小，其中，市值超过 100 亿元的仅有甘肃酒钢集团宏兴钢铁股份有限公司、甘肃祁连山水泥集团股份有限公司和白银有色集团股份有限公司 3 家，分别为 103.34 亿元、100.14 亿元和 219.19 亿元（见表 5）。甘肃国有控股上市公司规模较小，缺乏在全国有影响力的大型蓝筹公司，说明甘肃国有经济对证券市场的利用程度还相当低。

表5　2020年甘肃省国有控股上市公司规模

序号	公司名称	总股本 （亿元）	收盘价 （元）	市值 （亿元）
1	甘肃靖远煤电股份有限公司	22.87	3.01	68.84
2	甘肃工程咨询集团股份有限公司	3.803	9.33	35.48
3	甘肃电投能源发展股份有限公司	13.6	4.33	58.89
4	兰州佛慈制药股份有限公司	5.107	6.96	35.54
5	兰州庄园牧场股份有限公司	2.324	9.24	21.47
6	甘肃陇神戎发药业股份有限公司	3.033	5.79	17.56
7	甘肃亚盛实业（集团）股份有限公司	19.47	3.70	72.04
8	兰州长城电工股份有限公司	4.417	5.21	23.01
9	甘肃酒钢集团宏兴钢铁股份有限公司	62.63	1.65	103.34
10	甘肃省敦煌种业集团股份有限公司	5.278	4.36	23.01
11	甘肃莫高实业发展股份有限公司	3.211	9.51	30.54
12	甘肃祁连山水泥集团股份有限公司	7.763	12.90	100.14
13	白银有色集团股份有限公司	74.05	2.96	219.19
14	甘肃蓝科石化高新装备股份有限公司	3.545	5.82	20.63
15	兰州兰石重型装备股份有限公司	10.52	4.65	48.92
16	读者出版传媒股份有限公司	5.760	5.48	31.56
合　计		247.381	—	910.16

（二）甘肃省国有控股上市公司融资能力弱

近年来，受益于科创板推出和创业板注册制改革，我国资本市场进入快速发展阶段，2018～2020年三年间共有700家企业实现了首次公开发行股票并上市，募资总额8551.47亿元。其中，科创板自2019年7月开板以来，2019年科创板IPO数量70家，募资总额824.27亿元，2020年科创板IPO数量145家，募资总额2226亿元。在此期间，甘肃国有控股公司无一家实现首次公开发行股票并上市，从上述数据可以看出，甘肃国有控股上市公司融资能力薄弱。

（三）甘肃国有控股上市公司营利能力较弱

2020年，全国4287家上市公司合计实现营业收入51.76万亿元，平均

120.73 亿元；净利润 3.99 万亿元，平均 9.31 亿元。甘肃 16 家国有控股上市公司合计实现营业收入 993.07 亿元，平均 62.06 亿元，其中营业收入过百亿元的仅有甘肃酒钢集团宏兴钢铁股份有限公司和白银有色集团股份有限公司 2 家，分别为 370.20 亿元和 330.00 亿元；合计实现净利润 23.73 亿元，平均 1.48 亿元（见表 6），其中有 4 家公司亏损。通过 2020 年甘肃国有控股上市公司营利能力与全国上市公司营利能力比较，甘肃国有控股上市公司在平均营业收入、净利润方面均显著低于全国平均水平，甘肃国有控股上市公司的营利能力较低，亟待进一步提高。

表6　2020年甘肃国有控股上市公司营利情况

单位：亿元，%

项目	平均营业收入	平均净利润
甘肃国有控股上市公司	62.06	1.48
全国	120.73	9.31
占比	51.40	15.90

（四）甘肃省国有控股上市公司行业种类较少，且传统行业公司居多，缺乏科技竞争能力

根据中国证券业监督管理委员会 2012 年修订的《上市公司行业分类指引》，目前，甘肃国有控股上市公司中 A 门类农、林、牧、渔业中农业有 2 家，分别是甘肃亚盛实业（集团）股份有限公司和甘肃省敦煌种业集团股份有限公司；B 门类采矿业中煤炭开采和洗选业有 1 家甘肃靖远煤电股份有限公司；C 门类制造业中食品制造业 1 家兰州庄园牧场股份有限公司，酒、饮料和精制茶制造业 1 家甘肃莫高实业发展股份有限公司，医药制造业 2 家兰州佛慈制药股份有限公司和甘肃陇神戎发药业股份有限公司，非金属矿物制品业 1 家甘肃祁连山水泥集团股份有限公司，黑色金属冶炼及压延加工业 1 家甘肃酒钢集团宏兴钢铁股份有限公司，有色金属冶炼及压延加工业 1 家白银有色集团股份有限公司，专用设备制造业 2 家甘肃蓝科石化高新装备股

份有限公司和兰州兰石重型装备股份有限公司，电气机械及器材制造业 1 家兰州长城电工股份有限公司，D 门类电力、热力、燃气及水的生产和供应业中电力、热力生产和供应业 1 家甘肃电投能源发展股份有限公司，M 门类科学研究和技术服务业中专业技术服务业 1 家甘肃工程咨询集团股份有限公司，R 门类文化、体育和娱乐业中新闻和出版业 1 家读者出版传媒股份有限公司。19 个行业门类中甘肃国有控股上市公司仅有 6 个门类中有，90 个行业大类中只有 13 个（见表 7）。现有甘肃国有控股上市公司大多集中于农业、采矿业和制造业，行业细分中也大多居传统行业，行业较为单一，战略性新兴产业和新兴行业基本属于空白，反映出甘肃国有控股企业发展的局限性和滞后性，缺乏科技竞争力和市场竞争力。

表 7　2020 年甘肃省国有控股上市公司行业

序号	门类名称及代码	行业大类名称及代码	公司名称
1	农、林、牧、渔业（A）	农业（01）	甘肃亚盛实业（集团）股份有限公司
2			甘肃省敦煌种业集团股份有限公司
3	采矿业（B）	煤炭开采和洗选业（06）	甘肃靖远煤电股份有限公司
4	制造业（C）	食品制造业（14）	兰州庄园牧场股份有限公司
5		酒、饮料和精制茶制造业（15）	甘肃莫高实业发展股份有限公司
6		医药制造业（27）	兰州佛慈制药股份有限公司
7			甘肃陇神戎发药业股份有限公司
8		非金属矿物制品业（30）	甘肃祁连山水泥集团股份有限公司
9		黑色金属冶炼及压延加工业（31）	甘肃酒钢集团宏兴钢铁股份有限公司
10		有色金属冶炼及压延加工业（32）	白银有色集团股份有限公司
11		专用设备制造业（35）	甘肃蓝科石化高新装备股份有限公司
12			兰州兰石重型装备股份有限公司
13		电气机械及器材制造业（38）	兰州长城电工股份有限公司

序号	门类名称及代码	行业大类名称及代码	公司名称
14	电力、热力、燃气及水的生产和供应业（D）	电力、热力生产和供应业（44）	甘肃电投能源发展股份有限公司
15	科学研究和技术服务业（M）	专业技术服务业（74）	甘肃工程咨询集团股份有限公司
16	文化、体育和娱乐业（R）	新闻和出版业（85）	读者出版传媒股份有限公司

（五）甘肃国有控股上市公司后备资源缺乏

截至 2020 年 12 月末，在甘肃证监局登记备案进行辅导的拟上市国有控股公司仅有华龙证券股份有限公司和甘肃银行股份有限公司。一方面，甘肃国有控股上市公司后备资源较少；另一方面，甘肃拟上市公司与经济发达省份同类型公司相比，无论规模还是盈利能力，都不具备竞争力。

三 促进国有控股上市公司发展对甘肃经济发展的作用和意义

（一）能够进一步增强甘肃经济实力

我国现行的股票发行上市政策和制度，鼓励和支持发展态势良好、业绩优秀的企业进入资本市场，上市公司是企业的优秀典型代表。积极发展国有控股上市公司，通过资本市场的资源配置功能，引导社会资金、人力、管理、技术等优质资源流向甘肃国有经济领域，借助上市公司平台实现优质社会资源高效配置与要素集聚，对推动甘肃科技创新和经济结构调整都有着积极的作用，能够进一步加快甘肃经济发展，增强甘肃经济实力。

（二）甘肃国有经济发展的必然要求

在我国以公有制经济为主体的基本经济制度下，占据主导地位的国有企业和国有控股企业是推动我国经济发展的主要力量，是中国特色社会主义的重要物质基础；同时，我国是工人阶级领导的以工农联盟为基础的人民民主专政的社会主义国家，国有企业和国有控股企业是我国重要的政治基础，在中国共产党执政兴国上发挥着极为重要的作用，是中国共产党领导全国人民奋勇前进的重要支柱和依靠力量。对于国有经济占主要成分的甘肃，促进国有控股上市公司发展一是能够强化甘肃国有企业的市场主体地位，充分发挥国有经济社会主义制度的"重要支柱"和社会主义市场经济的"根基"作用；二是能够积极稳妥推进甘肃混合所有制改革，国有控股上市公司是实现混合所有制改革的主要方式之一；三是能够进一步优化甘肃国有企业经营机制，激发国有企业活力，提高国有资本经营绩效；四是推动甘肃国有企业公平参与市场竞争，营造公开、公平、公正的市场环境。

（三）深入推进甘肃国企改革工作

2020年6月30日，中央全面深化改革委员会召开的第十四次会议审议通过了《国企改革三年行动方案（2020－2022年）》，我国国有企业改革进入新的阶段，该行动方案提出了推动国有企业高质量发展和提升国有资本配置效率新的要求和目标。促进甘肃国有控股上市公司发展对贯彻党和国家国企改革方针、增强国有资本实力和控制力、加快甘肃经济发展有着积极的作用。

（四）甘肃国企良性发展有着积极作用

甘肃国有控股上市公司发展应紧紧围绕服务国家战略，落实国家产业政策和重点产业布局调整总体要求加快发展。促进甘肃国有控股上市公司发展，能够进一步优化甘肃国有资本重点投资方向和领域，引导和推动甘肃国有资本一是向关系到甘肃国民经济发展的重要行业、民生项目和重点基础设施发展，二是向有利于甘肃经济高质量发展的前瞻性战略性产业发展，三是向能够带动甘肃区域经济快速发展的具有核心竞争力的优势国有企业发展。

（五）有利于进一步提高甘肃国有控股上市公司质量

2020 年 10 月，国务院发布了《关于进一步提高上市公司质量的意见》（国发〔2020〕14 号），对上市公司可持续发展能力和整体质量的要求进一步提高。2021 年 7 月 21 日甘肃省人民政府印发了《关于进一步提高上市公司质量的实施意见》（甘政发〔2021〕56 号）。面对资本市场准入和存续的高标准要求，积极发展国有控股上市公司，对进一步提高甘肃国有控股上市公司质量有着积极的作用。

四 促进甘肃国有控股上市公司发展的对策和建议

甘肃省委省政府长期以来十分重视甘肃国有控股上市公司的发展，出台了多项政策措施推动国有控股上市公司发展。加快甘肃国有控股上市公司发展必须紧紧围绕做好全省经济发展工作，按照省委省政府工作部署要求，坚持走高质量发展道路，做大做强国有经济，为推进甘肃经济发展发挥重要作用。

（一）抓住资本市场快速发展机遇，促进甘肃国有控股上市公司发展

随着科创板的成功推出、注册制的有序推进和北京证券交易所的设立，我国资本市场进入前所未有的高速发展期。甘肃省应积极抓住这一历史机遇，加快促进甘肃国有控股上市公司发展。

（二）政府主导推进甘肃国有控股上市公司首次公开发行股票工作

一是力争兰州银行首次发行股票早日发行。2021 年 9 月 10 日，中国证监会第十八届发审委 2021 年第 96 次会议审核结果公告显示兰州银行首发获得通过，计划发行不超过 12.9 亿股 A 股。二是加快拟上市甘肃国有控股企业上市工作。截至目前，华龙证券股份有限公司、甘肃银行股份有限公司等甘肃国有控股企业积极谋求上市，目前处于上市辅导期，甘肃省政府及相关部门应加大力

度，研究分析上市存在的问题，消除障碍，加快上市工作。三是积极挖掘培育国有控股公司首次公开发行股票资源，制定企业上市培育规划和相关优惠政策，做好上市知识普及培训等，积极推动省内国有企业上市。

（三）发展战略性新兴产业推动甘肃国有控股上市公司发展

一方面，近年来我国积极推进发展战略性新兴产业；另一方面，战略性新兴产业更受资本市场青睐。从近几年IPO募集资金的前十大行业看，半导体芯片、集成电路、生物医药、电子设备、医疗器械等战略性新兴产业更受资本市场青睐。2020年，制造业、医疗健康、IT及信息化类公司IPO募资位居前三，合计占据各行业募资总额的49%。因此，甘肃省应结合十大生态产业发展规划，加快国有资本在战略性新兴产业的布局和发展，以推动甘肃国有控股上市公司发展。

（四）推动甘肃国有控股上市公司战略性并购产业整合

推动甘肃国有控股上市公司战略性并购产业整合应从甘肃实际出发，省市政府及国有资产监督管理部门统筹规划，国有控股上市公司发挥积极主动性，以优化国有经济布局、加快产业结构调整、提升国有资本和国有控股上市公司实力和竞争力为目标，发挥资本市场作用。一是发挥现有甘肃国有控股上市公司平台作用，通过定向增发、收购等方式将省内优质资产注入甘肃国有控股上市公司，在使更多甘肃资产证券化的同时，增强国有控股上市公司的规模和实力。二是通过国资收购并取得上市公司控制权，进一步优化国有资本布局。2021年，甘肃农垦集团并购庄园牧场是甘肃国资收购并取得上市公司控制权的成功案例。

（五）结合混合所有制改革推进甘肃国有控股上市公司发展

积极稳妥推进国有企业混合所有制改革是国企改革三年行动的重点任务之一，企业上市能够实现企业产权多元化，上市公司是混合所有制改革的主要载体。一是甘肃省应稳妥推进国有控股上市公司依托资本市场开展混合所有制改革，加快转换市场化经营机制，提高上市公司质量。二是甘肃国有企业通过推进混合所有制改革，激发提高国有企业质量的内生动力，积极谋求上市。

（六）着力提高甘肃国有控股上市公司科技创新能力

随着科学技术的快速发展，科技在提高企业盈利能力、产品市场竞争力等方面的作用越来越大，科技成为企业的核心竞争力。当前甘肃国有控股上市公司普遍存在科技含量不高、产品附加值低、竞争力不强的问题。因此，甘肃国有控股上市公司一是应该结合实际情况，重视科技创新，加大科技投入，提高自主创新能力，力所能及，有所担当，加强"卡脖子"关键技术攻关，体现国有资本的作用和能力；二是要紧紧抓住全球数字经济发展机遇，树立运用数字经济提升企业发展质量观念，积极推进数字技术在生产经营管理中的应用，将数字经济与开发新技术、新产品、新业态、新模式紧密结合；三是通过与科技研发机构合作等多种形式大力推动科技创新，提高产品技术附加值，提高企业收益，增强企业竞争力。

参考文献

中国证券监督管理委员会网站，http：//www. csrc. gov. cn/pub/newsite/。

中国证券监督管理委员会－甘肃局网站，http：//www. csrc. gov. cn/pub/gansu。

上海证券交易所网站，http：//www. sse. com. cn/。

深圳证券交易所网站，http：//www. szse. cn/。

甘肃政务服务网站，http：//www. gansu. gov. cn/。

国家统计局网站，http：//http：//www. stats. gov. cn/。

甘肃省统计局网站，http：//www. gstj. gov. cn/。

东方财富网，http：//www. eastmoney. com/。

B.14
甘肃混合所有制改革研究

常红军*

摘　要： 中共中央十八届三中全会通过的《中共中央关于全面深化改革若干重大问题的决定》中，第一次明确提出混合所有制经济是我国基本经济制度的重要实现形式。甘肃省积极响应中央号召全方位开展混合所有制改革，经过全省上下共同努力，甘肃混合所有制改革取得了显著成果，但也存在影响甘肃混合所有制改革的诸多问题。结合甘肃实际，认真研究甘肃混合所有制改革现状，提出切实推进甘肃混合所有制改革的对策和建议，对国有经济占主导地位的甘肃省经济发展具有重要的现实意义。

关键词： 甘肃　混合所有制改革　国有企业

改革开放以来，甘肃省因地制宜积极发展经济，经济增长成效显著。近年来，国家西部大开发战略和"一带一路"倡议实施的政策叠加效应，给甘肃带来了良好的大发展机遇。混合所有制改革是甘肃经济发展的又一次政策机遇，认真研究甘肃混合所有制改革发展现状及存在的问题，提出有力可行的加快甘肃混合所有制改革的对策和建议，对加快甘肃省经济社会发展十分必要。

---

* 常红军，甘肃省社会科学院区域经济研究所副研究员，主要研究方向为金融证券、区域经济学。

一　混合所有制改革

（一）混合所有制经济发展历程

1993 年，中共中央十四届三中全会审议通过了《中共中央关于建立社会主义市场经济体制若干问题的决定》，指出"坚持以公有制为主体、多种经济成分共同发展的方针。在积极促进国有经济和集体经济发展的同时，鼓励个体、私营、外资经济发展，并依法加强管理。随着产权的流动和重组，财产混合所有的经济单位越来越多，将会形成新的财产所有结构"，最早正式提出"混合所有"的概念。

1997 年，党的十五大正式提出了关于"混合所有制经济"的表述，"公有制经济不仅包括国有经济和集体经济，还包括混合所有制经济中的国有成分和集体成分"。

2003 年，中共中央十六届三中全会审议通过的《中共中央关于完善社会主义市场经济体制若干问题的决定》第一次明确界定了"混合所有制经济"的概念。"要适应经济市场化不断发展的趋势，进一步增强公有制经济的活力，大力发展国有资本、集体资本和非公有资本等参股的混合所有制经济，实现投资主体多元化，使股份制成为公有制的主要实现形式"。

2013 年，党的十八届三中全会通过的《中共中央关于全面深化改革若干重大问题的决定》第一次明确提出："国有资本、集体资本、非公有资本等交叉持股、相互融合的混合所有制经济，是基本经济制度的重要实现形式。"

2015 年 8 月，中共中央、国务院印发的《关于深化国有企业改革的指导意见》指出，"以促进国有企业转换经营机制，放大国有资本功能，提高国有资本配置和运行效率，实现各种所有制资本取长补短、相互促进、共同发展为目标，稳妥推动国有企业发展混合所有制经济"。

2017 年 10 月，党的十九大再次强调，"深化国有企业改革，发展混合所有制经济", 提出通过混合所有制改革, 增强国有经济实力, 努力把国有企业培育成具有竞争力的世界一流企业。

2020年5月28日, 十三届全国人大三次会议表决通过了关于政府工作报告的决议。2020年国务院政府工作报告提出"提升国资国企改革成效。实施国企改革三年行动"。

（二）混合所有制的概念和范畴

根据2003年党的十六届三中全会通过的《中共中央关于完善社会主义市场经济体制若干问题的决定》和2013年党的十八届三中全会通过的《中共中央关于全面深化改革若干重大问题的决定》中关于混合所有制经济的相关表述和界定, 混合所有制经济是在同一公司制企业中, 国有资本、集体资本和非公有资本等超过两种不同资本共同持股、相互融合的所有制经济形式, 是公有制的主要实现形式。

（三）混合所有制改革的概念和范畴

混合所有制改革是通过新设、重组等方式, 使国有资本、集体资本和非公有资本等不同资本共同持有一家公司股权的经济行为。混合所有制改革一般通过两种方式实现, 一种是不同资本以货币出资, 或以实物、股权、土地使用权等《公司法》等法律法规允许的方式出资新设公司, 另一种是存续公司通过其他资本投资主体增资入股、股权转让、认购可转债、股权置换等多种方式, 使原本单一所有制企业资本多元化, 实现混合所有制。需要说明的是, 当前我国积极推行的混合所有制改革, 主要是指国有企业或国有控股企业资本多元化。

（四）发展混合所有制经济的理论基础

随着我国改革开放的深入, 1997年召开的党的十五大确立了"公有制为主体, 多种所有制经济共同发展, 是我国社会主义初级阶段的基本经济制度"。这是我国传统公有制理论的重大突破和修正, 对我国经济改革开放具有重大实践指导意义。2013 年，党的十八届三中全会基于全面深化改革的新历史方位，针对所有制改革，在混合所有制理论方面有了突破和发展，提出"国有资本、集体资本、非公有资本等交叉持股、相互融合的混合所有制经济，是基本经济制度的重要实现形式"。[①]

二 甘肃混合所有制改革现状分析

党的十八届三中全会以来，甘肃省各级政府和国有企业积极响应党和国家推进混合所有制改革要求，根据实际情况，制定相关政策，积极探索推进甘肃混合所有制改革，取得了一定成效，甘肃混合所有制改革状况总体较好。

（一）甘肃省委省政府积极推动落实混合所有制改革

2016 年 9 月，《中共甘肃省委甘肃省人民政府关于深化国有企业改革的实施意见》（甘发〔2016〕3 号）印发，要求坚持和完善基本经济制度，要求甘肃国有企业进行混合所有制改革要坚持正确方向；同月，甘肃省政府印发了《甘肃省人民政府关于国有企业发展混合所有制经济的实施意见》（甘政发〔2016〕78 号）。甘肃省政府国有资产监督管理委员会于 2020 年 4 月印发了《甘肃省省属企业混合所有制改革操作指引细则》（甘国资发资本〔2020〕96 号），对甘肃省属国有企业混合所有制改革工作进行了进一步规范，以保障甘肃混合所有制经济能够稳妥有序健康发展，明确规定甘肃国有企业混合所有制改革必须按照开展可行性研究、制定混合所有制改革方案、履行内部决策和审核程序、组织财务审计资产评估、公开挂牌寻找战略投资者、推动建立市场化经营机制六个环节组织落实，为甘肃省属国企混合所有制改革提供了政策和制度规范。

---

① 《中共中央关于全面深化改革若干重大问题的决定》，http：//www. lib. bnu. edu. cn/bnusites/ dzz/08xxyd/xxyd – con – pdf/025. pdf。

（二）甘肃省政府国有资产监督管理委员会建立完善混合所有制改革推进机制

甘肃省政府国有资产监督管理委员会在认真学习、深刻领会国家和甘肃混合所有制改革政策精神的基础上，依据相关法律法规制定了《甘肃省省属企业混合所有制改革工作推进方案》，明确了甘肃省属国企混合所有制改革的主要目标、基本要求、推进方式和实施路径、推进措施。按照"三因三宜三不"原则，"一企一策"积极稳妥深化甘肃省属国有企业混合所有制改革。一是建立《省属企业混合所有制改革工作任务台账》，根据甘肃省属国企梳理上报的混合所有制改革项目，明确责任分工和重点任务，分年度建立工作任务和项目台账，建档立卡，跟踪指导，高效推进。二是制定《省属企业混合所有制改革项目推介工作方案》，在甘肃省发展和改革委员会官方网站、甘肃省政府国有资产监督管理委员会官方网站、甘肃省属国企官方网站开设专栏，通过互联网媒体和产权交易机构，面向社会分两批公开推介了88个省属企业引进战略投资者项目。三是组建甘肃省属国企混合所有制改革工作专班，建立省委领导和业务处室包抓推进机制。混合所有制改革工作专班下设综合组、包抓组、考核组三个工作小组，分别负责统筹协调、包抓推进、考核评价相关工作。四是强化示范引进和经验交流。采取定期通报进展、交流做法、现场观摩等方式，以点带面，示范带动省属企业推动混合所有制改革。针对甘肃省属国企混合所有制改革工作中存在的短板弱项，邀请专家学者讲解混合所有制改革政策、案例，推广交流经验，2020年共邀请各类咨询机构举办了4次培训会，2021年举办了两次各类专题业务培训会。五是积极创新推进甘肃混合所有制改革。2019年12月4～5日，甘肃部分省属企业混合所有制改革区块链应用推进会在金昌市金川区召开。金川集团股份有限公司、甘肃省物产集团有限责任公司、酒泉钢铁（集团）有限责任公司、甘肃省建设投资（控股）集团有限公司、白银有色集团股份有限公司、甘肃能源化工投资集团有限公司、靖远煤业集团有限责任公司、窑街煤电集团有限公司、甘肃省电力投资集团有限责任公司等省属企业主要负责人分别作交流发言。2020年10月29日，甘肃省公路交通建设集团有限公司所属企业甘肃路桥建设集团有限公司在北京成功举办了专场混合所有制改革项目路演推介会，来自国改双百基金、国新资本、中信建投资本、第一创业证券等60多家资本投资公司参加了推介会。本次混合所有制改革引进战略投资者是甘肃省公路交通建设集团有限公司2020年国企改革的重要内容之一，是甘肃路桥建设集团有限公司第一次面向资本市场举办的大型国企混合所有制改革专项路演活动。

（三）甘肃混合所有制改革工作成效显著

一是深度转换混合所有制改革企业机制，巩固提升工作成效。加快推进已完成混合所有制改革的企业深度转换经营机制，优化调整混合所有制改革企业股权结构，282家实质性混合所有制改革企业中，非公股东占比小于33%的有110家；大于34%的有172家，占到实质性混合所有制改革企业家数的60.9%，其中占比大于50%的企业49家，占到实质性混合所有制改革企业家数的17.63%。积极引进非公有股东参与治理，282家实质性混合所有制改革企业中，非公股东共派出董事373人、监事196人，设立党组织169个，建立健全制衡多元的治理结构，截至2020年12月底，省属各级子公司中有769名经理层成员实行了任期制和契约化管理，占经理层成员的51%，市场化选聘职业经理人62名，按照约定严格考核、兑现薪酬，全面深化混合所有制企业制度改革，重点是推进人事制度改革和薪酬分配制度改革，推动建立市场化用工和薪酬分配工作。二是围绕改制上市和资本运作，推进资本布局优化和结构调整。党的十八大以来，推进完成了兰州兰石重型装备股份有限公司、甘肃陇神戎发药业股份有限公司和白银有色集团股份有限公司的首次发行股票并上市，直接融资17.06亿元；完成甘肃工程咨询集团重组上市，成为甘肃省第一家依托资本市场并购整体上市的企业集团，证券化资产从重组前的7亿元增加至35亿元，净增28亿元；完成华龙期货股份有限公司、华龙证券股份有限公司、金川科技股份有限公司、甘肃酒钢集团西部重工股份有限公司、甘肃省交通规划勘察设计院股份有限公司新三板挂牌，直接融资 112.67 亿元；加快推进甘肃药业投资集团有限公司、甘肃能源化工投资集团有限公司等企业集团主业资产证券化，推进甘肃省电力投资集团有限责任公司、兰州兰石集团有限公司、白银有色集团股份有限公司等具备条件企业资产重组、并购重组等 13 个资本运作项目，募集资金 165.55 亿元。截至 2020 年 12 月底，甘肃省属国有控股上市公司共 11 家，新三板挂牌企业 4 家，总市值 730.95 亿元，资产总额 1702.09 亿元。三是灵活开展多种方式的中长期激励。完成 1 家国有控股上市公司股权激励、2 家国有科技型企业股权激励、4 家国有控股混合所有制企业骨干员工持股试点，共参与激励人员 1079 人，其中，科研、技术和业务骨干人员 898 人，占比 83%，经营管理人员 181 人，占比 17%。完成省属企业中长期激励工作分析评估，启动了第二批 14 家国有控股混合所有制企业骨干员工持股试点工作，开展 3 家国有控股上市公司股权激励工作，对符合条件的国有科技型企业开展股权和分红激励等工作，对照国家政策，聚焦关键岗位核心人才，选择具备条件的企业，探索超额利润分享、项目跟投、岗位分红等以创造价值为导向的多种方式的激励机制。

自 2016 年以来，通过一系列措施，甘肃省属企业累计完成混合所有制改革企业 282 家，共引进各类投资者 559 家，引入各类社会资本 411.11 亿元，其中，央企 47 家，引入资本 101.27 亿元；地方国企 38 家，引入资本 39.76 亿元；民营企业 474 家，引入资本 270.08 亿元。截至 2020 年末，混合所有制改革企业资产总额 4948.54 亿元，同比增长 4.22%，占甘肃省属国企资产总额的 35%；国有权益 1783.78 亿元，同比增长 2.33%，占甘肃省属国企国有权益的 37%；实现营业收入 3804.46 亿元，同比增长 9.81%，占省属企业总收入的 64%；利润总额 65.39 亿元，同比增长 18.33%，占省属企业利润总额的 72%。

（四）甘肃省加强混合所有制改革研究评估及混合所有制改革推进

截至 2020 年 12 月底，33 家甘肃省属国企集团已全部完成混合所有改革分析评估。集团公司层面，15 家已完成混合所有制改革或实现股权多元化，14 家仍为国有独资公司，4 家为国有资本投资、运营公司（其中甘肃国投为股权多元化）；子公司层面，282 家已完成混合所有制改革，63 家正在推进。其中，15 家已完成混合所有制改革或实现股权多元化的企业集团，还需重点推进金川集团股份有限公司整体上市。14 家国有独资公司中，重点推进甘肃省长城建设集团总公司、甘肃文旅产业集团有限公司、甘肃省水利水电工程局、甘肃科技投资集团有限公司 4 家企业引入战略投资者实施混合所有制改革；靖远煤业集团有限责任公司、甘肃省农垦集团有限责任公司、兰州兰石集团有限公司 3 家企业核心主业已上市，重点通过上市公司深化混合所有制改革；公益类企业机场集团重点推进投资主体多元化；甘肃省公路航空旅游投资集团有限公司、甘肃省物产集团有限责任公司、甘肃省公路交通建设集团有限公司暂不具备混合所有制改革条件；甘肃新盛国资管理运营有限公司、甘肃省有色金属企业管理公司 2 家企业因承担专项任务，不具备混合所有制改革条件。4 家国有资本投资、运营公司试点企业，保持国有独资或全资。

（五）对目前甘肃混合所有制改革工作的回顾和总结

从已完成混合所有制改革和股权多元化的集团企业的具体实施情况来看，具有以下特点的企业集团更容易吸引战略投资者实施混合所有制改革。一是已整体上市或具备整体上市潜力的企业集团；二是新组建的产业集团，新组建的产业集团历史遗留问题少，没有产业包袱，企业轻装上阵更易于形成经营收益；三是资产规模相对较小、盈利能力相对较强的企业集团；四是属于新兴产业、高新技术产业领域，或具有新兴产业和高新技术产业特征，或产业未来发展潜力和空间较大的企业集团；五是主业集中且处于完全市场化竞争，行业地位高、影响力较大的企业集团。

（六）进一步加快推进省属国企深化混合所有制改革

一是加快推进甘肃省十大产业集团层面混合所有制改革。对确因条件不足尚未完成混合所有制改革的甘肃药业投资集团有限公司、甘肃文旅产业集团有限公司、甘肃科技投资集团有限公司等新组建的十大产业集团，按照组建方案要求，重点引入高匹配度、高认同感、高协同性的战略投资者，分步推进集团股权多元化和混合所有制改革。力争到2021年十大产业集团实现国有控股、混合所有制改革基金参股、其他行业优势企业战略持股的股权结构。二是重点推进国有资本投资运营公司出资企业混合所有制改革。甘肃省积极发挥国有资本投资运营公司平台优势，结合所出资企业实际，围绕主业，"一企一策"推动和深化混合所有制改革，转换经营机制，提升经营效益。选择5家拟混合所有制改革企业，通过国有资本投资运营公司拓展市场化引资渠道，争取在解决引资难的问题上取得突破，形成模式，通过实施示范工程，以点带面，厚积成势，推动混合所有制改革工作提升质量，取得实质成效。三是积极稳妥推进商业类国有企业混合所有制改革。对商业类传统优势产业集团，按照"强龙头补链条聚集群"要求，结合"三化"改造等工作，积极稳妥推进混合所有制改革，重点推进同行业企业兼并重组和内部资源整合重组，推动传统优势产业转型升级和高质量发展。四是积极推动改制上市，加强优化上市公司规范治理。处于完全竞争领域的优势企业、战略性新兴企业、科技型企业，重点推进核心主业整体上市，借助资产证券化有效提升核心竞争力和发展活力。加快华龙证券股份有限公司、金川集团股份有限公司首发申报工作，重点做好甘肃省交通规划勘察设计院股份有限公司、张掖丹霞文化旅游股份有限公司、甘肃路桥建设集团有限公司、天水长城果汁集团股份有限公司、兰州助剂厂有限责任公司、丝绸之路信息港股份有限公司、甘肃省建材科研设计院、甘肃酒钢集团西部重工股份有限公司等后备上市企业辅导培育，形成梯次上市格局。五是提升上市公司治理水平，对国有股占比超过50%的甘肃酒钢集团宏兴钢铁股份有限公司、甘肃电投能源发展股份有限公司、兰州兰石重型装备股份有限公司、甘肃工程咨询集团股份有限公司和金川集团国际资源有限公司，通过协议转让、定向增发、资产置换等方式，引入战略投资者参与公司治理。

三 甘肃混合所有制改革存在的问题

甘肃混合所有制改革自开展以来，政府和主管部门积极推进，国有企业努力探索，混合所有制改革取得了较好的成果。但从实际执行的效果来看，甘肃混合所有制改革的进展还不尽如人意，还存在诸多问题亟待解决。

（一）对混合所有制改革的思想认识不到位

一方面，国有企业的监管机构和管理者推进混合所有制改革的积极性不高，主要原因一是担心引入非公资本进行混合所有制改革后会影响和弱化自身原有对企业的掌控力，二是国有企业尤其是垄断行业的国有企业不愿放弃现有利益，三是担心造成国有资产流失，承担责任。另一方面，民营资本对混合所有制改革的积极性不高，担心混合所有制改革后由于国有资本强势而失去话语权和控制力，合法财产权益不能得到有效保护。

（二）甘肃省营商环境有待进一步优化

营商环境常年来一直是甘肃省经济发展的严重桎梏，近年来甘肃省十分重视营商环境治理和优化，2018 年 3 月甘肃省委省政府印发了《关于进一步支持非公有制经济发展的若干意见》，2018 年 9 月甘肃省人民政府办公厅印发了《甘肃省优化建设领域营商环境实施方案》，2019 年 2 月中共甘肃省委办公厅甘肃省人民政府办公厅印发了《关于促进中小微企业高质量发展的若干措施》，2019 年 3 月中共甘肃省委办公厅甘肃省人民政府办公厅印发了《关于构建亲清新型政商关系的意见》，采取一系列措施办法，不断优化服务发展的政策环境，取得了较好的效果。从效果来看，甘肃省营商环境优化更多的是机械的、形式的，各项政策措施的制定和落实，是被动的。切实优化营商环境，需要各级党政部门从思想上统一，优化营商环境、促进甘肃经济发展涉及甘肃省各个方面，涉及甘肃省的每一个人，要从自身利益出发，换位思考，积极营造、优化营商环境，打造良好的投资环境。

（三）现代企业制度作用较弱

甘肃省国有企业近年来严格按照国家国有资产经营管理相关政策法规，基本都建立健全了以"三会一层"为特征的现代法人治理结构，但是在实际运行中，受国有体制、行政体制尤其是国有企业领导人任用制度等因素的影响，国有企业"行政化"特征明显，国有企业领导人政治晋升激励效应明显，仍有部分国有企业在做经营决策时无法严格按照现代法人治理结构决策执行，企业领导人团队不能充分发挥作用，国有企业的特征和属性被弱化，这种新型的"所有者缺位"造成的"内部人控制"情形严重影响了国有企业的健康发展。

（四）甘肃省国有企业科技含量不高

甘肃省国有企业受历史原因影响，大多是冶金、化工、能源等传统行业企业。近年来，甘肃国有企业也在科技创新方面积极探索，如甘肃农垦控股企业莫高股份生物降解聚酯新材料项目、甘肃电投紫金云数据中心项目等，但从整体看，甘肃国有企业科技创新方面是个短板，基本没有现代科技企业和节能环保、信息、生物、高端装备制造、新能源、新材料、新能源汽车等战略性新兴产业企业，企业质量不高，竞争力不强。

（五）甘肃经济发展滞后，开放水平和层次偏低

地区对外开放水平和层次的高低在很大程度上取决于该地区经济发展程度。较小的经济体量（见图1）难以吸引到较大规模的外部投资，导致较低水平和层次的区域对外开放。长期以来，基于各种因素，特别是区域经济发展基础薄弱、经济发展方式转变过程缓慢等的制约，甘肃开放型经济规模较小，发展水平远远落后于沿海地区，整体对外开放程度低。

（六）非国有资本参与混合所有制改革的意愿不强

一是高质量战略投资者引进困难。甘肃省属国企产业结构单一，以重资

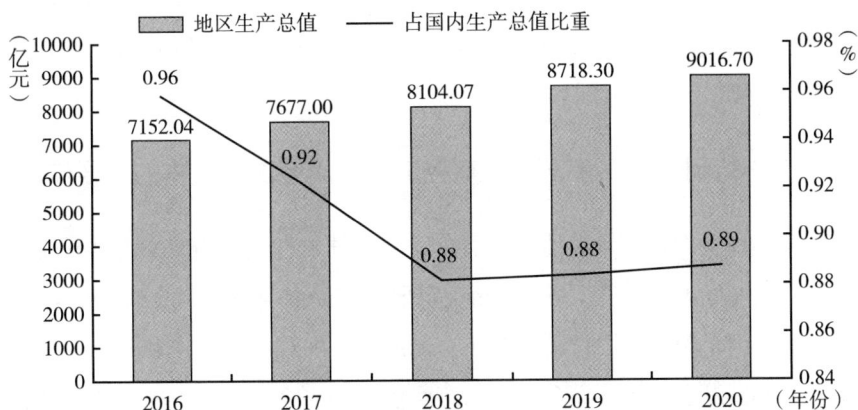

图1　2016～2020 年甘肃省地区生产总值及其占国内生产总值比重

资料来源：国家统计局官网。

产企业为主，资产体量较大，投资回报率低，战略性新兴产业处在起步培育阶段，民营资本特别是优质民营战略资本参与混合所有制改革的意愿不强、积极性不高。二是股权结构还需持续优化。部分混合所有制改革企业非公股东持股比例较低，无法按照股权比例派出董事和监事，不能有效参与公司治理，非公资本的话语权没有得到落实和保障，没有完全解决国有资本一股独大的局面，制衡有效的法人治理结构没有形成。

四　甘肃混合所有制改革的意义和作用

（一）甘肃省认真落实党和国家混合所有制改革方针政策

2015 年 8 月 24 日，党中央、国务院印发《关于深化国有企业改革的指导意见》，开启了国有企业混合所有制改革新篇章；2020 年 6 月 30 日，中央全面深化改革委员会第十四次会议审议通过了《国企改革三年行动方案（2020－2022 年）》等各项方案，对国有企业混合所有制改革进行了具体部署。积极稳妥推进混合所有制改革，促进各类所有制企业取长补短、共同发展是国企改革三年行动聚焦的重点任务之一，事关我国国有企业改革成效。甘肃省积极推进混合所有制改革是认真落实党和国家混合所有制改革方针政策的有力举措。

（二）有利于进一步发挥国有经济在甘肃经济发展中的重要作用

甘肃省作为西部欠发达地区，国有经济在甘肃省经济构成中占据着主要地位，国有企业发展对甘肃经济发展至关重要。借助混合所有制改革的政策机遇，因地制宜、因企制宜加快甘肃混合所有制改革，实现国有资本和非国有资本有机融合、共同发展，能够提升甘肃国有经济和国有企业质量，增强和壮大甘肃省经济实力，优化甘肃省经济结构和产业结构，加快甘肃经济发展。

（三）有利于促进甘肃深化改革扩大开放

改革开放以来甘肃省经济发展取得了显著成效，甘肃省也一直致力于深化改革、扩大开放。混合所有制改革在促进国有企业、国有经济发展的同时，对甘肃全省经济社会改革也有重要的推动促进作用。甘肃国有资本和省内外非国有资本的深度融合发展，也会使甘肃进一步对外开放落到实处。

五 加快甘肃混合所有制改革发展的对策建议

一方面，党的十八届三中全会以来，国家积极推动混合所有制改革，另一方面，长期以来，国有经济占主导地位的甘肃省经过改革开放以来的快速发展，也面临各种经济形式融合共同发展的迫切需求。认真研究甘肃混合所有制改革发展现状及存在的问题，提出有力可行的加快甘肃混合所有制改革的对策和建议，对加快甘肃省经济社会发展有重要意义。

（一）正确认识混合所有制改革的本质和目的

混合所有制改革实质上是市场化交易的经济行为，是国家积极倡导国有资本与非国有资本通过产权交易合作，取长补短，优势互补，共同发展，实现"双赢"或者"多赢"的经济行为，是国有资本开放，主动探寻与非国有资本合作的行为，是我国以公有制为主体、多种所有制经济共同发展的基本经济制度的主要内容和重要实现形式。国家推动混合所有制改革的目的，是着眼于我国经济长远健康发展，着眼于我国各种经济成分共同发展。一是推动甘肃混合所有制改革参与各方目标一致。甘肃省推动混合所有制改革，要使参与混合所有制改革的各方，无论是国有资本还是非国有资本在混合所有制改革完成后的企业经营战略和目标上达成一致，保障国有资本和非国有资本的共同利益，在企业经营中谋求能够满足参与混合所有制改革各方目标的发展方向。形成国有资本和非国有资本持股股东均能接受的企业经营战略和目标，是推进国有企业主导的混合所有制改革的重要环节和前提。二是甘肃混合所有制改革参与各方平等合作。混合所有制改革能够实现产权多元化，不同资本之间相互制衡监督，防止"一股独大"和"所有者缺位"，防止国有企业领导人追求政治晋升实施过度扩张，是国有企业从生产力改革向生产关系改革的根本性转变。

（二）整体系统推动甘肃混合所有制改革

甘肃混合所有制改革是一项涉及面广、复杂艰巨的系统性工作，做好甘肃混合所有制改革，一是各级政府和相关部门树立支持推进混合所有制改革新观念，探索和创新推动甘肃混合所有制改革的新思路新方法，积极主动落实各项推动混合所有制改革的优惠扶持政策，打造良好的混合所有制企业发展环境和氛围；二是深化改革行政审批制度和收费制度，规范政府行政行为，提高政府部门工作效率，更好地发挥政府服务作用，建立责任追究制度，通过营造良好的营商环境吸引更多的省内外非公有资本参与到甘肃混合所有制改革中来；三是依法建立非公有资本等各类资本在甘肃混合所有制改制中公平进入和退出的体制机制，建立健全甘肃混合所有制改革中利益各方，尤其是非国有资本的权益保障机制，保护甘肃混合所有制改革中参与各方的合法权益；四是加强混合所有制改革与其他国有企业改革工作之间的联动，促进协同攻坚，形成政策合力。

（三）切实建立以管资本为主的国有资产监管体制

2020年6月30日，中央全面深化改革委员会第十四次会议审议通过了《国企改革三年行动方案（2020-2022年）》等各项方案，要求"形成以管资本为主的国有资产监管体制，着力从监管理念、监管重点、监管方式、监管导向等多方位实现转变，进一步提高国资监管的系统性、针对性、有效性"。甘肃省目前还存在国有控股企业按照国有企业进行管理的问题，严重影响着混合所有制改革推进。因此，需要国有资产监管体制彻底由管资产向管资本转变，放手企业高级管理人员薪酬管理和员工激励，激发企业动力，为混合所有制改革清除管理上的障碍。

（四）建立健全法人治理结构是推进甘肃混合所有制改革的关键所在

混合所有制改革的主要目的是参与混合所有制改革的不同所有制资本通过合作共同发展，共同受益。混合所有制改革后的企业，要么参与各方出资新设公司，要么是原有公司股权转让或者增资股权结构发生变化，《公司法》规定"有限责任公司的股东以其认缴的出资额为限对公司承担责任；股份有限公司的股东以其认购的股份为限对公司承担责任。公司股东依法享有资产收益、参与重大决策和选择管理者等权利。公司股东应当遵守法律、行政法规和公司章程，依法行使股东权利"。非国有资本参与甘肃混合所有制改革，不是来接受国有资本管理和约束的。依法建立健全法人治理结构，依法行使股东权利，是消除甘肃混合所有制改革参与各方，尤其是非国有资本权益受损顾虑的关键，是混合所有制改革后公司健康持续发展的关键。

（五）按照公开、公平、公正原则推进甘肃混合所有制改革

一是国有企业产权和股权转让、增资扩股、上市公司增发等事项，要在产权、股权、证券市场公开披露信息，公开择优确定投资人，达成交易意向后及时公示交易对象、交易价格、关联交易等信息。二是健全国有资产定价

机制。按照公开、公平、公正原则，完善国有资产交易定价方式，发挥第三方专业化中介机构作用，以经国资监管机构审核确认的资产评估结果为国有资本出资或确定产权转让底价的主要依据，借助多种市场化手段，通过产权、股权、证券市场发现和合理确定资产价格，完善资产定价机制，实施信息公开，加强社会监督，防止出现内部人控制、利益输送造成国有资产流失。

（六）甘肃推进混合所有制改革应"走出去""引进来"

甘肃省作为经济欠发达地区，经济相对落后，以国有经济为主，国有资本集中度高，民营经济不发达，甘肃省属国有资本总量相对较小，市场环境相对薄弱，金融资源薄弱，资本市场不发达，产权交易不活跃，投资银行等中介机构少。因此，推进甘肃混合所有制改革，必须积极"走出去"，吸引省外国有和民营资本参与到甘肃混合所有制改革中。省外资本的参与，一方面能解决资本短缺问题，另一方面也能带来先进的管理思想、管理方法和先进技术等，革新甘肃经济发展局面。

（七）充分利用和发挥资本市场作用

无论是国有资本还是非国有资本，参与混合所有制改革，获取收益应该是最主要的目的。获取收益主要通过两种途径，一种是经营收益进行分红，另一种则是投资增值后通过出让获取收益。当前，随着科创板的成功推出、注册制的有序推进和北京证券交易所的设立，我国资本市场进入前所未有的高速发展期。积极紧密结合资本市场，畅通资本退出路径，有利于甘肃推进混合所有制改革。

（八）高度重视混合所有制改革中资本文化融合发展

资本在形成和发展以来，会形成自身的文化，这种文化对资本管理下的企业有着重要的引领和约束作用。国有资本和非国有资本属于不同所有制的资本，经过长期发展，各自形成了不同的资本文化，进而在不同资本左右的企业管理、企业发展、价值理念等诸多方面都有着不同，甚至差异很大。甘肃推进混合所有制改革，应尊重不同类型的资本文化，应注重不同类型资本文化的融合，应着眼于混合所有制改革后企业新型资本文化和企业文化的构建和发展，才能使甘肃混合所有制改革持续健康发展。

参考文献

国务院国有资产监督管理委员会网站，http：//www. sasac. gov. cn/。

甘肃政务服务网站，http：//www. gansu. gov. cn/。

甘肃省人民政府国有资产监督管理委员会网站，http：//gzw. gansu. gov. cn/。

中国证券监督管理委员会网站，http：//www. csrc. gov. cn/pub/newsite/。

国家统计局网站，http：//http：//www. stats. gov. cn/。

甘肃省统计局网站，http：//www. gstj. gov. cn/。

权威报告·连续出版·独家资源

皮书数据库
ANNUAL REPORT(YEARBOOK)
DATABASE

分析解读当下中国发展变迁的高端智库平台

所获荣誉

- 2020年，入选全国新闻出版深度融合发展创新案例
- 2019年，入选国家新闻出版署数字出版精品遴选推荐计划
- 2016年，入选"十三五"国家重点电子出版物出版规划骨干工程
- 2013年，荣获"中国出版政府奖·网络出版物奖"提名奖
- 连续多年荣获中国数字出版博览会"数字出版·优秀品牌"奖

皮书数据库　　"社科数托邦"
微信公众号

成为会员

登录网址www.pishu.com.cn访问皮书数据库网站或下载皮书数据库APP，通过手机号码验证或邮箱验证即可成为皮书数据库会员。

会员福利

- 已注册用户购书后可免费获赠100元皮书数据库充值卡。刮开充值卡涂层获取充值密码，登录并进入"会员中心"—"在线充值"—"充值卡充值"，充值成功即可购买和查看数据库内容。
- 会员福利最终解释权归社会科学文献出版社所有。

数据库服务热线：400-008-6695
数据库服务QQ：2475522410
数据库服务邮箱：database@ssap.cn
图书销售热线：010-59367070/7028
图书服务QQ：1265056568
图书服务邮箱：duzhe@ssap.cn

社会科学文献出版社　皮书系列
SOCIAL SCIENCES ACADEMIC PRESS (CHINA)
卡号：413586691275
密码：

S 基本子库
SUB DATABASE

中国社会发展数据库（下设 12 个专题子库）

紧扣人口、政治、外交、法律、教育、医疗卫生、资源环境等 12 个社会发展领域的前沿和热点，全面整合专业著作、智库报告、学术资讯、调研数据等类型资源，帮助用户追踪中国社会发展动态、研究社会发展战略与政策、了解社会热点问题、分析社会发展趋势。

中国经济发展数据库（下设 12 专题子库）

内容涵盖宏观经济、产业经济、工业经济、农业经济、财政金融、房地产经济、城市经济、商业贸易等 12 个重点经济领域，为把握经济运行态势、洞察经济发展规律、研判经济发展趋势、进行经济调控决策提供参考和依据。

中国行业发展数据库（下设 17 个专题子库）

以中国国民经济行业分类为依据，覆盖金融业、旅游业、交通运输业、能源矿产业、制造业等 100 多个行业，跟踪分析国民经济相关行业市场运行状况和政策导向，汇集行业发展前沿资讯，为投资、从业及各种经济决策提供理论支撑和实践指导。

中国区域发展数据库（下设 4 个专题子库）

对中国特定区域内的经济、社会、文化等领域现状与发展情况进行深度分析和预测，涉及省级行政区、城市群、城市、农村等不同维度，研究层级至县及县以下行政区，为学者研究地方经济社会宏观态势、经验模式、发展案例提供支撑，为地方政府决策提供参考。

中国文化传媒数据库（下设 18 个专题子库）

内容覆盖文化产业、新闻传播、电影娱乐、文学艺术、群众文化、图书情报等 18 个重点研究领域，聚焦文化传媒领域发展前沿、热点话题、行业实践，服务用户的教学科研、文化投资、企业规划等需要。

世界经济与国际关系数据库（下设 6 个专题子库）

整合世界经济、国际政治、世界文化与科技、全球性问题、国际组织与国际法、区域研究 6 大领域研究成果，对世界经济形势、国际形势进行连续性深度分析，对年度热点问题进行专题解读，为研判全球发展趋势提供事实和数据支持。

法律声明

"皮书系列"（含蓝皮书、绿皮书、黄皮书）之品牌由社会科学文献出版社最早使用并持续至今，现已被中国图书行业所熟知。"皮书系列"的相关商标已在国家商标管理部门商标局注册，包括但不限于LOGO（ ）、皮书、Pishu、经济蓝皮书、社会蓝皮书等。"皮书系列"图书的注册商标专用权及封面设计、版式设计的著作权均为社会科学文献出版社所有。未经社会科学文献出版社书面授权许可，任何使用与"皮书系列"图书注册商标、封面设计、版式设计相同或者近似的文字、图形或其组合的行为均系侵权行为。

经作者授权，本书的专有出版权及信息网络传播权等为社会科学文献出版社享有。未经社会科学文献出版社书面授权许可，任何就本书内容的复制、发行或以数字形式进行网络传播的行为均系侵权行为。

社会科学文献出版社将通过法律途径追究上述侵权行为的法律责任，维护自身合法权益。

欢迎社会各界人士对侵犯社会科学文献出版社上述权利的侵权行为进行举报。电话：010-59367121，电子邮箱：fawubu@ssap.cn。

社会科学文献出版社

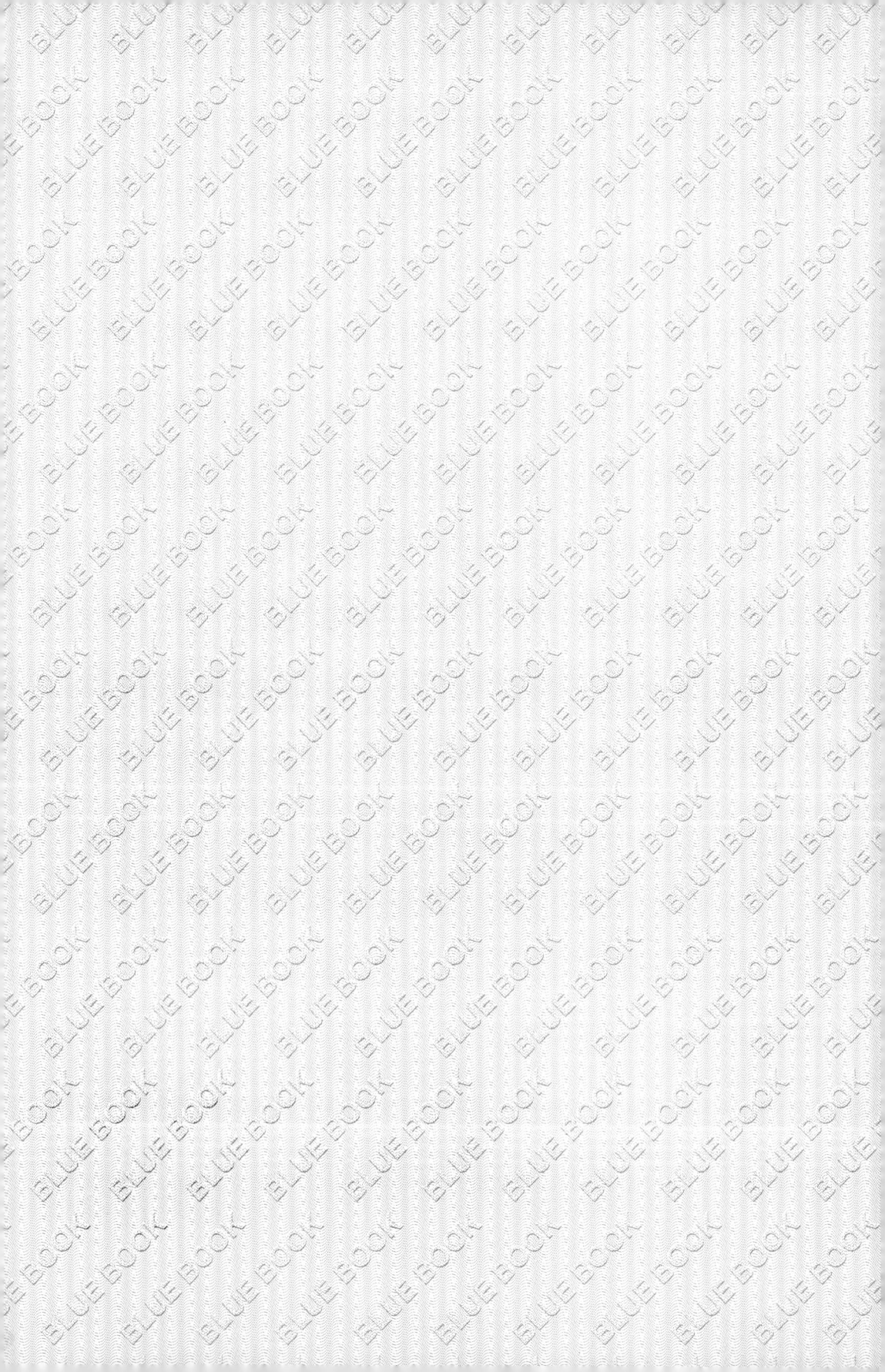